历史决议纵横谈

施芝鸿 著

人民出版社

自 序

　　一部波澜壮阔的中国共产党百年奋斗史，三个厚重隽永的党的历史决议，是那样深刻地把握了历史规律、总结了历史智慧，是那样自觉地掌握了历史主动、体现了历史自信。特别是融汇了中国共产党践行初心使命、铸就世纪伟业、揭示党的百年辉煌深远影响和创造奇迹核心密码的第三个历史决议，同前两个历史决议一道，共同树起了中国共产党在百年奋斗历史上坚持以伟大自我革命引领伟大社会革命，又以伟大社会革命促进伟大自我革命的三个里程碑，它们同"建立中国共产党、成立中华人民共和国、推进改革开放和中国特色社会主义事业"①这近代以来实现中华民族伟大复兴的三大里程碑交相辉映，共同闪耀着中国共产党、中国人民、中华民族的历史担当和历史荣光。

　　这就是强烈地呼唤并且像磁石般吸引我去撰写这本《历史决议纵横谈》的由来和动因。

　　首先强烈呼唤我、紧紧吸引我的是党的"历史决议"这样别具一格的文体和文种。观乎中国共产党的全部历史文献，冠之以"决议"这一名称的，几乎都是涉及党的当下行动或某个重大而

---

① 习近平：《在庆祝改革开放 40 周年大会上的讲话》，《人民日报》2018 年 12 月 19 日。

紧迫的具体问题的行动决议、工作决议的决议案或议决案。而在中国共产党扩大的六届七中全会之前，还从未有过党的"历史决议"这样的文体和文种。

或问，在中国共产党百年奋斗史上，究竟是谁原创和独创了党的"历史决议"这样的文体和文种呢？

由原中共中央文献研究室编著的《毛泽东传》告诉我们：原创和独创了中国共产党"历史决议"这一文体和文种的，是毛泽东同志。

那是在1945年春天，日理万机的毛泽东同志在积极筹备召开党的扩大的六届七中全会的繁忙日子里，开始抽空审阅经由张闻天同志修改过的《关于四中全会到遵义会议期间中央领导路线问题的决定（草案）》时，"在第一次修改中，毛泽东将题目确定为《关于若干历史问题的决议》"①。从此，在中国共产党的奋斗史、思想史、文献史上，才有了"历史决议"这样前所未有的文体和文种。从那时到2021年党的十九届六中全会，党的"历史决议"这样的文体和文种，中国共产党总共仅使用了三次。

《毛泽东传》还告诉我们："最早的'决议'草案稿是任弼时在一九四四年五月写成的，题目是《检讨关于四中全会到遵义会议期间中央领导路线问题的决议（草案）》。它是以一九四一年秋天毛泽东起草的《关于四中全会以来中央领导路线问题结论草案》为基础的，主体部分的内容基本相同，同时又反映了一九四三年九月会议以来的新认识，如对四中全会的评价和以毛泽东为代表

---

① 中共中央文献研究室编：《毛泽东传》第二册，中央文献出版社 2013 年版，第 678 页。

的正确路线的作用等。稿子写成后分送政治局委员征求意见，并由政治局秘书胡乔木作了比较大的修改。任弼时又在胡乔木的修改稿上作过三次修改，其中把王明路线的错误概括成七点提纲式的意见，题目也改为'关于四中全会到遵义会议期间中央领导路线问题的决定（草案）'。接着，又由胡乔木写了一个稿子。中央指定张闻天对历史决议稿做了认真的修改和补充。"①

　　毛泽东同志在 1941 年秋天最初写下的是《关于四中全会以来中央领导路线问题结论草案》。在此之前，毛泽东同志虽然还写下了《关于一九三一年九月至一九三五年一月期间中央路线的批判》的长篇文章，但用"历史决议"这一具有原创性、独创性的文体和文种，并且用《关于若干历史问题的决议》这样极为鲜明的标题，来总结党的历史上的大是大非问题，却是最能反映毛泽东同志的初心和本意的。同时，这也是最能体现中国共产党始终坚持真理、修正错误，从伟大胜利中激发奋进力量，从弯路挫折中吸取历史教训，不为任何风险所惧，不为任何干扰所惑，绝不在根本性问题上出现颠覆性错误，以咬定青山不放松的执着奋力实现既定目标，以行百里者半九十的清醒不懈推进中华民族伟大复兴的历史自信的。

　　当时，毛泽东同志强调，"这个决议不但是领导机关内部的，而且是全党性质的，同全国人民有关联的，对全党与全民负责的"②。只要这个决议"讲得合乎事实，在观念形态上再现了

---

① 中共中央文献研究室编：《毛泽东传》第二册，中央文献出版社 2013 年版，第 677—678 页。

②《毛泽东文集》第三卷，人民出版社 1996 年版，第 282 页。

二十四年的历史，就对今后的斗争有利益，对今后党和人民有利益"①。毛泽东同志还指出，在党的"历史决议案中……主要讲我们党历史上的'左'倾错误"②，"过去的历史错误主要是一个社会现象，由于党在政治上不成熟"③。

毛泽东同志还一再阐明，党中央搞这个历史问题的决议案，是要坚持"一个完全弄清楚""两个彻底"，达到"一个目的"。坚持"一个完全弄清楚"，就是研究党的历史问题，"应使干部对于党的历史问题在思想上完全弄清楚"④。"两个彻底"就是"彻底了解我党历史经验，避免重犯错误"⑤，在"思想上要清算彻底，作组织结论要慎重和适当"⑥。"达到一个目的"，就是"不重视惩办，只作政治结论，以达到治病救人的目的"⑦。"如果简单地处理几个人，不总结历史经验，就会像过去陈独秀犯了错误以后党还会继续犯错误一样。"⑧

所以，尽管共产国际一开始并没有同意中国共产党在准备召开的七大上讨论党的历史问题，"国际认为，中共七大要着重于实际问题，主要着重于抗战中的许多实际问题，不要花很久时间在争论过去十年内战中的问题。关于总结十年经验，国际认为要

① 《毛泽东文集》第三卷，人民出版社 1996 年版，第 282 页。
② 《毛泽东文集》第三卷，人民出版社 1996 年版，第 296 页。
③ 《毛泽东文集》第三卷，人民出版社 1996 年版，第 276 页。
④ 《毛泽东选集》第三卷，人民出版社 1991 年版，第 937 页。
⑤ 《毛泽东选集》第三卷，人民出版社 1991 年版，第 937 页。
⑥ 《毛泽东文集》第三卷，人民出版社 1996 年版，第 93 页。
⑦ 《毛泽东文集》第三卷，人民出版社 1996 年版，第 94 页。
⑧ 《毛泽东文集》第三卷，人民出版社 1996 年版，第 283 页。

特别慎重"①。但是，以毛泽东同志为核心的党中央，仍然在做好了于 1941 年 9 月和 1943 年 9 月至 11 月先后两次召开中共中央政治局扩大会议（即中共中央的两个"九月会议"）、编写对开好第二次九月会议"起了决定性作用"的《六大以来》这本"党书"等必要的工作基础上，在 1944 年 5 月 10 日由中央书记处会议决定成立"党内历史问题决议准备委员会"的基础上，为党的扩大的六届七中全会讨论和通过党的第一个历史决议作了充分的思想理论准备和组织准备。②

其次强烈呼唤我、紧紧吸引我的，还有习近平总书记关于全面总结党的百年奋斗重大成就和历史经验的一系列重要讲话。

中国人历来重视治史，以史为鉴是中华优秀传统文化的一个重要特征。我们党也历来高度重视总结历史经验。习近平总书记指出："对历史进程的认识越全面，对历史规律的把握越深刻，党的历史智慧越丰富，对前途的掌握就越主动。"③习近平总书记还指出："现在，距离第一个历史决议制定已经过去了 76 年，距离第二个历史决议制定也过去了 40 年。40 年来，党和国家事业大大向前发展了，党的理论和实践也大大向前发展了。站在新的历史起点上，回顾过去，展望未来，全面总结党的百年奋斗重大成就和历史经验特别是改革开放 40 多年来的重大成就和历史经验，

① 中共中央文献研究室编：《毛泽东传》第二册，中央文献出版社 2013 年版，第 635 页。

② 参见中共中央文献研究室编：《毛泽东传》第二册，中央文献出版社 2013 年版，第 676 页。

③《习近平谈治国理政》第四卷，外文出版社 2022 年版，第 545 页。

既有客观需要，也具备主观条件。"① 习近平总书记强调："在新的赶考之路上，我们能否继续交出优异答卷，关键在于有没有坚定的历史自信。一百年来，我们党致力于为中国人民谋幸福、为中华民族谋复兴，致力于为人类谋进步、为世界谋大同，天下为公，人间正道，这是我们党具有历史自信的最大底气，是我们党在中国执政并长期执政的历史自信，也是我们党团结带领人民继续前进的历史自信。"② 他强调指出："历史认知是历史自信的重要基础。党的十八大以来，我们坚持唯物史观、正确党史观，在党和国家历史问题上正本清源，取得了显著成效。同时，我们必须清醒认识到，要真正解决好这个问题，仍然需要党郑重、全面、权威地对党的历史作出科学总结，并且在此基础上持之以恒推进党史总结、学习、教育、宣传，让正确党史观更深入、更广泛地树立起来，让正史成为全党全社会的共识，教育广大党员、干部和全体人民特别是广大青年坚定历史自信、筑牢历史记忆，满怀信心地向前进。"③

　　正是习近平总书记的这些深刻论述，以及在习近平总书记亲自领导和主持下，有幸参与起草党的第三个历史决议近七个月过程中写下了大量党史学习笔记的我，在党的十九届六中全会闭幕后又参与了党的第三个历史决议精神的宣讲工作，在连续四个月宣讲过程中，先后回答了一些地方党政机关、高校师生、企事业

　　①《中共中央关于党的百年奋斗重大成就和历史经验的决议》，人民出版社2021年版，第77—78页。
　　②《习近平谈治国理政》第四卷，外文出版社2022年版，第545—546页。
　　③《习近平谈治国理政》第四卷，外文出版社2022年版，第546页。

单位党员干部们关于党的第三个历史决议种种提问的我，在深入思考后下了一个决心：把撰写一本《历史决议纵横谈》立即化为行动，并且坚持白天宣讲、晚上写作；宣讲工作持续了四个月，同步写作《历史决议纵横谈》也持续了四个月，终于在2022年春节期间如愿写成了这本书。

之所以把本书命名为《历史决议纵横谈》，盖因中国共产党百年奋斗历程中的三个历史决议都是按照毛泽东同志倡导的研究我们党的历史要采用"古今中外法"使然。所谓"古今"，我的理解就是"观今宜鉴古，无古不成今"，就是要循着中国共产党百年奋斗历史之"经线"进行"纵论"；所谓"中外"，我的理解就是，既要勇于总结我们党自己的历史经验和教训，又要善于借鉴别国党的历史经验和教训，也就是要循着中国共产党百年奋斗史之"纬线"进行"横议"。所谓搞清楚、弄明白党的历史之经纬，此之谓也。

首先，请看中国共产党的第一个历史决议。在总共七个部分的《关于若干历史问题的决议》中，前三个部分是对党自成立以来，"在中国新民主主义革命的第一个时期"的历史，尤其是"从一九二七年革命失败至一九三七年抗日战争爆发的十年间"的历史的"纵论"；后四个部分，则分别是对党在政治上、军事上、组织上、思想上的四个方面错误及对其社会根源、解决办法、党为何在斗争中更加成熟起来等问题上的"横议"。

其次，请看中国共产党的第二个历史决议。在总共八个部分的《关于建国以来党的若干历史问题的决议》中，前六个部分，分别是对新中国成立前28年历史的回顾和新中国成立后32年历史从总体上和分阶段的"纵论";后两个部分,则分别是对毛泽东同志的历史地位和毛泽东思想,以及团结起来,为建设社会主义现代化强国而奋斗的"横议"。

最后,请看中国共产党的第三个历史决议。在总共七个部分的《中共中央关于党的百年奋斗重大成就和历史经验的决议》中,前四个部分,分别是对党的百年奋斗历程的四个历史阶段的"纵论";后三个部分,则分别是对中国共产党百年奋斗历史意义、历史经验和新时代的中国共产党三个重大问题的"横议"。

打通党的百年奋斗史上这三个历史决议而撰写的《历史决议纵横谈》这本书,也是严格依照党的三个历史决议一以贯之的"纵论"与"横议"相结合的方法写就的。其中,既有对党的第三个历史决议精神学思感悟的"纵论"和"横议",也有对党的百年奋斗历程中三个历史决议贯通起来进行的更具历史纵深感和穿透力的"纵论"和"横议"。

在"纵论"上,《历史决议纵横谈》力求从历史的连贯性和阶段性相统一的高度,讲清楚中国共产党100年来走过的伟大历程、开辟的伟大道路;讲清楚党的百年奋斗史的四个历史阶段各自具有的鲜明特征、实现的奋斗目标、办成的历史大事。在"横议"上,《历史决议纵横谈》则力求讲清楚如何在对历史的深入思考中认清历史方位、把握历史规律;讲清楚中国特色社会主义新时代在中华民族伟大复兴历史进程中的标志性意义;讲清楚如何深化对党在新时代创新理论的理解和把握;讲清楚第三个历史决议的精髓要义;讲清楚第三个历史决议的52个"之最";讲清楚习近平总书记为何先后十论走好"新赶考之路"。同时,也力求讲清楚党的三个历史决议如何展示出主持起草工作的毛泽东同志、邓小平同志、习近平同志的政治智慧；讲清楚同党的三个历史决议相关联的三个历史阶段，对党的领导核心和党的指导思想一以贯之的"两个确立"；讲清楚党的三个历史决议分别同党的七大、十二大、二十大的紧密内在联系；讲清楚如何通过学习党的三个历史决议坚定历史自信、掌握历史主动；等等。

《历史决议纵横谈》既注重深入解读党的第三个历史决议的重大创新思想、重大战略举措、重大现实意义和深远历史意义，又注重深入解读党的三个历史决议的思想含量、理论含量、知识含量及其既一脉相承又与时俱进的历史逻辑、理论逻辑、实践逻辑。这是笔者对习近平总书记关于"一个民族要走在时代前列，就一刻不能没有理论思维，一刻不能没有正确思想指引"①这一科学论断的学思感悟；也是笔者对习近平总书记关于"中国共产党为什么能，中国特色社会主义为什么好，归根到底是因为马克思主义行。马克思主义之所以行，就在于党不断推进马克思主义中国化时代化并用以指导实践"②这一深刻思想的学思感悟；也是笔者对"继续推进马克思主义基本原理同中国具体实际相结合、同中华优秀传统文化相结合，使马克思主义呈现出更多中国特色、中国风格、中国气派，续写马克思主义中国化时代化新篇章"③这一新的时代课题的学思感悟。

由于《历史决议纵横谈》是笔者在宣讲党的第三个历史决议

---

① 习近平:《更好把握和运用党的百年奋斗历史经验》,《求是》2022 年第 13 期。
② 习近平:《更好把握和运用党的百年奋斗历史经验》,《求是》2022 年第 13 期。
③ 习近平:《更好把握和运用党的百年奋斗历史经验》,《求是》2022 年第 13 期。

精神的路途上边行进、边宣讲、边写作的急就章，虽然之后也有再度推敲和修改润色，但仍然难免有这样那样的不周不妥不当之处，笔者诚挚地期待专家学者和读者朋友们不吝指正。

是为序。

2022 年 2 月 7 日写于北京

目　录

党的百年奋斗史上的第三个历史决议

——我对党的第三个历史决议的宣讲稿

（2021 年 11 月 22 日）

今天，我很高兴受党的十九届六中全会精神中央宣讲团委派，来向河南省的党员干部同志们宣讲党的十九届六中全会精神，重点是全面宣讲和深入解读全会通过的党的第三个历史决议精神。

党的十九届六中全会是在中国共产党成立 100 周年的重要历史时刻召开的，是在党和人民胜利实现第一个百年奋斗目标、全面建成小康社会，正在向着全面建成社会主义现代化强国的第二个百年奋斗目标迈进的重大历史关头，于 2021 年 11 月 8 日至 11 日在北京召开的。这次全会听取和讨论了习近平总书记受中央政治局委托所作的工作报告，审议通过了《中共中央关于党的百年奋斗重大成就和历史经验的决议》（以下简称《决议》），审议通过了《关于召开党的第二十次全国代表大会的决议》。习近平总书记在全会上发表了两次重要讲话。党的十九届六中全会必将因郑重通过了党的百年奋斗历程中的第三个历史决议而被历史永远铭记。下面，我着重宣讲和解读五个重大问题。

一、深刻认识和把握党中央对党的十九届六中全会议题的 考虑和对起草党的第三个历史决议的明确要求

党的十九届五中全会闭幕之后不久，习近平总书记就在统筹谋划庆祝中国共产党成立 100 周年系列活动时，对党的十九届六中全会议题作了前瞻性思考。2021 年 3 月，中共中央政治局决定，党的十九届六中全会重点研究全面总结党的百年奋斗重大成就和历史经验问题。党中央认为，现在距离第一个历史决议制定已经过去 76 年，距离第二个历史决议制定也过去 40 年。40 年来，党和国家事业大大向前发展了，党的理论和实践也大大向前发展了。站在新的历史起点上，回顾过去，展望未来，全面总结党的百年奋斗重大成就和历史经验特别是改革开放 40 多年来的重大成就和历史经验，既有客观需要，也具备主观条件。

党中央认为，党的百年奋斗历程波澜壮阔，时间跨度长、涉及范围广，需要研究的问题多。要按照总结历史、把握规律、坚定信心、走向未来的总要求，把党走过的光辉历程总结好，把党团结带领人民取得的辉煌成就总结好，把党推进革命、建设、改革的宝贵经验总结好，把党的十八大以来党和国家事业砥砺奋进的理论和实践总结好。在此基础上，始终掌握新时代新征程党和国家事业发展的历史主动，增强锚定既定奋斗目标、意气风发走向未来的勇气和力量。

党中央认为，总结党的百年奋斗重大成就和历史经验，要坚持正确党史观、树立大历史观，准确把握党的历史发展的主题主线、主流本质，正确对待党在前进道路上经历的失误和曲折，从

成功中吸取经验，从失误中吸取教训，不断开辟走向胜利的道路。要旗帜鲜明反对历史虚无主义，加强思想引导和理论辨析，澄清对党史上一些重大历史问题的模糊认识和片面理解，更好正本清源。

党中央对这次历史决议的起草工作高度重视。2021年3月，中共中央政治局决定成立以习近平同志为组长，王沪宁同志、赵乐际同志任副组长的党的十九届六中全会文件起草组，自2021年4月1日启动《决议》起草工作。同日，党中央发出了《关于对党的十九届六中全会拟重点研究全面总结党的百年奋斗重大成就和历史经验问题征求意见的通知》，在党内外一定范围征求意见。

《决议》起草工作一开始，党中央就明确了三条重要原则。

第一，聚焦总结党的百年奋斗重大成就和历史经验。这是因为，对于党的历史上的重大是非问题，前两个历史决议基本都解决了，其基本论述和结论至今仍然适用。改革开放以来，尽管党的工作中也出现过一些问题，但总体上讲党和国家事业发展是顺利的，前进方向是正确的，取得的成就是举世瞩目的。基于此，这次全会《决议》要把着力点放在总结党的百年奋斗重大成就和历史经验上，以推动全党增长智慧、增进团结、增加信心、增强斗志。

第二，突出中国特色社会主义新时代这个重点。这次全会《决议》重点总结新时代党和国家事业取得的历史性成就、发生的历史性变革和积累的新鲜经验，党中央的主要考虑是：对党在新民主主义革命时期、社会主义革命和建设时期、党的十一届三中全会到党的十一届六中全会期间的历史，前两个历史决议已经作过系统总结；对改革开放和社会主义现代化建设新时期的成就和经验，党的十一届三中全会召开20周年、30周年时党中央都进行了认真总结，习近平总书记在庆祝改革开放40周年大会上发表的重要讲话，也作了系统总结。因此，对于党的十八大之前的三个历史时期的评价，这次全会《决议》主要是在已有的总结和结论基础上进行如同"大写意"式的概述。突出中国特色社会主义新时代这个重点，这样做有利于引导全党进一步坚定信心，聚焦我们正在做的事情，以更加昂扬的姿态迈进新征程、建功新时代。

第三，对重大事件、重要会议、重要人物的评价注重同党中央已有结论相衔接。党中央强调，关于党的十八大之前党的历史上的重大事件、重要会议、重要人物，前两个历史决议、党的一系列重要文献都有过大量论述，都郑重作过结论。这次全会《决议》坚持这些基本论述和结论。党的十八大以来，习近平总书记在庆祝中国共产党成立95周年大会、庆祝中国人民解放军建军90周年大会、庆祝中华人民共和国成立70周年大会特别是庆祝中国共产党成立100周年大会等重要会议上，对党的历史都作过总结和论述，体现了党中央对党的百年奋斗历史的新认识。这次全会《决议》要体现这些新认识。

党的第三个历史决议就是遵照党中央的上述战略意图和三条重要原则起草的。这个《决议》的征求意见稿在征求各地区各部门意见，包括征求党内部分老同志意见时，习近平总书记在亲自主持召开党外人士座谈会，当面听取各民主党派中央、全国工商联负责人和无党派人士代表意见时，也包括在这次全会上，大家一致认为，党的第三个历史决议的起草过程，是充分发扬民主、集中全党智慧、广泛凝聚共识的过程，是以习近平同志为核心的党中央科学决策、民主决策、依法决策的过程。大家还普遍反映，《决议》最鲜明的特点是实事求是，既尊重历史又符合历史;《决议》贯通历史、现实、未来，具有重大的历史意义和现实指导意义。同志们在学习领会、宣传贯彻《决议》精神时，也需要深刻认识和精准把握党中央强调指出的上述战略意图和明确要求。

二、深刻认识和把握《决议》用分时期、"大写意"方式概述的对党的百年奋斗史上前三个时期经验教训的深刻总结和结论

（一）关于《决议》第一部分"夺取新民主主义革命伟大胜利"

《决议》首先阐明这一时期党面临的主要任务是：反对帝国主义、封建主义、官僚资本主义，争取民族独立、人民解放，为实现中华民族伟大复兴创造根本社会条件。随后分析党产生的历史背景，总结党领导人民在建党之初和大革命时期、土地革命战争时期、抗日战争时期、解放战争时期进行革命斗争的历史过程和创造的伟大成就，以及创立毛泽东思想、实施和推进党的建设伟大工程的重大成就。《决议》强调，夺取新民主主义革命伟大胜利、建立中华人民共和国，实现了中国从几千年封建专制政治向人民民主的伟大飞跃；中国人民从此站起来了，中华民族任人宰割、饱受欺凌的时代一去不复返了，中国发展从此开启了新纪元。

在这里，"创造"是个关键词。中国共产党的百年奋斗史，就是一部从理论到实践再到党的自身建设、自我革命的创造史。我们党从这个时期开始，特别是从遵义会议开始，首先是从毛泽

东同志开始，始终抓住创新创造这个"牛鼻子"。党的第三个历史决议在"序言"中，历数了建党100年来，党领导人民浴血奋战、百折不挠，创造了新民主主义革命的伟大成就；自力更生、发愤图强，创造了社会主义革命和建设的伟大成就；解放思想、锐意进取，创造了改革开放和社会主义现代化建设的伟大成就；自信自强、守正创新，创造了新时代中国特色社会主义的伟大成就。而这一系列书写了中华民族几千年历史上最恢宏史诗的伟大创造、伟大成就，都源于党的初心使命。习近平总书记说："中国共产党一经诞生，就把为中国人民谋幸福、为中华民族谋复兴确立为自己的初心使命。一百年来，中国共产党团结带领中国人民进行的一切奋斗、一切牺牲、一切创造，归结起来就是一个主题：实现中华民族伟大复兴。"①

我们党在夺取新民主主义革命伟大胜利这一历史阶段，有哪些创新和创造呢？从实践创造看，首先是创立了我们党。如同恩格斯晚年在《自然辩证法》一书中指出的"劳动创造了人本身"那样，我们党在百年奋斗中首先创造了党本身，因为当时的"中国迫切需要新的思想引领救亡运动，迫切需要新的组织凝聚革命力量"②。在此之后，我们党通过南昌起义等许多地区的武装起义又创造了党领导的人民军队，后来还创造了农村包围城市、武装夺取政权的正确革命道路，创立了毛泽东思想；创造了对推动国

---

① 习近平：《在庆祝中国共产党成立100周年大会上的讲话》，人民出版社2021年版，第3页。

②《中共中央关于党的百年奋斗重大成就和历史经验的决议》，人民出版社2021年版，第4页。

共再度合作、团结抗日起了重大历史作用的促成西安事变和平解决的政治杰作，创造了抗日民族统一战线，赢得了近代以后中国人民反抗外敌入侵第一次取得完全胜利的民族解放战争也是世界反法西斯战争胜利重要组成部分的抗日战争最后胜利的奇迹；创造了解放战争时期，面对国民党反动派悍然发动的全面内战，党领导广大军民逐步由积极防御转向战略进攻，打赢了辽沈、淮海、平津三大战役和渡江战役，消灭国民党反动派800万军队，推翻帝国主义、封建主义、官僚资本主义三座大山的伟大胜利。党领导的人民军队在人民的支持下，为夺取新民主主义革命胜利建立了历史功勋。

从这一时期党的理论创造看，以毛泽东同志为主要代表的中国共产党人，在革命斗争实践中把马克思列宁主义基本原理同中国具体实际相结合，对党经过艰苦探索、付出巨大牺牲积累的一系列独创性经验作了理论概括，开辟了农村包围城市、武装夺取政权的正确革命道路，创立了毛泽东思想，为夺取新民主主义革命胜利指明了正确方向。

从这一时期党的自身建设上的创新创造看，党创造性地实施和推进党的建设伟大工程，创造了着重从思想上建党的原则，并且弘扬坚持真理、坚守理想，践行初心、担当使命，不怕牺牲、英勇斗争，对党忠诚、不负人民的伟大建党精神，创造和形成了坚持民主集中制，坚持理论联系实际、密切联系群众、批评和自我批评三大优良作风，创造并形成统一战线、武装斗争、党的建设三大法宝，创造了整风运动这一体现我们党坚持真理、修正错误的马克思主义思想教育运动。

党在新民主主义革命时期的上述一系列创新和创造，都是被党在幼年时期、主要是在大革命后期一个失败接着一个失败的血的教训倒逼出来的。由于以陈独秀为代表的右倾思想发展为右倾机会主义错误并在党的领导机关中占了统治地位，在面对1927年国民党反动派叛变革命、残酷屠杀共产党人和革命人民时，党和人民竟然不能组织有效的抵抗，致使大革命在强大的敌人突然袭击下遭到惨重失败；在土地革命战争时期，由于王明"左"倾教条主义在党内的错误领导，导致中央根据地第五次反"围剿"失败，红军不得不进行战略转移，"左"倾路线的错误给革命根据地和白区革命力量都造成极大损失。这些沉痛教训倒逼我们党反思党内存在的把马克思列宁主义教条化、把共产国际指示神圣化的问题。中共中央政治局于1935年1月在长征途中举行遵义会议。党的第三个历史决议指出，遵义会议是一次在"事实上确立了毛泽东同志在党中央和红军的领导地位，开始确立以毛泽东同志为主要代表的马克思主义正确路线在党中央的领导地位，开始形成以毛泽东同志为核心的党的第一代中央领导集体，开启了党独立自主解决中国革命实际问题新阶段，在最危急关头挽救了党、挽救了红军、挽救了中国革命，并且在这以后使党能够战胜张国焘的分裂主义，胜利完成长征，打开中国革命新局面。这在党的历史上是一个生死攸关的转折点"①。

　　上述正反两方面经验，曾在党的百年奋斗史上的第一个历史决议中得到深刻总结。其中最关键、最紧要的经验教训是：党在

---

① 《中共中央关于党的百年奋斗重大成就和历史经验的决议》，人民出版社2021年版，第6页。

幼年时期，由于没有形成一个稳定成熟的领导核心、领导集体，导致中国革命或是从胜利走向失败，或是从挫折走向挫折、从一条错误路线走向另一条错误路线，差别只在于是右倾机会主义路线还是"左"倾教条主义路线那样的被动局面。全党由此开始更加深刻认识到确立党的马克思主义正确路线的极端重要性，确立党中央稳定成熟的领导核心的极端重要性，以及维护党中央权威和集中统一领导的极端重要性。

但是，在遵义会议之后，真正把维护党中央权威和集中统一领导变成全党自觉行动，又经历了将近四年的曲折过程。长征途中，在全党最需要团结的时候，张国焘却拥兵自重、另立"中央"，公然走上分裂党和红军的道路。全民族抗战初期，从苏联回到延安的王明，处处以共产国际的"钦差大臣"自居，对洛川会议以来党中央在抗日民族统一战线上的正确观点提出种种不切实际的批评，并在党内拉帮结派、我行我素，不听党中央指挥。直到党的扩大的六届六中全会之前召开的中央政治局会议传达了共产国际的明确指示，才进一步巩固了毛泽东同志在党中央和全党的领导地位。后来，毛泽东同志在党的七大上总结这段历史时意味深长地说，"六中全会是决定中国之命运的"[1]。20 世纪 50 年代，在同外国政党领导人会谈时，毛泽东同志还谈道："我们党现在这个核心领导是经过多少年才形成的？从一九三五年遵义会议开始到一九五七年，共二十三年，这么久的时间。现在要动摇它是很难的。"[2]

---

[1]《毛泽东文集》第三卷，人民出版社 1996 年版，第 425 页。

[2] 中共中央文献研究室编：《毛泽东年谱（1949—1976）》第三卷，中央文献出版社 2013 年版，第 256 页。

"根据中国的经验，领导核心是要经过长时期才能稳固的。"[①]

（二）关于《决议》第二部分"完成社会主义革命和推进社会主义建设"

党的第三个历史决议首先阐明党在这一时期面临的主要任务是：实现从新民主主义到社会主义的转变，进行社会主义革命，推进社会主义建设，为实现中华民族伟大复兴奠定根本政治前提和制度基础。总结新中国成立后党领导人民战胜一系列严峻挑战、巩固新生政权，成功完成社会主义改造、建立社会主义制度，开展全面的大规模的社会主义建设，打开对外工作新局面的历史进程和创造的伟大成就，总结党加强执政党建设所作的努力和积累的初步经验，《决议》在阐述这一时期党取得的创造性理论成果的基础上，对毛泽东思想进行了科学评价。强调这一时期党领导人民取得的巨大成就，实现了一穷二白、人口众多的东方大国大步迈进社会主义社会的伟大飞跃；中国共产党和中国人民以英勇顽强的奋斗向世界庄严宣告，中国人民不但善于破坏一个旧世界、也善于建设一个新世界，只有社会主义才能救中国，只有社会主义才能发展中国。

党在这个时期的工作，按照 1949 年 4 月 23 日上午毛泽东同志在率领中央机关离开中国革命最后一个农村指挥所——西柏坡，向北平进发临行前所说的"进京赶考去""我们都希望考个好成绩"[②]

---

① 吴冷西：《十年论战：1956~1966 中苏关系回忆录》，中央文献出版社 1999 年版，第 145 页。

② 中共中央文献研究室编：《毛泽东年谱（1893—1949）》（修订本）下卷，中央文献出版社 2013 年版，第 470 页。

的重要指示精神，在新中国成立之初百废待兴的励精图治中，充满了创新和创造。首先是创造了党领导人民战胜政治、经济、军事等方面一系列严峻挑战，荡涤旧社会遗留下来的污泥浊水，社会面貌焕然一新的奇迹。同时，还创造了中国人民志愿军雄赳赳、气昂昂跨过鸭绿江，同朝鲜人民和军队并肩战斗，用"钢少气多"战胜"钢多气少"、武装到牙齿的强敌，打出了国威军威，打出了中国人民的精气神，赢得了抗美援朝伟大胜利的奇迹，使"新中国在错综复杂的国内国际环境中站稳了脚跟"①。

在这个时期，党的实践创造主要有：创造并巩固新生的红色政权，成功完成社会主义改造、建立社会主义制度的奇迹。党领导人民建立和巩固了工人阶级领导的、以工农联盟为基础的人民民主专政的国家政权，召开中国人民政治协商会议第一届全体会议，制定具有临时宪法作用的《中国人民政治协商会议共同纲领》；1953 年，党创造性地提出过渡时期总路线，即在一个相当长的时期内，逐步实现国家的社会主义工业化，并逐步实现国家对农业、手工业和资本主义工商业的社会主义改造；1954 年召开的第一届全国人民代表大会第一次会议，通过了由毛泽东同志亲自主持制定的《中华人民共和国宪法》。探索并形成社会主义改造和社会主义建设道路，于 1956 年基本完成对生产资料所有制的社会主义改造，基本上实现生产资料公有制和按劳分配，在我国成功建立起社会主义经济制度。党创造性地确立人民代表大会制度、中国共产党领导的多党合作和政治协商制度、民族区域自治制度，

---

① 《中共中央关于党的百年奋斗重大成就和历史经验的决议》，人民出版社2021 年版，第 8 页。

为人民当家作主提供了制度保证。党还创造性地加强和扩大了广泛统一战线，领导实现和巩固了各民族人民大团结，实现和巩固了全国工人、农民、知识分子和其他各阶层人民的大团结。社会主义制度的建立，为我国一切进步和发展奠定了重要基础。

这一时期，党召开的最重要的会议是党的八大，这次会议创造性地提出，我国社会主义改造基本完成后，社会主要矛盾已经不再是工人阶级和资产阶级的矛盾，而是人民对于经济文化迅速发展的需要同当前经济文化不能满足人民需要的状况之间的矛盾，全国人民的主要任务是集中力量发展社会生产力，实现国家工业化，逐步满足人民日益增长的物质和文化需要。党提出努力把我国逐步建设成为一个具有现代农业、现代工业、现代国防和现代科学技术的社会主义强国，并领导人民开展全面的大规模的社会主义建设。经过实施几个五年计划，我国建立起独立的比较完整的工业体系和国民经济体系，农业生产条件显著改变，教育、科学、文化、卫生、体育等各项事业有很大发展，人民军队由单一的陆军发展成为包括海军、空军和其他技术兵种在内的合成军队。

党在这个时期的实践创造还包括，在彻底结束旧中国屈辱外交之后，审时度势地调整外交战略，推动恢复我国在联合国的一切合法权利，打开对外工作新局面，推动形成国际社会坚持一个中国原则的格局，党还创造性地提出三个世界划分的战略。

党在这个时期自身建设上的伟大创造主要是，按照党的七届二中全会提出的"两个务必"，在新中国成立后就着重提出执政条件下党的建设的重大课题，从思想上组织上作风上加强党的建设、巩固党的领导。党还加强干部理论学习和知识培训，提高党的领导水平；开展整风整党，整顿基层党组织，提高党员条件，警惕并着力防范党员干部腐化变质，坚决惩治腐败，增强了党的纯洁性和全党的团结，密切了党同人民群众的联系，并且积累了执政党建设的初步经验。

党在这个时期的理论创造主要体现在，毛泽东同志在1956年苏共二十大后，及时向全党提出，要独立思考，把马克思列宁主义基本原理同中国具体实际进行"第二次结合"，取得不少理论成果和实践成就，提出并正确处理我国社会主义建设的十大关系，走出一条适合我国国情的工业化道路；在党与民主党派的关系上实行"长期共存、互相监督"的方针，在科学文化工作中实行"百花齐放、百家争鸣"的方针等。党的第三个历史决议强调，这些独创性理论成果至今仍有重要指导意义。《决议》还指出，毛泽东思想是马克思列宁主义在中国的创造性运用和发展，是被实践证明了的关于中国革命和建设的正确的理论原则和经验总结，是马克思主义中国化的第一次历史性飞跃。毛泽东思想的活的灵魂是贯穿于各个组成部分的立场、观点、方法，体现为实事求是、群众路线、独立自主三个基本方面，为党和人民事业发展提供了科学指引。

党的第三个历史决议中有一个段落是以引人注目的"遗憾的是"作为起始句的，这就是：遗憾的是，党的八大形成的正确路线未能完全坚持下去，先后出现"大跃进"运动、人民公社化运动等错误，反右派斗争也被严重扩大化。这表明，毛泽东同志在1956年提出把马克思列宁主义基本原理同中国具体实际进行的

"第二次结合"，其本意是我们党为找到新民主主义革命的规律花了整整 28 年时间，其间走了不少弯路，提出"第二次结合"是希望搞社会主义建设可以少走一些弯路，但不幸还是走了一些弯路。当时走弯路的客观因素是，面对严峻复杂的内外部环境，毛泽东同志和我们党都极为关注新生的社会主义政权的巩固，并为此进行了多方面努力。然而，毛泽东同志在关于社会主义社会阶级斗争的理论和实践上的错误发展得越来越严重，"党中央未能及时纠正这些错误"，以至于"毛泽东同志对当时我国阶级形势以及党和国家政治状况作出完全错误的估计，发动和领导了'文化大革命'，林彪、江青两个反革命集团利用毛泽东同志的错误，进行了大量祸国殃民的罪恶活动，酿成十年内乱，使党、国家、人民遭到新中国成立以来最严重的挫折和损失，教训极其惨痛。一九七六年十月，中央政治局执行党和人民的意志，毅然粉碎了'四人帮'，结束了'文化大革命'这场灾难"①。

这些沉痛教训表明，马克思列宁主义基本原理同中国具体实际相结合既是不能一次完成、一劳永逸的，又是需要伴随党和人民事业的发展不断结合下去的。党的成熟也是相对的，由党在幼年时期的不成熟到遵义会议以后的相对成熟，然后就是从胜利走向胜利；而在新的历史条件下，"我们熟习的东西有些快要闲起来了，我们不熟习的东西正在强迫我们去做"②。从新民主主义革命时期到社会主义革命和建设时期，我们党实际上经历了两次从

①《中共中央关于党的百年奋斗重大成就和历史经验的决议》，人民出版社2021年版，第14页。

②《毛泽东选集》第四卷，人民出版社1991年版，第1480页。

不成熟到成熟的发展过程。所以，习近平总书记说，这次《决议》要写出 100 年来我们党"从不够成熟到坚定成熟、从不够有力到坚强有力的成长历程"①。这是真正的辩证唯物主义和历史唯物主义态度，是把我们党的彻底的实事求是精神运用于总结党的百年奋斗史的生动体现。正如马克思所说："没有哪一次巨大的历史灾难不是以历史的进步为补偿的。"②"从新中国成立到改革开放前夕，党领导人民完成社会主义革命，消灭一切剥削制度，实现了中华民族有史以来最为广泛而深刻的社会变革"；"在探索过程中，虽然经历了严重曲折，但党在社会主义革命和建设中取得的独创性理论成果和巨大成就，为在新的历史时期开创中国特色社会主义提供了宝贵经验、理论准备、物质基础"。③

（三）关于《决议》第三部分"进行改革开放和社会主义现代化建设"

《决议》首先阐明这一时期党面临的主要任务是：继续探索中国建设社会主义的正确道路，解放和发展社会生产力，使人民摆脱贫困、尽快富裕起来，为实现中华民族伟大复兴提供充满新的活力的体制保证和快速发展的物质条件。在这一部分，《决议》突出强调了党的十一届三中全会的历史意义，分别总结和科学评价了以邓小平同志为主要代表的中国共产党人、以江泽民同志为主要代表的中国共产党人、以胡锦涛同志为主要代表的中国共产

---

① 《以史为鉴、开创未来　埋头苦干、勇毅前行》，《求是》2022 年第 1 期。

② 《马克思恩格斯文集》第 10 卷，人民出版社 2009 年版，第 665 页。

③ 《中共中央关于党的百年奋斗重大成就和历史经验的决议》，人民出版社 2021 年版，第 14 页。

党人作出的历史贡献，从党领导全面拨乱反正、形成中国特色社会主义理论体系、推进改革开放和社会主义现代化建设、从容应对关系我国改革发展稳定全局的一系列风险考验、推进祖国统一大业、维护世界和平与促进共同发展、开创和推进党的建设新的伟大工程等方面，展现了改革开放和社会主义现代化建设新时期波澜壮阔的历史画卷和举世瞩目的伟大成就。《决议》强调这一时期党领导人民取得的巨大成就，推进了中华民族从站起来到富起来的伟大飞跃；中国共产党和中国人民以英勇顽强的奋斗向世界庄严宣告，改革开放是决定当代中国前途命运的关键一招，中国特色社会主义道路是指引中国发展繁荣的正确道路，中国大踏步赶上了时代。

党的第三个历史决议在着力讲清楚党在这一时期的理论创造、实践创造以及党的自身建设的伟大创造时，是从"开启了改革开放和社会主义现代化建设新时期，实现了新中国成立以来党的历史上具有深远意义的伟大转折"的党的十一届三中全会讲起的。如果说道路的选择决定一个党、一个国家和民族的根本命运，那么理念的革命则是关乎怎样选择道路的第一位的问题。在这个时期，党对中国建设社会主义正确道路的继续探索，同党的第一代中央领导集体在新民主主义革命时期探索中国革命的正确道路一样，都有一个源于精神理念的突破问题。正如习近平总书记2013年1月在新进中央委员会的委员、候补委员学习贯彻党的十八大精神研讨班开班式上的讲话中指出的："我们党在革命、建设、改革各个历史时期，坚持从我国国情出发，探索并形成了符合中国实际的新民主主义革命道路、社会主义改造和社会主义建设道路、中国特色社会主义道路，这种独立自主的探索精神，这种坚持走自己路的坚定决心，是我们党不断从挫折中觉醒、不断从胜利走向胜利的真谛。"①

《决议》指出，党的十一届三中全会以后，以邓小平同志为主要代表的中国共产党人，团结带领全党全国各族人民，深刻总结新中国成立以来正反两方面经验，围绕什么是社会主义、怎样建设社会主义这一根本问题，借鉴世界社会主义历史经验，创立了邓小平理论，解放思想，实事求是，作出把党和国家工作中心转移到经济建设上来、实行改革开放的历史性决策，深刻揭示社会主义本质，确立社会主义初级阶段基本路线，明确提出走自己的路、建设中国特色社会主义，科学回答了建设中国特色社会主义的一系列基本问题，制定了到 21 世纪中叶分三步走、基本实现社会主义现代化的发展战略，成功开创了中国特色社会主义。

《决议》指出，党的十三届四中全会以后，以江泽民同志为主要代表的中国共产党人，团结带领全党全国各族人民，坚持党的基本理论、基本路线，加深了对什么是社会主义、怎样建设社会主义和建设什么样的党、怎样建设党的认识，形成了"三个代表"重要思想，在国内外形势十分复杂、世界社会主义出现严重曲折的严峻考验面前捍卫了中国特色社会主义，确立了社会主义市场经济体制的改革目标和基本框架，确立了社会主义初级阶段公有制为主体、多种所有制经济共同发展的基本经济制度和按劳分配为主体、多种分配方式并存的分配制度，开创全面改革开放

---

① 习近平：《关于坚持和发展中国特色社会主义的几个问题》，《求是》2019 年第 7 期。

新局面，推进党的建设新的伟大工程，成功把中国特色社会主义推向 21 世纪。

《决议》指出，党的十六大以后，以胡锦涛同志为主要代表的中国共产党人，团结带领全党全国各族人民，在全面建设小康社会进程中推进实践创新、理论创新、制度创新，深刻认识和回答了新形势下实现什么样的发展、怎样发展等重大问题，形成了科学发展观，抓住重要战略机遇期，聚精会神搞建设，一心一意谋发展，强调坚持以人为本、全面协调可持续发展，着力保障和改善民生，促进社会公平正义，推进党的执政能力建设和先进性建设，成功在新形势下坚持和发展了中国特色社会主义。

《决议》强调，在这个时期，党以理论创新引领事业发展，领导和支持开展真理标准问题大讨论，从新的实践和时代特征出发坚持和发展马克思主义，科学回答了建设中国特色社会主义的发展道路、发展阶段、根本任务、发展动力、发展战略、政治保证、祖国统一、外交和国际战略、领导力量和依靠力量等一系列基本问题，形成中国特色社会主义理论体系，实现了马克思主义中国化新的飞跃。

党在这个时期的实践创造贯穿改革发展稳定、内政外交国防、治党治国治军等各方面、各领域。其中最主要、最关键的是，创造了改革开放和社会主义现代化建设的伟大成就，确立了社会主义市场经济的改革方向，实现了从高度集中的计划经济体制到充满活力的社会主义市场经济体制、从封闭半封闭到全方位开放的历史性转变。同时，加快推进社会主义现代化，全面建设社会主义市场经济、民主政治、先进文化、和谐社会，实现了从生产力相对落后的状况到经济总量跃居世界第二的历史性突破，实现了人民生活从温饱不足到总体小康、奔向全面小康的历史性跨越，推进了中华民族从站起来到富起来的伟大飞跃。1985 年，基辛格在北京同邓小平同志谈到中国当时的改革时曾说，世界上还没有别的国家像中国这样尝试过把计划经济和市场经济结合起来。这是一个有历史意义的事件，因为你们的尝试是一个全新的试验。如果你们成功了，那么就将从哲学上同时向计划经济国家和市场经济国家提出他们所不能解决的问题。在这里，基辛格说到了中国社会主义改革的独创性、深刻性和对传统发展哲学的颠覆性创新。确实，在人类经济思想和经济制度史上，在中国之前，还从来没有过把社会主义和市场经济结合起来并且取得成功的先例。20 世纪 80 年代中期，市场经济和计划经济是世界上两种主要的经济体制，它们分别是在不同的社会制度下运行的。如果中国共产党成功地实现了这两种体制的有效结合，就将因为构建一种全新的制度文明而具有了重要的世界历史性意义。

党在这个时期的自身建设上的创造主要体现在开创和推进了党的建设新的伟大工程。党创造性地制定了《关于党内政治生活的若干准则》，着力健全民主集中制，发扬党内民主，实现党内政治生活正常化；有计划有步骤地进行整党，着力解决对外开放环境中、市场经济条件下党内思想不纯、作风不纯、组织不纯问题；按照革命化、年轻化、知识化、专业化方针加强干部队伍建设，大力选拔中青年干部，促进干部队伍规范化制度化的、持续的新老交替。这一高瞻远瞩的战略举措不仅一举结束了长期存在的领导职务终身制，而且使我国党政干部队伍和专业技术干部队伍一片朝气蓬勃，充满生机活力。此外，我们党在自身建设上的创新创造还体现在，党创造性提出围绕解决好提高党的领导水平和执政水平、提高拒腐防变和抵御风险能力这两大历史性课题，以执政能力建设和先进性建设为主线，先后就加强党同人民群众联系、加强和改进党的作风建设、加强党的执政能力建设等重大问题作出决定，相继组织开展了"讲学习、讲政治、讲正气"教育、"三个代表"重要思想学习教育活动、保持共产党员先进性教育活动、学习实践科学发展观活动等集中性学习教育。党把党风廉政建设和反腐败斗争提高到关系党和国家生死存亡的高度，推进了惩治和预防腐败体系建设。

2018年12月18日，在改革开放40周年之际，习近平总书记在党中央隆重举行的庆祝大会上全面系统总结40年改革开放取得的伟大成就和宝贵经验时，强调改革开放是党的一次伟大觉醒，是中国人民和中华民族历史上的一次伟大革命，并且发出将改革开放进行到底的伟大号召。

三、深刻认识和把握《决议》用分领域、"工笔画"方式重点呈现的我们党百年奋斗史上第四个时期"开创中国特色社会主义新时代"取得的历史性成就、作出的历史性贡献

党的十八大以来的这九年，从历史方位看，正处在党的"两个一百年"奋斗目标的历史交汇期和历史交汇点，是实现中华民族伟大复兴最关键的时刻、最吃劲的阶段；从历史贡献看，以习近平同志为核心的党中央团结带领全党全国各族人民，自信自

强、守正创新，推动党和国家事业取得历史性成就、发生历史性变革，为实现中华民族伟大复兴提供了更为完善的制度保证、更为坚实的物质基础、更为主动的精神力量。对党的百年奋斗史上这第四个时期，《决议》采取了同上述三个历史时期分阶段论述和论断不同的分领域逐个论述和论断，这有利于全党全国各族人民深化对中国特色社会主义新时代伟大创造、伟大成就、伟大贡献的认识，有利于深化对新时代党的创新理论的深入理解和具体把握。

党的第三个历史决议在这一部分把党的理论创造放在首位，把党的实践创造和党的自身建设的创造放在其次。同时，又在分领域总结新时代党和国家事业取得的历史性成就、发生的历史性变革时，重点总结其中的原创性思想、变革性实践、突破性进展、标志性成果。这样，就使《决议》的第四部分既有创新理论指引下的创新实践的全景式呈现，又有创新实践中所遵循的创新理论的全方位展示，真正体现了在理论和实践的有机结合、完美融合上展现新时代党的成功的理论创造、实践创造和制度创造。

（一）《决议》对习近平新时代中国特色社会主义思想作出的系统总结和论述

2017 年，习近平总书记代表第十八届中央委员会在向大会作的党的十九大报告中，对新时代中国特色社会主义思想和基本方略作过科学总结和系统论述。这次《决议》在党的十九大初步总结的基础上，把党的十九大以来同党的十八大以来以习近平同志为核心的党中央的创造性工作进行贯通起来的总结分析，在阐述这九年来我们党治国理政所采取的重大方略、重大工作、重大举措，取得的重大成就和重要新鲜经验基础上，对习近平新时代中国特色社会主义思想进行了实事求是、与时俱进的第二次完整概括和系统论述。

《决议》指出，"以习近平同志为主要代表的中国共产党人，坚持把马克思主义基本原理同中国具体实际相结合、同中华优秀传统文化相结合，坚持毛泽东思想、邓小平理论、'三个代表'重要思想、科学发展观，深刻总结并充分运用党成立以来的历史经验，从新的实际出发，创立了习近平新时代中国特色社会主义思想"①，并且在党的十九大报告总结概括的"八个明确"基础上，对这一思想的科学内涵也作了同这一思想在实践中"不断发展"的实际相对应的、更加完整的新概括，这就是《决议》中列举的"十个明确"。

"十个明确"的理论框架和结构内容，同党的十九大概括的"八个明确"总体相同，主要的修改和充实有两个方面：一是把党的十九大报告概括的"八个明确"中的第八个"明确"，由原来把"党的领导"和"党的建设"合在一起写，修改为将其一分为二分别论述，并且把党的领导和党的建设的排列顺序，由原来"八个明确"中都放在压尾的位置，调整为"十个明确"中"党的领导"作为第一个"明确"、"党的建设"作为第十个"明确"这样的领头和压尾的位置，进一步凸显了中国共产党领导是中国特色社会主义最本质的特征、是中国特色社会主义制度的最大优势，全面从严治党是新时代中国特色社会主义的战略方针。二是增写了同"建设什么样的社会主义现代化强国、怎样建设社会主义现代化强

————————
　①《中共中央关于党的百年奋斗重大成就和历史经验的决议》，人民出版社2021年版，第24页。

国"密切相关的第七个"明确"。此外，原来"八个明确"中的其他七条各自的排序位置在"十个明确"中依次排列的顺序不变。

在修改和充实后的第一个"明确"中，增写了"全党必须增强'四个意识'、坚定'四个自信'、做到'两个维护'"①，突出了政治建设作为马克思主义政党的鲜明特征和政治优势，在党的建设中的重要地位；在第十个"明确"中，把从原来第八个"明确"中移过来的"提出新时代党的建设总要求"，扩写为："明确全面从严治党的战略方针，提出新时代党的建设总要求，全面推进党的政治建设、思想建设、组织建设、作风建设、纪律建设，把制度建设贯穿其中，深入推进反腐败斗争，落实管党治党政治责任，以伟大自我革命引领伟大社会革命。"这里对新时代党的建设总要求的具体表述也在党的十九大报告基础上作了相应的微调。《决议》增写的第七个"明确"是："明确必须坚持和完善社会主义基本经济制度，使市场在资源配置中起决定性作用，更好发挥政府作用，把握新发展阶段，贯彻创新、协调、绿色、开放、共享的新发展理念，加快构建以国内大循环为主体、国内国际双循环相互促进的新发展格局，推动高质量发展，统筹发展和安全。"这一条所体现的关乎我们党和国家在新征程上"建设什么样的社会主义现代化强国、怎样建设社会主义现代化强国"的重大理论创新、实践创新、制度创新，是习近平总书记在主持起草党的十九届四中全会《中共中央关于坚持和完善中国特色社会主义制度、推进国家治理体系和治理能力现代化若干重大问题的决定》和党

---

① 《中共中央关于党的百年奋斗重大成就和历史经验的决议》，人民出版社2021年版，第24页。

的十九届五中全会《中共中央关于制定国民经济和社会发展第十四个五年规划和二〇三五年远景目标的建议》时形成和提出的。

《决议》中的第二个"明确",在阐述"坚持和发展中国特色社会主义总任务"时,增写了"以中国式现代化推进中华民族伟大复兴",并在阐述"推动全体人民共同富裕"之后增写了"取得更为明显的实质性进展"。《决议》中的第九个"明确",在"明确中国特色大国外交"之后,增写了"要服务民族复兴、促进人类进步"。显然,正如《决议》所指出的那样,"这些战略思想和创新理念,是党对中国特色社会主义建设规律认识深化和理论创新的重大成果"[1]。

《决议》对习近平新时代中国特色社会主义思想所回答的时代课题及对这个思想的科学定位,也在党的十九大报告的基础上有了新的深化和拓展。对习近平新时代中国特色社会主义思想所回答的新的时代课题,《决议》在党的十九大报告中概括的"新时代坚持和发展什么样的中国特色社会主义、怎样坚持和发展中国特色社会主义"这一个"什么样"和"怎样"的基础上,深化和拓展为包括"建设什么样的社会主义现代化强国、怎样建设社会主义现代化强国,建设什么样的长期执政的马克思主义政党、怎样建设长期执政的马克思主义政党"在内的三个"什么样"和"怎样"。显然,这个更为科学完整的概括,更加符合习近平新时代中国特色社会主义思想博大精深的科学内涵,它既从坚持和发展中国特色社会主义的角度进行思考和总结,又从加快建设社会

---

[1]《中共中央关于党的百年奋斗重大成就和历史经验的决议》,人民出版社2021年版,第25页。

主义现代化国家的角度进行思考和总结，还从建设长期执政的马克思主义政党的角度进行思考和总结。事实上，党的十九大报告指出的"中国特色社会主义进入新时代"，"意味着中国特色社会主义道路、理论、制度、文化不断发展，拓展了发展中国家走向现代化的途径，给世界上那些既希望加快发展又希望保持自身独立性的国家和民族提供了全新选择，为解决人类问题贡献了中国智慧和中国方案"①，已经内含了这样的表达；习近平总书记在党的十九届五中全会上关于我国社会主义现代化是人口规模巨大的现代化、是全体人民共同富裕的现代化、是物质文明和精神文明相协调的现代化、是人与自然和谐共生的现代化、是走和平发展道路的现代化这五个显著特征的精辟论述，也内含了这样的表达；习近平总书记多次强调的"中国共产党立志于中华民族千秋伟业，百年恰是风华正茂"②，以及他在党的十九大报告中提出的"以加强党的长期执政能力建设、先进性和纯洁性建设为主线"③的新时代党的建设总要求，同样内含了这样的表达。

《决议》对习近平新时代中国特色社会主义思想的科学定位，也在党的十九大报告基础上作了如下新的概括："习近平新时代中国特色社会主义思想是当代中国马克思主义、二十一世纪马克思主义，是中华文化和中国精神的时代精华，实现了马克思主义中国化

① 《中国共产党第十九次全国代表大会文件汇编》，人民出版社 2017 年版，第 9 页。

② 习近平：《在党史学习教育动员大会上的讲话》，人民出版社 2021 年版，第 3 页。

③ 《中国共产党第十九次全国代表大会文件汇编》，人民出版社 2017 年版，第 49—50 页。

新的飞跃。"这样的科学定位,同《决议》强调"以习近平同志为主要代表的中国共产党人,坚持把马克思主义基本原理同中国具体实际相结合、同中华优秀传统文化相结合"的科学论断是互为印证、相辅相成的。从毛泽东同志在党的扩大的六届六中全会上提出,"没有抽象的马克思主义,只有具体的马克思主义。所谓具体的马克思主义,就是通过民族形式的马克思主义"①,到习近平总书记在党的十九大报告中提出"没有高度的文化自信,没有文化的繁荣兴盛,就没有中华民族伟大复兴","中国特色社会主义文化,源自于中华民族五千多年文明历史所孕育的中华优秀传统文化,熔铸于党领导人民在革命、建设、改革中创造的革命文化和社会主义先进文化"②,"推动中华优秀传统文化创造性转化、创新性发展"③,都证明作为这次《决议》提出的体现"两个结合"的习近平新时代中国特色社会主义思想,之所以被定义为"当代中国马克思主义、二十一世纪马克思主义",正是因为它为丰富和发展马克思主义作出了原创性贡献,为激活中华优秀传统文化生命力作出了历史性贡献,为推动人类文明进步作出了世界性贡献。

《决议》还写道:"党确立习近平同志党中央的核心、全党的核心地位,确立习近平新时代中国特色社会主义思想的指导地位,反映了全党全军全国各族人民共同心愿,对新时代党和国家

① 中共中央文献研究室、中央档案馆编:《建党以来重要文献选编(一九二一——一九四九)》第十五册,中央文献出版社 2011 年版,第 651 页。

②《中国共产党第十九次全国代表大会文件汇编》,人民出版社 2017 年版,第 33 页。

③《中国共产党第十九次全国代表大会文件汇编》,人民出版社 2017 年版,第 19 页。

事业发展、对推进中华民族伟大复兴历史进程具有决定性意义。"①
对这"两个确立"具有决定性意义的重要论断在党的十九届六中
全会上引起热议。经历了党的十八大以来具有许多新的历史特点
的、空前惊心动魄的伟大斗争，再看看今日之中国党心军心民心
空前凝聚振奋，中国特色社会主义在这动荡的世界上彰显出空前
强大的生机活力，人们都会发自肺腑地认同，《决议》关于党确
立习近平同志的核心地位、确立习近平新时代中国特色社会主义
思想的指导地位"具有决定性意义"的论断，是千真万确的。毫
无疑问，这个"决定性意义"，就是指这个领导核心、这个科学
理论，在思想上政治上行动上都具有"定海神针"的无比威力，
而这正是中华民族伟大复兴进入不可逆转的历史进程的众多原因
中的一个具有"决定性意义"的原因。现在，这"两个确立"已
经在不断"深入人心"的过程中日益"深得民心"。在向全面建
设社会主义现代化强国的第二个百年奋斗目标进军的新征程上，
这"两个确立"的决定性作用必将更加充分地显现出来。

**（二）《决议》从13个方面分领域总结新时代党和国家事业
取得的历史性成就、发生的历史性变革中所体现的原创性思想、
变革性实践、突破性进展、标志性成果**

这一部分的内容非常丰富和厚重，是对以习近平同志为核心
的党中央，以伟大的历史主动精神、巨大的政治勇气、强烈的责
任担当，推动党和国家事业取得历史性成就、发生历史性变革的
总归纳、大汇总、再升华。这13个方面所概括的，都是党在新

---

① 《中共中央关于党的百年奋斗重大成就和历史经验的决议》，人民出版社
2021年版，第26页。

时代各个领域各个方面体现时代性、把握规律性、富于创造性实践的新认识，都是对党和国家各方面工作长期起指导作用的新法宝。党的十九届六中全会公报在第 17 自然段用最长段落、最长篇幅展示的，就是《决议》中指出的各领域、各方面的突破性进展、标志性成果。建议同志们在学习领会时，可以把党的十九届六中全会公报和党的第三个历史决议的文本都拿在手中，同时逐一找出《决议》中关于造就这 13 个方面的突破性进展、标志性成果的原则性思想、变革性实践，这样就可以在一种很有兴味的对照型学习、研究型学习中，把《决议》精神认识和把握得更深入、更全面，贯彻落实得更精准、更到位。

比如，在新时代坚持党的全面领导上，全会公报指出，党的十八大以来，"党中央权威和集中统一领导得到有力保证，党的领导制度体系不断完善，党的领导方式更加科学，全党思想上更加统一、政治上更加团结、行动上更加一致，党的政治领导力、思想引领力、群众组织力、社会号召力显著增强"[1]。那么，《决议》中同这些突破性进展、标志性成果相对应的原创性思想、变革性实践是什么呢？我们从《决议》的文本中可以看到，这就是以习近平同志为核心的党中央旗帜鲜明提出，党的领导是党和国家的根本所在、命脉所在，是全国各族人民的利益所系、命运所系，全党必须自觉在思想上政治上行动上同党中央保持高度一致。这就是党明确提出的：党的领导是全面的、系统的、整体的，保证党的团结统一是党的生命；党中央集中统一领导是党的领导的最高原

① 《中共十九届六中全会在京举行》，《人民日报》2021 年 11 月 12 日。

则，加强和维护党中央集中统一领导是全党共同的政治责任，坚持党的领导首先要旗帜鲜明讲政治，保证全党服从中央。这就是党的十八届六中全会通过《关于新形势下党内政治生活的若干准则》，党中央出台中央政治局加强和维护党中央集中统一领导的若干规定，严明了党的政治纪律和政治规矩。党中央要求党的领导干部都要提高政治判断力、政治领悟力、政治执行力，胸怀"国之大者"，对党忠诚、听党指挥、为党尽责。这就是健全党的领导制度体系，完善党领导人大、政府、政协、监察机关、审判机关、检察机关、武装力量、人民团体、企事业单位、基层群众性自治组织、社会组织等制度，确保党在各种组织中发挥领导作用。这就是坚持民主集中制，建立健全党对重大工作的领导体制，强化党中央决策议事协调机构职能作用，完善推动党中央重大决策落实机制，强化政治监督，深化政治巡视，查处违背党的路线方针政策、破坏党的集中统一领导问题，清除"两面人"，保证全党在政治立场、政治方向、政治原则、政治道路上同党中央保持高度一致。

《决议》中的这些体现习近平新时代中国特色社会主义思想的原创性思想、变革性实践，对于确保我们党的全面领导、确保党中央集中统一领导来说，都是最重要的原创性思想，都是最重要的变革性实践。学习和把握这样的总归纳、大汇总、再升华，就会让我们进一步认识到：没有这些全面加强党的领导的原创性思想、变革性实践，就不会有党的十九届六中全会公报列举的那些突破性进展、标志性成果，也就不会有这九年的历史性成就、历史性变革。

比如，在新时代全面从严治党上，全会公报指出，党的自我净化、自我完善、自我革新、自我提高能力显著增强，管党治党宽松软状况得到根本扭转，反腐败斗争取得压倒性胜利并全面巩固，党在革命性锻造中更加坚强。那么，《决议》中同这些突破性进展、标志性成果相对应的原创性思想、变革性实践是什么呢？我们从《决议》的文本中可以看到，这就是习近平同志强调，打铁必须自身硬，办好中国的事情，关键在党，关键在党要管党、全面从严治党。这就是坚持严的主基调，突出抓住"关键少数"，落实主体责任和监督责任，强化监督执纪问责，把全面从严治党贯穿于党的建设各方面。这就是党中央发扬钉钉子精神，持之以恒纠治"四风"，反对特权思想和特权现象。这就是党坚持思想建党和制度治党同向发力，用党的创新理论武装全党，保持共产党人政治本色，挺起共产党人的精神脊梁。这就是党提出新时代好干部标准，突出政治素质要求、树立正确用人导向，纠正选人用人方面的不正之风。这就是党要求各级领导干部解决好世界观、人生观、价值观这个"总开关"问题，时刻想着为党分忧、为国奉献、为民造福。这就是党坚持党管人才原则，深入实施新时代人才强国战略，加快建设世界重要人才中心和创新高地，聚天下英才而用之。这就是党不断健全组织体系，以提升组织力为重点，增强党组织政治功能和组织功能，树立大抓基层的鲜明导向。这就是党坚持依规治党，严格遵守党章，形成比较完善的党内法规体系，严格制度执行，党的建设科学化、制度化、规范化水平明显提高。

关于党在坚决惩治腐败方面的原创性思想、变革性实践，我们从《决议》文本中也可以看到，这就是党中央强调，腐败是党长期执政的最大威胁，反腐败是一场输不起也决不能输的重大政治斗争，如果不得罪成百上千的腐败分子，就要得罪 14 亿人民，必须把权力关进制度的笼子里。这就是党坚持不敢腐、不能腐、不想腐一体推进，惩治震慑、制度约束、提高觉悟一体发力，确保党和人民赋予的权力始终用来为人民谋幸福。这就是坚持受贿行贿一起查，坚持有案必查、有腐必惩，坚定不移"打虎""拍蝇""猎狐"。这就是坚决整治群众身边腐败问题，深入开展国际追逃追赃，清除一切腐败分子。这就是党聚焦政治问题和经济问题交织的腐败案件，防止党内形成利益集团，查处周永康、薄熙来、孙政才、令计划等严重违纪违法案件。这就是党领导完善党和国家监督体系，推动设立国家监察委员会和地方各级监察委员会，构建巡视巡察上下联动格局，构建以党内监督为主导、各类监督贯通协调的机制，加强对权力运行的制约和监督。

正是因为党的第三个历史决议中的这些体现习近平新时代中国特色社会主义思想的原创性思想、变革性实践，指引全面从严治党取得全方位显著成效，才解决了许多长期想解决而没有解决的难题，才办成了许多过去想办而没有办成的大事，真所谓"管住了一些党员领导干部大吃大喝的一张嘴，收获了老百姓对党更加信赖拥护的一片心"。

比如，在新时代经济建设上，全会公报指出，我国经济发展平衡性、协调性、可持续性明显增强，国家经济实力、科技实力、综合国力跃上新台阶，我国经济迈上更高质量、更有效率、更加公平、更可持续、更为安全的发展之路。那么，《决议》中同这些突破性进展、标志性成果相对应的原创性思想、变革性实践是什么呢？我们从《决议》文本中可以看到，这就是党中央提出，我国经济发展进入新常态，已由高速增长阶段转向高质量发展阶段，面临增长速度换挡期、结构调整阵痛期、前期刺激政策消化期"三期叠加"的复杂局面，传统发展模式难以为继。这就是党中央强调，贯彻新发展理念是关系我国发展全局的一场深刻变革，不能简单以生产总值增长率论英雄，必须实现创新成为第一动力、协调成为内生特点、绿色成为普遍形态、开放成为必由之路、共享成为根本目的的高质量发展。这就是党加强对经济工作的战略谋划和统一领导，完善党领导经济工作体制机制。党的十八届五中全会、党的十九大、党的十九届五中全会和历次中央经济工作会议集中对我国发展作出部署，作出坚持以高质量发展为主题、以供给侧结构性改革为主线、建设现代化经济体系、把握扩大内需战略基点，打好防范化解重大风险、精准脱贫、污染防治三大攻坚战等重大决策。这就是党毫不动摇巩固和发展公有制经济，毫不动摇鼓励、支持、引导非公有制经济发展，支持国有资本和国有企业做强做优做大，建立中国特色现代企业制度，增强国有经济竞争力、创新力、控制力、影响力、抗风险能力；构建亲清政商关系，促进非公有制经济健康发展和非公有制经济人士健康成长。这就是党坚持实施创新驱动发展战略，把科技自立自强作为国家发展的战略支撑，健全新型举国体制，强化国家战略科技力量，加强基础研究，推进关键核心技术攻关和自主创新，强化知识产权创造、保护、运用，加快建设创新型国家和世界科技强国。这就是全面实施供给侧结构性改革，推进去产能、去库存、去杠杆、降成本、补短板，落实巩固、增强、提升、畅通要求，推进制造强国建设，加快发展现代产业体系，壮大实体经济，发展数字经济。这就是完善宏观经济治理，创新宏观调控思路和方式，增强宏观政策自主性。这就是保障粮食安全、能源资源安全、产业链供应链安全，全面加强金融监管，防范化解经济金融领域风险，强化市场监管和反垄断规制，防止资本无序扩张，维护市场秩序，激发各类市场主体特别是中小微企业活力。这就是党实施区域协调发展战略，促进京津冀协同发展、长江经济带发展、粤港澳大湾区建设、长三角一体化发展、黄河流域生态保护和高质量发展，高标准高质量建设雄安新区，推动西部大开发形成新格局，推动东北振兴取得新突破，推动中部地区高质量发展，鼓励东部地区加快推进现代化，支持革命老区、民族地区、边疆地区、贫困地区改善生产生活条件。推进以人为核心的新型城镇化，加强城市规划、建设、管理。这就是党始终把解决好"三农"问题作为全党工作重中之重，实施乡村振兴战略，加快推进农业农村现代化，坚持藏粮于地、藏粮于技，实行最严格的耕地保护制度，推动种业科技自立自强、种源自主可控，确保把中国人的饭碗牢牢端在自己手中。

党的第三个历史决议中的这些体现习近平新时代中国特色社会主义思想的原创性思想、变革性实践，对于党的十八大以来我国经济发展平衡性、协调性、可持续性明显增强，起到了方向标、红绿灯作用。

比如，在新时代政治建设上，全会公报指出，积极发展全过程人民民主，我国社会主义民主政治制度化、规范化、程序化全面推进，中国特色社会主义政治制度优越性得到更好发挥，生动活泼、安定团结的政治局面得到巩固和发展。那么，《决议》中同这些突破性进展、标志性成果相对应的原创性思想、变革性实践是什么呢？我们从《决议》文本中可以看到，这就是党深刻认识到坚定中国特色社会主义制度自信首先要坚定对中国特色社会主义政治制度的自信，照抄照搬他国政治制度行不通，甚至会把国家前途命运葬送掉。这就是必须坚持党的领导、人民当家作主、依法治国有机统一，积极发展全过程人民民主，健全全面、广泛、有机衔接的人民当家作主制度体系，从各层次各领域扩大人民有序政治参与，使各方面制度和国家治理更好体现人民意志、保障人民权益、激发人民创造。这就是必须警惕和防范西方所谓"宪政"、多党轮流执政、"三权鼎立"等政治思潮的侵蚀影响。

关于在社会主义民主政治的制度改革和完善方面的原创性思想、变革性实践，我们从《决议》文本中也可以看到，这就是党的十九届四中全会着眼于党长期执政和国家长治久安，对坚持和完善中国特色社会主义制度、推进国家治理体系和治理能力现代化作出总体擘画，重点部署坚持和完善支撑中国特色社会主义制度的根本制度、基本制度、重要制度。这就是党坚持和完善人民代表大会制度，支持和保证人民通过人民代表大会行使国家权力，果断查处拉票贿选案，维护人民代表大会制度这一国家根本政治制度的权威和尊严。这就是党坚持和完善中国共产党领导的多党合作和政治协商制度，完善民主党派中央对重大决策部署贯彻落实情况实施专项监督、直接向中共中央提出建议等制度，加强人民政协专门协商机构制度建设，推进社会主义协商民主广泛多层制度化发展。这就是党坚持巩固基层政权，完善基层民主制度，完善办事公开制度，保障人民知情权、参与权、表达权、监督权。

这就是按照坚持党的全面领导、坚持以人民为中心、坚持优化协同高效、坚持全面依法治国的原则，全面深化党和国家机构改革，党和国家机构职能实现系统性、整体性重构。这就是党坚持和完善民族区域自治制度，坚持把铸牢中华民族共同体意识作为党的民族工作主线，确立新时代党的治藏方略、治疆方略，巩固和发展平等团结互助和谐的社会主义民族关系。这就是党坚持宗教工作基本方针，坚持我国宗教的中国化方向，积极引导宗教与社会主义社会相适应。这就是党完善大统战工作格局，汇聚实现中华民族伟大复兴的磅礴力量。这就是党围绕增强政治性、先进性、群众性，推动群团工作改革创新，更好发挥工会、共青团、妇联等人民团体和群众组织作用。以保障人民生存权、发展权为首要推进人权事业全面发展。

党的第三个历史决议中的这些体现习近平新时代中国特色社会主义思想的原创性思想、变革性实践，对于党的十八大以来我国社会主义民主政治制度化、规范化、程序化全面推进，中国特色社会主义政治制度优越性得到更好发挥，生动活泼、安定团结的政治局面得到巩固和发展，起到了决定性作用。

比如，在新时代文化建设上，全会公报指出，我国意识形态领域形势发生全局性、根本性转变，全党全国各族人民文化自信明显增强，全社会凝聚力和向心力极大提升，为新时代开创党和国家事业新局面提供了坚强思想保证和强大精神力量。那么，《决议》中同这些突破性进展、标志性成果相对应的原创性思想、变革性实践是什么呢？我们从《决议》文本中可以看到，这就是党强调意识形态工作是为国家立心、为民族立魂的工作，文化自信是更基础、更广泛、更深厚的自信，没有高度文化自信、没有文化繁荣兴盛就没有中华民族伟大复兴。这就是必须坚持以人民为中心的工作导向，举旗帜、聚民心、育新人、兴文化、展形象，牢牢掌握意识形态工作领导权，建设具有强大凝聚力和引领力的社会主义意识形态，建设社会主义文化强国，更好构筑中国精神、中国价值、中国力量。

关于党着力解决意识形态领域党的领导弱化问题方面的原创性思想、变革性实践，我们从《决议》文本中可以看到，这就是立破并举、激浊扬清，就意识形态领域许多方向性、战略性问题作出部署，推动全党动手抓宣传思想工作，旗帜鲜明反对和抵制各种错误观点。这就是党从正本清源入手加强宣传思想工作，召开全国宣传思想工作会议，分别召开文艺工作、党的新闻舆论工作、网络安全和信息化工作、哲学社会科学工作座谈会和全国高校思想政治工作会议，就一系列根本性问题阐明原则立场，廓清了理论是非，校正了工作导向，思想文化领域向上向好态势不断发展。有些同志认为，《决议》中点到的这些具体会议名称似乎可以省略。须知，党的十八大以后党中央及时召开的这些重要会议都是属于校正意识形态领域工作导向、具有扭转乾坤意义的重要会议。党的十八大以前，意识形态领域的种种乱象简直到了要逆天翻天的程度。习近平总书记在这几次会议上讲的那些对意识形态领域工作拨正航向具有定海神针作用的话，难道不应该像当年毛泽东同志主持召开并发表重要讲话的延安文艺工作座谈会、邓小平同志在拨乱反正时期主持召开并发表重要讲话的党的理论工作务虚会那样，被全党全国人民铭记、被历史铭记吗？关于党在意识形态领域的原创性思想、变革性实践，还有党中央推动用党的创新理论武装全党、教育人民、指导实践，深化马克思主义理论研究和建设；也有高度重视传播手段建设和创新；更有党中央明确提出，过不了互联网这一关就过不了长期执政这一关，坚持依法管网治网，营造清朗的网络空间。

关于在加强社会正能量建设方面的原创性思想、变革性实践，我们从《决议》文本中可以看到，这就是党坚持以社会主义核心价值观引领文化建设，注重用社会主义先进文化、革命文化、中华优秀传统文化培根铸魂，完善思想政治工作体系，建立健全党和国家功勋荣誉表彰制度，设立烈士纪念日，深化群众性精神文明创建，建设新时代文明实践中心，推动学习大国建设。这就是党推动学习党史、新中国史、改革开放史、社会主义发展史，建成中国共产党历史展览馆，开展庆祝中国共产党成立100周年等重大庆祝和纪念活动，在全社会唱响了主旋律、弘扬了正能量。这就是党中央强调，中华优秀传统文化是中华民族的突出优势，实施中华优秀传统文化传承发展工程，推动中华优秀传统文化创造性转化、创新性发展。

《决议》中的这些体现习近平新时代中国特色社会主义思想的原创性思想、变革性实践，对于党的十八大以来我国意识形态领域形势发生全局性、根本性转变，起到了扭转乾坤的定海神针作用。

比如，在新时代社会建设上，全会公报指出，人民生活全方位改善，社会治理社会化、法治化、智能化、专业化水平大幅度提升，发展了人民安居乐业、社会安定有序的良好局面，续写了社会长期稳定奇迹。那么，《决议》中同这些突破性进展、标志性成果相对应的原创性思想、变革性实践是什么呢？我们从《决议》文本中可以看到，这就是党中央强调，人民对美好生活的向往就是我们的奋斗目标，补齐民生保障短板、解决好人民群众急难愁盼问题是社会建设的紧迫任务。这就是必须以保障和改善民生为重点加强社会建设，尽力而为、量力而行，一件事情接着一件事情办，一年接着一年干，在幼有所育、学有所教、劳有所得、病有所医、老有所养、住有所居、弱有所扶上持续用力，加强和创新社会治理，使人民获得感、幸福感、安全感更加充实、更有保障、更可持续。这就是党深刻认识到，小康不小康，关键看老乡；脱贫攻坚是全面建成小康社会的底线任务，采取超常举措，实施脱贫攻坚工程。这就是党坚持精准扶贫，确立"两不愁三保障"工作目标，实行"军令状"式责任制，动员全党全国全社会力量，组织实施人类历史上规模最大、力度最强的脱贫攻坚战。党的十八大以来，全国近1亿农村贫困人口实现脱贫，提前10年实现联合国2030年可持续发展议程减贫目标，历史性地解决了绝对贫困问题，创造了人类减贫史上的奇迹。这就是2020年，面对突如其来的新冠疫情，党中央果断决策、沉着应对，坚持人民至上、生命至上，开展抗击疫情人民战争、总体战、阻击战，周密部署武汉保卫战、湖北保卫战，举全国之力实施规模空前的生命大救援，坚持统筹疫情防控和经济社会发展，在全球率先控制住疫情、率先复工复产、率先恢复经济社会发展，抗疫斗争取得重大战略成果。

关于在保障和改善民生方面的原创性思想、变革性实践，我们从《决议》文本中可以看到，这就是党针对收入分配、就业、教育、社会保障、医疗卫生、住房保障等方面推出一系列重大举措，注重加强普惠性、基础性、兜底性民生建设，推进基本公共服务均等化。这就是努力建设体现效率、促进公平的收入分配体系，稳步扩大中等收入群体，推动形成橄榄型分配格局，居民收入增长与经济增长基本同步，农村居民收入增速快于城镇居民。这就是党实施就业优先政策，推动实现更加充分、更高质量就业。这就是全面贯彻党的教育方针，优先发展教育事业，深化教育教学改革创新，促进公平和提高质量，推进义务教育均衡发展和城乡一体化，全面推行国家通用语言文字教育教学，规范校外培训机构，积极发展职业教育，推动高等教育内涵式发展，推进教育强国建设，办好人民满意的教育。这就是建成世界上规模最大的社会保障体系，全国已有 10.2 亿人拥有基本养老保险，13.6 亿人拥有基本医疗保险。这就是全面推进健康中国建设，引导医疗卫生工作重心下移、资源下沉，及时推动完善重大疫情防控体制机制、健全国家公共卫生应急管理体系，促进中医药传承创新发展。这就是加快体育强国建设，广泛开展全民健身活动，大力弘扬中华体育精神。这就是积极应对人口老龄化，加快建设养老服务体系，调整优化生育政策，促进人口长期均衡发展。这就是坚持房子是用来住的、不是用来炒的定位，加快建立多主体供给、多渠道保障、租购并举的住房制度，特别是加大保障房建设投入力度，城乡居民住房条件明显改善。

关于在社会治理方面的原创性思想、变革性实践，我们从《决议》文本中可以看到，这就是党着眼于建设更高水平的平安中国，完善社会治理体系，健全党组织领导的自治、法治、德治相结合的城乡基层治理体系，推动社会治理重心向基层下移，建设共建共治共享的社会治理制度，建设人人有责、人人尽责、人人享有的社会治理共同体。这就是坚持和发展新时代"枫桥经验"，完善信访制度，健全社会矛盾纠纷多元预防调处化解综合机制，加强社会治安综合治理，开展扫黑除恶专项斗争，坚决惩治放纵、包庇黑恶势力甚至充当"保护伞"的党员干部，防范和打击暴力恐怖、新型网络犯罪、跨国犯罪。

党的第三个历史决议中的这些体现习近平新时代中国特色社会主义思想的原创性思想、变革性实践，对发展人民安居乐业、社会安定有序的良好局面，续写了社会长期稳定奇迹，起到了全方位保障作用。

比如，在新时代生态文明建设上，全会公报指出，党中央以前所未有的力度抓生态文明建设，美丽中国建设迈出重大步伐，我国生态环境保护发生历史性、转折性、全局性变化。那么，《决议》中同这些突破性进展、标志性成果相对应的原创性思想、变革性实践是什么呢？我们从《决议》文本中可以看到，这就是党中央提出，生态系统退化等问题越来越突出，各类环境污染、生态破坏呈高发态势，成为国土之伤、民生之痛。这就是党中央强调，生态文明建设是关乎中华民族永续发展的根本大计，决不以牺牲环境为代价换取一时的经济增长。这就是必须坚持绿水青山就是金山银山的理念，坚持山水林田湖草沙一体化保护和系统治理，更加自觉地推进绿色发展、循环发展、低碳发展。这就是党从思想、法律、体制、组织、作风上全面发力，全方位、全地域、全过程加强生态环境保护，推动划定生态保护红线、环境质量底线、资源利用上线，开展一系列根本性、开创性、长远性工作。这就是党组织实施主体功能区战略，建立健全自然资源资产产权制度、国土空间开发保护制度、生态文明建设目标评价考核制度和责任追究制度、生态补偿制度、河湖长制、林长制、环境保护"党政同责"和"一岗双责"等制度，制定修订相关法律法规。这就是党推动优化国土空间开发保护格局，建立以国家公园为主体的自然保护地体系，持续开展大规模国土绿化行动，加强大江大河和重要湖泊湿地及海岸带生态保护和系统治理，加大生态系统保护和修复力度，加强生物多样性保护，推动形成节约资源和保护环境的空间格局、产业结构、生产方式、生活方式。这就是在党的领导下着力打赢污染防治攻坚战，深入实施大气、水、土壤污染防治三大行动计划，打好蓝天、碧水、净土保卫战，开展农村人居环境整治，全面禁止进口"洋垃圾"。这就是开展中央生态环境保护督察，坚决查处一批破坏生态环境的重大典型案件、解决一批人民群众反映强烈的突出环境问题。这就是我国积极参与全球环境与气候治理，作出力争2030年前实现碳达峰、2060年前实现碳中和的庄严承诺，体现了负责任大国的担当。

《决议》中的这些体现习近平新时代中国特色社会主义思想的原创性思想、变革性实践，对于党的十八大以来美丽中国建设迈出重大步伐，我国生态环境保护发生历史性、转折性、全局性变化，对于为全球生态安全作出中国贡献奠定了思想基础和社会基础。

由于宣讲时间有限，今天我把新时代属于加强党的领导、党的建设和"五位一体"总体布局共七个方面的原创性思想、变革性实践、突破性进展、标志性成果作了重点宣讲和解读，对全面深化改革、全面依法治国、国防和军队建设、维护国家安全、坚持"一国两制"和推进祖国统一、外交工作六个方面，就不再作分领域的宣讲和解读了。同志们可以把全会公报中分领域展示的其他六个领域的突破性进展、标志性成果同《决议》中体现在这六个领域的原创性思想、变革性实践对照起来学习领会，就一定可以把《决议》精神认识把握得更深入、更全面，贯彻落实得更精准、更到位。

大家一定还记得，1992年春天，邓小平同志在南方谈话中说过："改革开放以来，我们立的章程并不少，而且是全方位的。经济、政治、科技、教育、文化、军事、外交等各个方面都有明确的方针和政策，而且有准确的表述语言。"① 党的十八大以来这九年的情况就更是这样。以习近平同志为核心的党中央在改革发展稳定、内政外交国防、治党治国治军等各方面、各领域所立的很多章程、所制定的各个方面明确的方针和政策，同样是全方位的，而且有准确的表述语言。党的第三个历史决议分领域展示的林林总总、方方面面的章程、政策，都是成套成系列的。如同邓小平同志在党的十二大开幕词中指出的："和八大的时候比较，现在我们党对我国社会主义建设规律的认识深刻得多了，经验丰富得多了，贯彻执行我们的正确方针的自觉性和坚定性大大加强了。"② 今天，我们也完全可以说，把新时代近十年同党的十二大、十三大、十四大、十五大、十六大、十七大的时候相比，现在以

---

① 《邓小平文选》第三卷，人民出版社1993年版，第371页。
② 《邓小平文选》第三卷，人民出版社1993年版，第2页。

习近平同志为核心的党中央对中国特色社会主义建设规律的认识比那时深刻得多了、经验丰富得多了，贯彻执行党的理论和路线方针政策的自觉性和坚定性也大大增强了。

2012年，习近平总书记在《紧紧围绕坚持和发展中国特色社会主义　学习宣传贯彻党的十八大精神》的署名文章中写道："坚持和发展中国特色社会主义是贯穿党的十八大报告的一条主线。"①经过全党全国各族人民持续奋斗，我们党已胜利实现了第一个百年奋斗目标，在中华大地上全面建成了小康社会，历史性解决了绝对贫困问题，正在意气风发向着全面建成社会主义现代化强国的第二个百年奋斗目标迈进。回头看新时代的这九年，关于"每一代人有每一代人的长征路，每一代人都要走好自己的长征路"②，以习近平同志为主要代表的中国共产党人真正做到了。

四、深刻领会和把握以更宏阔视野总结并贯通党的
百年奋斗历史逻辑、理论逻辑、实践逻辑的《决议》
第五、第六部分的论述和结论

党的第三个历史决议的第五、第六这两个部分，是在全面回顾总结党的百年奋斗历程和成就的基础上，以更宏阔的视野分别总结党的百年奋斗的历史意义和历史经验。

《决议》第五部分在总结"中国共产党百年奋斗的历史意义"时，用历史的如椽之笔，精辟精练地概括了党的百年奋斗从根本

---

① 《习近平谈治国理政》第一卷，外文出版社2018年版，第7页。
② 习近平：《在纪念红军长征胜利80周年大会上的讲话》，人民出版社2016年版，第10页。

上改变了中国人民的前途命运、开辟了实现中华民族伟大复兴的正确道路、展示了马克思主义的强大生命力、深刻影响了世界历史进程、锻造了走在时代前列的中国共产党。中国共产党百年奋斗的这五条历史意义，深刻阐明了党对中国人民、对中华民族、对马克思主义、对人类进步事业、对马克思主义政党建设作出的五大历史性贡献。这个科学概括，既立足中华大地，又放眼人类未来，既深刻体现了中国共产党同中国人民、中华民族的关系，又体现了中国共产党同马克思主义、世界社会主义、人类社会发展的关系。这是我们党在百年奋斗历史中最具有决定性意义的五大关系。

中国共产党是一个有极强使命感的马克思主义执政党。党一经诞生，就把为中国人民谋幸福、为中华民族谋复兴确立为自己的初心使命。100 年来，中国共产党团结带领中国人民进行的一切奋斗、一切牺牲、一切创造，归结起来就是一个主题：实现中华民族伟大复兴。历经以毛泽东同志、邓小平同志、江泽民同志、胡锦涛同志再到以习近平同志为主要代表的几代中国共产党人的接续奋斗、不懈奋斗，中国人民终于摆脱了被欺负、被压迫、被奴役的命运，成为国家、社会和自己命运的主人。《决议》指出："今天，中国人民更加自信、自立、自强，极大增强了志气、骨气、底气，在历史进程中积累的强大能量充分爆发出来，焕发出前所未有的历史主动精神、历史创造精神，正在信心百倍书写着新时代中国发展的伟大历史。"①这样的"历史主动"从何而来？就是马

---

① 《中共中央关于党的百年奋斗重大成就和历史经验的决议》，人民出版社 2021 年版，第 62 页。

克思主义传入中国并通过中国共产党人的热情传播和奋斗实践被中国人所学会,中国人民才在精神上"由被动转入主动"而来;而马克思主义与中国共产党和中国人民的历史创造性实践相结合,特别是与中华优秀传统文化相结合即推动实现马克思主义中国化,才激活了中华民族历经几千年创造的伟大文明,使中华文明再次迸发出强大精神力量。于是就一改旧中国"只有觉悟的革命者而缺少觉醒的人民大众"的斗争状况,实现了中国人民和中华民族自鸦片战争以来的第一次全面觉醒。这 100 年来,无论是马克思主义中国化的第一次"历史性飞跃",还是改革开放 40 多年来由中国特色社会主义理论体系所标志的马克思主义中国化新的飞跃、以习近平新时代中国特色社会主义思想所标志的马克思主义中国化新的飞跃,都是我们党具有决定性意义的伟大觉醒,并在实践中不断展现为丰硕的历史成果。马克思主义在党的百年奋斗中不断实现的中国化、时代化,使中国共产党和中国人民以更加自觉的历史主动精神走上了如今已不可逆转的中华民族伟大复兴之路。

《决议》中关于"党的百年奋斗开辟了实现中华民族伟大复兴的正确道路"应该怎样理解?在邓小平同志的话语体系中,中国特色社会主义的"中国特色",首先是指中国特色社会主义"道路"的特色。邓小平同志说:"我们的原则是把马克思主义同中国的实践相结合,走中国自己的道路,我们叫建设有中国特色的社会主义。"①而中国特色社会主义道路,首先是指中国式的现代化道路。邓小平同志说:"现在搞建设,也要适合中国情况,走出一

---

① 《邓小平文选》第三卷,人民出版社 1993 年版,第 135 页。

条中国式的现代化道路。"① 在我们党的话语体系中，中国特色社会主义道路、中国式现代化道路，都被统称为"中华民族伟大复兴的正确道路"。正如习近平总书记在庆祝中国共产党成立100周年大会上的讲话中明确指出的："中国特色社会主义是党和人民历经千辛万苦、付出巨大代价取得的根本成就，是实现中华民族伟大复兴的正确道路。"② 这条道路也就是中国特色社会主义道路。而中国特色社会主义道路、中华民族伟大复兴的正确道路，其对外表达就是中国的和平发展道路。

《决议》第五部分在回顾总结党的百年奋斗的五大历史意义时虽然没有全面回答"中国共产党为什么能，马克思主义为什么行，中国特色社会主义为什么好"，但深刻论证了习近平总书记在庆祝中国共产党成立100周年大会上关于"中国共产党为什么能，中国特色社会主义为什么好，归根到底是因为马克思主义行"③ 这一科学论断。在主持起草党的第三个历史决议过程中，习近平总书记对此论断又有新的发挥。他指出，马克思主义之所以行，就在于党不断推进马克思主义中国化时代化并用以指导实践。党的第三个历史决议对百年奋斗历程中的中国共产党不断推进马克思主义中国化时代化作了充分总结。

《决议》第六部分"中国共产党百年奋斗的历史经验"，概括了既具有根本性又有长远指导意义的十条历史经验，即坚持党的领

①《邓小平文选》第二卷，人民出版社1994年版，第163页。

② 习近平:《在庆祝中国共产党成立100周年大会上的讲话》，人民出版社2021年版，第13页。

③ 习近平:《在庆祝中国共产党成立100周年大会上的讲话》，人民出版社2021年版，第13页。

导，坚持人民至上，坚持理论创新，坚持独立自主，坚持中国道路，坚持胸怀天下，坚持开拓创新，坚持敢于斗争，坚持统一战线，坚持自我革命。习近平总书记指出："这十条历史经验是系统完整、相互贯通的有机整体，揭示了党和人民事业不断成功的根本保证，揭示了党始终立于不败之地的力量源泉，揭示了党始终掌握历史主动的根本原因，揭示了党永葆先进性和纯洁性、始终走在时代前列的根本途径。"①党和人民事业能够不断取得成功的根本保证，就是坚持党的领导，坚持理论创新。党和人民事业能够始终立于不败之地的力量源泉，就是坚持人民至上，坚持统一战线。党能够始终掌握历史主动，就是坚持独立自主，坚持敢于斗争。党能够永葆先进性和纯洁性、始终走在时代前列的根本途径，就是坚持以党的伟大自我革命引领伟大社会革命，又以伟大社会革命促进党的伟大自我革命。习近平总书记强调："这十条历史经验是经过长期实践积累的宝贵经验，是党和人民共同创造的精神财富，必须倍加珍惜、长期坚持，并在新时代实践中不断丰富和发展。"②

这"十个坚持"的宝贵历史经验、重大历史经验，既是集中回答"中国共产党为什么能，马克思主义为什么行，中国特色社会主义为什么好"的问题的，也是集中回答"过去我们为什么能够成功""未来我们怎样才能继续成功"的问题的。

对于"中国共产党为什么能"的问题，《决议》的回答是：党始终"坚持党的领导"。中国共产党是在"中国迫切需要新的

---

① 习近平：《关于〈中共中央关于党的百年奋斗重大成就和历史经验的决议〉的说明》，《人民日报》2021年11月17日。

② 习近平：《关于〈中共中央关于党的百年奋斗重大成就和历史经验的决议〉的说明》，《人民日报》2021年11月17日。

思想引领救亡运动，迫切需要新的组织凝聚革命力量"①的重大历史关头应运而生的；中国人民和中华民族之所以能够扭转近代以后的历史命运、取得今天的伟大成就，最根本的是有中国共产党的坚强领导。历史和现实都证明，中国共产党是领导我们事业的核心力量。没有中国共产党，就没有新中国，就没有中华民族伟大复兴。治理好我们这个世界上最大的政党和人口最多的国家，必须坚持党的全面领导和党中央集中统一领导，坚持民主集中制，确保党始终总揽全局、协调各方。只要我们坚持党的全面领导不动摇，坚决维护党的核心和党中央权威，充分发挥党的领导政治优势，把党的领导落实到党和国家事业各领域各方面各环节，就一定能够确保全党全军全国各族人民团结一致向前进。

对于"中国共产党为什么能"的问题，《决议》的回答是：党始终"坚持人民至上"，强调"人民是党执政兴国的最大底气"，"党的最大政治优势是密切联系群众，党执政后的最大危险是脱离群众"。"党代表中国最广大人民根本利益，没有任何自己特殊的利益，从来不代表任何利益集团、任何权势团体、任何特权阶层的利益，这是党立于不败之地的根本所在。只要我们始终坚持全心全意为人民服务的根本宗旨，坚持党的群众路线，始终牢记江山就是人民、人民就是江山，坚持一切为了人民、一切依靠人民，坚持为人民执政、靠人民执政，坚持发展为了人民、发展依靠人民、发展成果由人民共享，坚定不移走全体人民共同富裕道路，就一定能够领导人民夺取中国特色社会主义新的更大胜利，

---

① 《中共中央关于党的百年奋斗重大成就和历史经验的决议》，人民出版社2021年版，第4页。

任何想把中国共产党同中国人民分割开来、对立起来的企图就永远不会得逞。"①

对于"中国共产党为什么能"的问题,《决议》的回答还包括党始终"坚持胸怀天下"、"始终以世界眼光关注人类前途命运",从人类发展大潮流、世界变化大格局、中国发展大历史正确认识和处理同外部世界的关系;还包括党始终"坚持开拓创新",不断推进理论创新、实践创新、制度创新、文化创新以及其他各方面创新,敢为天下先,走出了前人没有走出的路;还包括党始终"坚持敢于斗争",党在内忧外患中诞生、在历经磨难中成长、在攻坚克难中壮大,为了人民、国家、民族,为了理想信念,无论敌人如何强大、道路如何艰险、挑战如何严峻,党总是绝不畏惧、绝不退缩,不怕牺牲、百折不挠;还包括党始终"坚持统一战线",把建立最广泛的统一战线作为克敌制胜的重要法宝和执政兴国的重要法宝,善于团结一切可以团结的力量,调动一切可以调动的积极因素;还包括党始终"坚持自我革命",勇于自我革命是中国共产党区别于其他政党的显著标志,也是党永葆青春活力的强大支撑。我们党历史这么长、规模这么大、执政这么久,如何跳出治乱兴衰的历史周期率?毛泽东同志在延安的窑洞里给出了第一个答案,这就是"只有让人民来监督政府,政府才不敢松懈"②。经过百年奋斗特别是党的十八大以来新的实

① 《中共中央关于党的百年奋斗重大成就和历史经验的决议》,人民出版社2021年版,第66页。

② 中共中央文献研究室编:《毛泽东年谱(1893—1949)》(修订本)中册,中央文献出版社2013年版,第611页。

践，我们党又给出了第二个答案，这就是党的自我革命。正是因为我们党勇于自我革命，才能在多次危难危亡之际重新奋起、失误之后拨乱反正，成为打不倒、压不垮的马克思主义政党。我们党历经百年、成就辉煌，党内党外赞扬声很多。越是这样，越要发扬自我革命精神，千万不能在一片喝彩声中迷失自我。以习近平同志为核心的党中央要求全党同志永葆自我革命精神，增强全面从严治党永远在路上的政治自觉。对党的历史上走过的弯路、经历的曲折不能健忘失忆；对自身存在的问题不能反应迟钝。要坚持以伟大自我革命引领伟大社会革命，确保党在新时代坚持和发展中国特色社会主义的历史进程中始终成为坚强领导核心。

对于"中国特色社会主义为什么好"的问题，《决议》的回答是：党在百年奋斗中始终坚持从我国国情出发，探索并形成符合中国实际的正确道路。中国特色社会主义道路是创造人民美好生活、实现中华民族伟大复兴的康庄大道。脚踏中华大地，传承中华文明，走符合中国国情的正确道路，党和人民就具有无比广阔的舞台，具有无比深厚的历史底蕴，具有无比强大的前进定力。在前进道路上，只要我们既不走封闭僵化的老路，也不走改旗易帜的邪路，坚定不移走中国特色社会主义道路，就一定能够把我国建设成为富强民主文明和谐美丽的社会主义现代化强国。对于"中国特色社会主义为什么好"的问题，《决议》的回答还包括我们党始终"坚持独立自主"。党的第三个历史决议把独立自主视为中华民族精神之魂，这也是我们党立党立国的重要原则。走自己的路，特别是在新时代新征程上坚持走中国式现代化道路，也就是坚持走人类文明发展之路，它是中国的，又是世界的。中国共产党依靠走自己的路解决了中国问题，而解决中国问题的中国智慧又蕴含着解决人类问题的普遍价值。就此而言，中国特色社会主义、中国式现代化已经成为一种人类文明新形态。这个新形态是中国特色社会主义道路、理论、制度、文化的统一体。我们今天对中国特色社会主义的"四个自信"，加上这次《决议》总结党的百年奋斗重大成就和历史经验充分显示的坚定历史自信、高度历史自信，都可以概而言之为"中国特色新文明自信"。中国共产党以这种"新文明自信"创造的人类文明新形态，破解了人类社会发展的诸多难题，摒弃了西方以资本为中心的现代化、两极分化的现代化、物质主义膨胀的现代化、对外扩张掠夺的现代化老路，拓展了发展中国家走向现代化的途径，为人类对更好社会制度的探索提供了中国方案。

五、深刻认识和把握《决议》第七部分关于在新时代
新征程新的赶考之路上以史为鉴、开创未来的重要论述

这一部分有一个大气磅礴的标题："新时代的中国共产党"。《决议》写道：过去 100 年，党向人民、向历史交出了一份优异的答卷。这份优异答卷，就是党在百年奋斗的四个历史时期先后取得了总共四个方面的伟大成就，在实践创造中依次实现了四个伟大飞跃，在理论创造上实现了一次"历史性飞跃"、两次"新的飞跃"；在中国特色社会主义新时代创造和总结出习近平新时代中国特色社会主义思想的"十个明确"，以及在这个思想指引下取得的"十三个方面成就"；特别是胜利完成"两个一百年"奋斗目标中的第一个百年奋斗目标，在中华大地上建成惠及十几

亿人口的全面小康社会。现在，党团结带领中国人民又踏上了实现第二个百年奋斗目标新的赶考之路。《决议》指出："时代是出卷人，我们是答卷人，人民是阅卷人。我们一定要继续考出好成绩，在新时代新征程上展现新气象新作为。"①

习近平总书记自 2013 年 7 月 11 日在西柏坡主持召开县乡村干部、老党员和群众代表座谈会时第一次提出党面临的赶考远未结束以来，在不同场合反复强调"赶考"问题，并一再强调"时代是出卷人，我们是答卷人，人民是阅卷人"。在踏上全面建设社会主义现代化强国新征程伊始，习近平总书记主持起草的《决议》又第十次再提"新的赶考"。这次的赶考课题是什么呢？就是党的第三个历史决议在序言中开门见山向全党同志提出的："全党要坚持唯物史观和正确党史观，从党的百年奋斗中看清楚过去我们为什么能够成功、弄明白未来我们怎样才能继续成功，从而更加坚定、更加自觉地践行初心使命，在新时代更好坚持和发展中国特色社会主义。"②

聚焦这个新的赶考之路上的新考题，《决议》围绕实现第二个百年奋斗目标，向全党同志提出了"五个必须"的新要求。

第一个"必须"，就是全党必须清醒认识到，中华民族伟大复兴绝不是轻轻松松、敲锣打鼓就能实现的，前进道路上仍然存在可以预料和难以预料的各种风险挑战；必须清醒认识到，我国

①《中共中央关于党的百年奋斗重大成就和历史经验的决议》，人民出版社 2021 年版，第 71 页。

②《中共中央关于党的百年奋斗重大成就和历史经验的决议》，人民出版社 2021 年版，第 2 页。

仍处于并将长期处于社会主义初级阶段，我国仍然是世界最大的发展中国家，社会主要矛盾是人民日益增长的美好生活需要和不平衡不充分的发展之间的矛盾。全党要牢记中国共产党是什么、要干什么这个根本问题，把握历史发展大势，坚定理想信念，牢记初心使命，始终谦虚谨慎、不骄不躁、艰苦奋斗，从伟大胜利中激发奋进力量，从弯路挫折中吸取历史教训，不为任何风险所惧，不为任何干扰所惑，决不在根本性问题上出现颠覆性错误，以咬定青山不放松的执着奋力实现既定目标，以行百里者半九十的清醒不懈推进中华民族伟大复兴。

这第一个"必须"，是从伟大斗争的角度提出的，其关键词是清醒和执着。所谓"清醒"，就是要在中华民族伟大复兴不是敲锣打鼓就能轻而易举地实现上始终保持清醒头脑，清醒地看到和足够估计到各种风险挑战；就是要在我国仍处于并将长期处于社会主义初级阶段，我国仍然是世界最大的发展中国家，社会主要矛盾是人民日益增长的美好生活需要和不平衡不充分的发展之间的矛盾上保持清醒认识，一切都要坚持从社会主义初级阶段的实际出发，坚决不干那种超越阶段、急于求成的事情；就是要善于从伟大胜利中激发奋进力量，从弯路挫折中吸取历史教训，以行百里者半九十的清醒不懈推进中华民族伟大复兴，决不在根本性问题上出现颠覆性错误。所谓"执着"，就是要以咬定青山不放松的执着奋力实现既定目标，不为任何风险所惧，不为任何干扰所惑，始终把握历史发展大势，坚定理想信念，牢记初心使命，始终谦虚谨慎、不骄不躁、艰苦奋斗，在新时代新征程上展现新气象新作为。

第二个"必须"，就是全党同志必须坚持马克思列宁主义、毛泽东思想、邓小平理论、"三个代表"重要思想、科学发展观，全面贯彻习近平新时代中国特色社会主义思想，用马克思主义的立场、观点、方法观察时代、把握时代、引领时代，不断深化对共产党执政规律、社会主义建设规律、人类社会发展规律的认识。必须坚持党的基本理论、基本路线、基本方略，增强"四个意识"，坚定"四个自信"，做到"两个维护"，坚持系统观念，统筹推进"五位一体"总体布局，协调推进"四个全面"战略布局，推动高质量发展，全面深化改革开放，促进共同富裕，推进科技自立自强，发展全过程人民民主，保证人民当家作主，坚持全面依法治国，坚持社会主义核心价值体系，坚持在发展中保障和改善民生，坚持人与自然和谐共生，统筹发展和安全，加快国防和军队现代化，协同推进人民富裕、国家强盛、中国美丽。

这第二个"必须"是从伟大事业的角度提出的，其关键词是善于把握规律、坚持系统观念、统筹各项工作，协同推进人民富裕、国家强盛、中国美丽。迈进新征程，建功新时代，关键是要坚持党的指导思想，学好弄懂做实习近平新时代中国特色社会主义思想科学回答的三个时代课题、"十个明确"的基本问题、"十三个方面成就"的创新实践，坚持用马克思主义立场、观点、方法观察时代、把握时代、引领时代，在思想观念和具体工作中都力求站在时代潮流前列，善于认识和把握规律，特别是不断深化对共产党执政规律、社会主义建设规律、人类社会发展规律的认识。习近平总书记多次强调："历史发展有其规律，但人在其中不是完全消极被动的。只要把握住历史发展规律和大势，抓住历史变革时机，顺势而为，奋发有为，我们就能够更好前进。"①这就启示我们：准确把握历史规律，才能赢得新时代新征程党和国家事业发展的历史主动，增强锚定既定奋斗目标、意气风发走向未来的勇气和力量。同时，还要善于在观察时代、把握时代、引领时代过程中，用系统观念统筹推进"五位一体"总体布局、协调推进"四个全面"战略布局。唯有如此，才能在新时代新征程上卓有成效地协同推进人民富裕、国家强盛、中国美丽。

第三个"必须"，就是全党必须永远保持同人民群众的血肉联系，站稳人民立场，坚持人民主体地位，尊重人民首创精神，践行以人民为中心的发展思想，维护社会公平正义，着力解决发展不平衡不充分问题和人民群众急难愁盼问题，不断实现好、维护好、发展好最广大人民根本利益，团结带领全国各族人民不断为美好生活而奋斗。

这第三个"必须"，是从必须传承好党同人民群众血肉联系这一党的优良传统和政治优势的角度提出来的。人民群众是我们党的力量之源和胜利之本。我们党的百年历史，就是一部与人民群众血肉相连、心心相印，与人民同甘共苦、与人民团结奋斗的历史。历史和现实一再证明，我们党是全心全意为人民服务的党，是坚持立党为公、执政为民的党，始终保持同人民群众血肉联系是我们党的最大政治优势。习近平总书记作为党中央的核心、全党的核心，是从人民群众中走出来的、对人民怀有深厚感情的人民领袖。党的十八大以来，习近平总书记在讲话中谈得最多的是

---

① 习近平：《在党史学习教育动员大会上的讲话》，人民出版社2021年版，第13页。

人民群众，考察调研中接触最多的是人民群众，决策部署中关注最多的还是人民群众。习近平总书记亲民、爱民的崇高品质，为全党树立了光辉典范，赢得人民群众高度认同和衷心拥戴。学习落实好《决议》精神，就要深入学习贯彻习近平总书记关于始终保持党同人民群众血肉联系的重要论述和要求，把全心全意为人民服务的根本宗旨落实到行动上，从人民群众中汲取智慧和力量，让全体人民共享改革发展成果，切实解决群众急难愁盼问题，创新群众工作体制机制和工作方法，始终保持人民公仆政治本色。对于党员、干部来说，秉公用权才能赢得人心，为政清廉才能取信于民，必须牢记初心使命，坚守共产党人精神高地，始终与人民同呼吸、共命运、心连心，自觉抵制特权思想和特权现象，当好新时代的人民公仆，为党旗增光辉，为人民谋福祉，团结带领全国各族人民为美好生活而奋斗。

第四个"必须"，就是全党必须铭记生于忧患、死于安乐，常怀远虑、居安思危，继续推进新时代党的建设新的伟大工程，坚持全面从严治党，坚定不移推进党风廉政建设和反腐败斗争，勇敢面对党面临的长期执政考验、改革开放考验、市场经济考验、外部环境考验，坚决战胜精神懈怠的危险、能力不足的危险、脱离群众的危险、消极腐败的危险。必须保持越是艰险越向前的英雄气概，敢于斗争、善于斗争，逢山开道、遇水架桥，做到难不住、压不垮，推动中国特色社会主义事业航船劈波斩浪、一往无前。

这第四个"必须"，是从伟大工程角度提出的。习近平总书记多次强调，"伟大斗争，伟大工程，伟大事业，伟大梦想"，"其中起决定性作用的是党的建设新的伟大工程"①。推进新时代党的建设新的伟大工程的重点任务，是突出抓好党的政治建设这个根本性建设，始终保持党的团结统一。历史和现实都表明，保证党的团结统一是党的生命，也是我们党能成为百年大党、创造世纪伟业的关键所在。党的团结统一是党和人民前途命运所系，是全国人民根本利益所在。治理好我们这个世界上最大的政党和人口最多的国家，必须坚持党的集中统一领导，维护党中央权威，确保党始终总揽全局、协调各方。全党同志需要坚定不移向党中央看齐，在党的旗帜下团结成"一块坚硬的钢铁"，步调一致向前进。保证党的团结统一，要求全党必须做到对党忠诚。全党同志特别是领导干部要始终在政治立场、政治方向、政治原则、政治道路上同党中央保持高度一致，真正做到忠诚于党和人民，忠诚于党的理想信念，忠诚于党的初心使命，忠诚于党的组织，忠诚于党的理论和路线方针政策，严守党的政治纪律和政治规矩，不断增强维护党中央集中统一领导的思想自觉、政治自觉、行动自觉。对党忠诚不能流于空喊口号，而是需要体现在履职尽责、做好本职工作的实效上，体现在日常言行上，自觉做到党中央提倡的坚决响应、党中央决定的坚决照办、党中央禁止的坚决不做，不讲条件、不搞变通，不掉队、不走偏，保证全党上下拧成一股绳。心往一处想、劲往一处使。

第五个"必须"，就是全党必须抓好后继有人这个根本大计。《决议》强调，党和人民事业发展需要一代代共产党人接续奋斗，

---

① 《中国共产党第十九次全国代表大会文件汇编》，人民出版社 2017 年版，第 14 页。

并且提出用习近平新时代中国特色社会主义思想教育人，用党的理想信念凝聚人，用社会主义核心价值观培育人，用中华民族伟大复兴的历史使命激励人。《决议》还突出强调"三个源源不断"，就是"要源源不断培养选拔德才兼备、忠诚干净担当的高素质专业化干部特别是优秀年轻干部"，"要源源不断把各方面先进分子特别是优秀青年吸收到党内来"，"要源源不断培养造就爱国奉献、勇于创新的优秀人才"，①从而把各方面优秀人才集聚到党和人民的伟大奋斗中来。

《决议》把新时代新征程上的人才队伍建设放在后继有人的战略高度来强调，体现了我们党重才爱才、求贤若渴的深厚情怀，也蕴含着党的优良传统和宝贵经验。在百年奋斗历程中，我们党始终重视培养人才、团结人才、引领人才、成就人才，团结和支持各方面人才为党和人民事业建功立业。党的十八大以来，中华大地正在成为各类人才大有作为、大有可为的热土。人类历史上有一个规律：科技和人才总是向发展势头好、创新最活跃的地方集聚。现在我国正处于并将长期处于政治上最稳定、经济上最繁荣、创新上最活跃的时期，经济实力、科技实力、综合国力显著增强，为我国科技和人才事业加快发展提供了难得机遇，将极大加快我国人才竞争的比较优势。

《决议》突出强调，党和人民事业发展需要一代代共产党人接续奋斗，必须抓好后继有人这个根本大计。这体现了我们党关于赢得青年才能赢得未来的战略眼光。习近平总书记说："一代又一

---

① 《中共中央关于党的百年奋斗重大成就和历史经验的决议》，人民出版社2021年版，第74—75页。

代中国共产党人，大多数都是在青年时代就满怀信仰和豪情加入了党组织，并为党和人民奋斗终身。"①党的队伍中始终活跃着怀抱崇高理想、充满奋斗精神的青年人，这是我们党历经百年风雨而始终充满生机活力的一个重要原因。中国共产党立志于中华民族千秋伟业，必须始终代表广大青年、赢得广大青年、依靠广大青年，在新时代新征程上用极大力量做好青年工作，确保党的事业薪火相传，确保中华民族永续发展，确保红色江山千秋永固！

党的第三个历史决议的结尾同习近平总书记在庆祝中国共产党成立100周年大会上的讲话的结尾一样，也有一段充满激情、感情、深情的话："党中央号召，全党全军全国各族人民要更加紧密地团结在以习近平同志为核心的党中央周围，全面贯彻习近平新时代中国特色社会主义思想，大力弘扬伟大建党精神，勿忘昨天的苦难辉煌，无愧今天的使命担当，不负明天的伟大梦想，以史为鉴、开创未来，埋头苦干、勇毅前行，为实现第二个百年奋斗目标、实现中华民族伟大复兴的中国梦而不懈奋斗。我们坚信，在过去一百年赢得了伟大胜利和荣光的中国共产党和中国人民，必将在新时代新征程上赢得更加伟大的胜利和荣光！"②

让我们牢记以习近平同志为核心的党中央的谆谆嘱托，牢记党的第三个历史决议对全党同志要做到"五个必须"的殷切寄语，在党的旗帜指引下、在中国特色社会主义道路上，团结成"一块坚硬的钢铁"，向着中华民族伟大复兴的光明前景前进。

---

① 习近平：《在纪念五四运动100周年大会上的讲话》，人民出版社2019年版，第12页。

②《中共中央关于党的百年奋斗重大成就和历史经验的决议》，人民出版社2021年版，第75页。

总结党的百年奋斗重大成就和
历史经验的重大意义

（2021 年 11 月 23 日）

我们党历来高度注重总结历史经验。这是因为，以史为鉴，可以知兴替。同时还因为，"人类总得不断地总结经验，有所发现，有所发明，有所创造，有所前进"①。2021 年是中国共产党成立 100 周年，在这个重要历史时刻，以习近平同志为核心的党中央决定，党的十九届六中全会重点研究全面总结党的百年奋斗重大成就和历史经验问题，这对统一全党思想、坚定信心、开创未来，对认识历史规律、掌握历史主动，对牢记初心使命、传承红色基因，对团结带领全国各族人民夺取新时代中国特色社会主义伟大胜利，具有重大现实意义和深远历史意义。

党的十九届六中全会通过的《中共中央关于党的百年奋斗重大成就和历史经验的决议》（以下简称《决议》）开宗明义向党内外、国内外昭告：总结党的百年奋斗重大成就和历史经验，是在建党百年历史条件下开启全面建设社会主义现代化国家新征程、在新时代坚持和发展中国特色社会主义的需要；是增强政治意识、大局意识、核心意识、看齐意识，坚定道路自信、理论自信、制

---

① 《毛泽东文集》第八卷，人民出版社 1999 年版，第 325 页。

度自信、文化自信，做到坚决维护习近平同志党中央的核心、全党的核心地位，坚决维护党中央权威和集中统一领导，确保全党步调一致向前进的需要；是推进党的自我革命、提高全党斗争本领和应对风险挑战能力、永葆党的生机活力、团结带领全国各族人民为实现中华民族伟大复兴的中国梦而继续奋斗的需要。《决议》科学总结党的百年奋斗重大成就和历史经验，就是要让全党同志从中看清楚过去我们为什么能够成功、弄明白未来我们怎样才能继续成功，从而更加坚定、更加自觉地践行初心使命，在新时代更好坚持和发展中国特色社会主义，更好造福国家、造福人民。

一、关于开启全面建设社会主义现代化国家新征程、在新时代坚持和发展中国特色社会主义的需要

由于1945年党的扩大的六届七中全会通过的《关于若干历史问题的决议》、1981年党的十一届六中全会通过的《关于建国以来党的若干历史问题的决议》以及党的一系列重要文献，对新民主主义革命、社会主义革命和建设、进入改革开放和社会主义现代化建设新时期到党的十一届六中全会的历史都已作过大量论述，所以党的第三个历史决议重点是总结分析党的十一届六中全会以来特别是中国特色社会主义进入新时代以来的情况；同时由于党的十一届六中全会以来党和国家事业发展总体上是顺利的、前进方向是正确的、取得的成就是举世瞩目的，所以党的第三个历史决议把重点放在总结党的十一届六中全会以来重大成就和历史经验上，特别是总结新时代的历史性成就、历史性变革上，这

既是全党同志的共同心愿，也有利于全党统一思想、坚定信心，以昂扬的姿态迈进新征程、建功新时代。

中国特色社会主义是我们党在改革开放和社会主义现代化建设新时期开创的，也是党在长期奋斗基础上，由几代中央领导集体团结带领全党全国人民接力探索取得的。正如党的第三个历史决议指出的那样，党的十一届三中全会以后，以邓小平同志为主要代表的中国共产党人，团结带领全党全国各族人民，成功开创了中国特色社会主义；党的十三届四中全会以后，以江泽民同志为主要代表的中国共产党人，团结带领全党全国各族人民，成功把中国特色社会主义推向 21 世纪；党的十六大以后，以胡锦涛同志为主要代表的中国共产党人，团结带领全党全国各族人民，成功在新形势下坚持和发展了中国特色社会主义。党的第三个历史决议还指出，党的十二大、十三大、十四大、十五大、十六大、十七大，根据国际国内形势发展变化，从我国发展新要求出发，一以贯之对推进改革开放和社会主义现代化建设作出全面部署，改革开放和社会主义现代化建设取得举世瞩目的伟大成就，我国实现了从生产力相对落后的状况到经济总量跃居世界第二的历史性突破，实现了人民生活从温饱不足到总体小康、奔向全面小康的历史性跨越，推进了中华民族从站起来到富起来的伟大飞跃。

2012 年 11 月，习近平总书记在《紧紧围绕坚持和发展中国特色社会主义　学习宣传贯彻党的十八大精神》的署名文章中指出，坚持和发展中国特色社会主义是贯穿党的十八大报告的一条主线，为我们这一届中央领导集体的工作指明了方向，我们这一代共产党人要为之付出全部智慧和力量。

党的十八大以来，以习近平同志为核心的党中央统揽伟大斗争、伟大工程、伟大事业、伟大梦想，推动中国特色社会主义进入新时代，推动党和国家事业取得历史性成就、发生历史性变革。在这个过程中，以习近平同志为主要代表的中国共产党人，坚持把马克思主义基本原理同中国具体实际相结合、同中华优秀传统文化相结合，坚持毛泽东思想、邓小平理论、"三个代表"重要思想、科学发展观，深刻总结并充分运用党成立以来的历史经验，从新的实际出发，创立了习近平新时代中国特色社会主义思想。

党的第三个历史决议指出：习近平同志对关系新时代党和国家事业发展的一系列重大理论和实践问题进行了深邃思考和科学判断，就新时代坚持和发展什么样的中国特色社会主义、怎样坚持和发展中国特色社会主义，建设什么样的社会主义现代化强国、怎样建设社会主义现代化强国，建设什么样的长期执政的马克思主义政党、怎样建设长期执政的马克思主义政党等重大时代课题，提出一系列原创性的治国理政新理念新思想新战略，是习近平新时代中国特色社会主义思想的主要创立者。习近平新时代中国特色社会主义思想是当代中国马克思主义、21世纪马克思主义，是中华文化和中国精神的时代精华，实现了马克思主义中国化新的飞跃。党确立习近平同志党中央的核心、全党的核心地位，确立习近平新时代中国特色社会主义思想的指导地位，反映了全党全军全国各族人民共同心愿，对新时代党和国家事业发展、对推进中华民族伟大复兴历史进程具有决定性意义。

引人注目的是，党的第三个历史决议在党的十九大报告所作的科学概括基础上，把习近平新时代中国特色社会主义思想科学回答的重大时代课题，由新时代坚持和发展什么样的中国特色社会主义、怎样坚持和发展中国特色社会主义这一个"什么样"和"怎样"，扩展为包括建设什么样的社会主义现代化强国、怎样建设社会主义现代化强国，建设什么样的长期执政的马克思主义政党、怎样建设长期执政的马克思主义政党在内的三个"什么样"和"怎样"，从而按照新时代的客观实际深化和拓展了当代中国马克思主义、21世纪马克思主义的科学内涵，打开了"党对中国特色社会主义建设规律认识深化和理论创新"的新境界，这是"实现了马克思主义中国化新的飞跃"的生动体现。

同样引人注目的是，《决议》贯通党的十八大和十九大以来这九年党的全部理论和实践，把习近平新时代中国特色社会主义思想所回答的基本问题，从党的十九大报告概括的"八个明确"拓展为涵盖改革发展稳定、内政外交国防、治党治国治军的"十个明确"，还对这十个基本问题的排列顺序作出了符合上述三大科学内涵的结构调整、内容充实。对于在习近平新时代中国特色社会主义思想、新时代坚持和发展中国特色社会主义的基本方略指引下，党和国家事业在新时代取得的历史性成就、发生的历史性变革，党的第三个历史决议分别从坚持党的全面领导、全面从严治党、经济建设、全面深化改革开放、政治建设、全面依法治国、文化建设、社会建设、生态文明建设、国防和军队建设、维护国家安全、坚持"一国两制"和推进祖国统一、外交工作13个方面，作了分领域、全景式的总结和呈现，充分展示了这个思想的真理的力量、实践的伟力。同时，这也充分表明，党的第三个历史决议提出的确立习近平同志党中央的核心、全党的核心地位，确立习近平新时代中国特色社会主义思想的指导地位，反映了全党全军全国各族人民共同心愿，对新时代党和国家事业发展、对推进中华民族伟大复兴历史进程具有决定性意义的论断，是千真万确的。"两个确立"在不断"深入人心"中日益"深得民心"。在向全面建成社会主义现代化强国的第二个百年奋斗目标进军的新征程上，这"两个确立"的决定性意义、决定性作用必将更加充分显现出来。

这些理论新创造和实践新成果都充分表明，同党的十二大、十三大、十四大、十五大、十六大、十七大的时候相比，现在我们党对中国特色社会主义建设规律的认识比新时代之前深刻得多了，经验丰富得多了，贯彻我们党的正确路线方针政策的自觉性和坚定性大大增强了。这对于在新时代更好坚持和发展中国特色社会主义是有长期指导作用的。这些理论新创造和实践新成果还充分表明，党的十八大报告提出的"一定要毫不动摇坚持、与时俱进发展中国特色社会主义，不断丰富中国特色社会主义的实践特色、理论特色、民族特色、时代特色"，以习近平同志为主要代表的中国共产党人真正做到了；经过全党全国各族人民持续奋斗，我们党如期实现了第一个百年奋斗目标，在中华大地上全面建成了小康社会，历史性地解决了绝对贫困问题，正在意气风发向着全面建成社会主义现代化强国的第二个百年奋斗目标迈进，关于"建成社会主义现代化强国，实现中华民族伟大复兴，是一场接力跑，我们要一棒接着一棒跑下去，每一代人都要为下一代人跑出一个好成绩"①，以习近平同志为主要代表的中国共产党人同样真正做到了。

二、关于坚决维护党中央权威和集中统一领导，确保全党步调一致向前进的需要

以习近平同志为核心的党中央要求紧密结合100年来我们党从不够成熟到坚定成熟、从不够有力到坚强有力的成长过程，在党的第三个历史决议中讲清楚我们党增强团结和集中统一的历史经验，教育引导全党坚定不移向党中央看齐，在党的旗帜下团结成"一块坚硬的钢铁"，步调一致向前进。这是对党百年奋斗正反两方面历史经验的深刻总结和精准运用。早在1987年，邓小平同志就说过："我们现在的路线、方针、政策是在总结了成功时期的经验、失败时期的经验和遭受挫折时期的经验后制定的。历史上成功的经验是宝贵财富，错误的经验、失败的经验也是宝贵财富。这样来制定方针政策，就能统一全党思想，达到新的团结。"②

把党在1945年、1981年、2021年先后通过的这三个历史决议贯通起来研读，可以清楚地看到：旗帜鲜明讲政治，保证党的团结和集中统一领导历来是党的生命，也是我们党能够成为百年大党、创造世纪伟业的关键所在。正反两方面历史经验证明，不论在党的历史发展的哪个阶段，不管遇到什么样的严重困难和严

---

① 习近平：《在庆祝改革开放40周年大会上的讲话》，《人民日报》2018年12月19日。

② 中共中央文献研究室编：《邓小平思想年编（1975—1997）》，中央文献出版社2011年版，第623页。

峻挑战，只要全党同志在党的正确路线指引下团结成"一块坚硬的钢铁"，就能够把全党全国各族人民团结和凝聚起来，形成万众一心、无坚不摧的磅礴力量，战胜一切强大敌人、一切艰难险阻，使党和人民的事业不断从胜利走向新的胜利，从成功走向更大成功。

保证全党服从中央，坚决维护党中央权威和集中统一领导，这是一个在中国长期执政的马克思主义政党政治建设的永恒课题和首要任务。毛泽东同志曾经对党的历史上的两次胜利、两次失败作过这样的深入分析，"北伐战争胜利了，但是到一九二七年，革命遭到了失败。土地革命战争曾经取得了很大的胜利，红军发展到三十万人，后来又遭到挫折，经过长征，这三十万人缩小到两万多人"。"经过胜利、失败，再胜利、再失败"，"受了那样大的挫折，吃过那样大的苦头，就得到锻炼，有了经验，纠正了错误路线，恢复了正确路线"。[①]这两次胜利、两次失败给予全党同志最重要的经验教训就是"两个至关重要"：一是在实践中形成一个成熟稳定的党中央领导核心和领导集体至关重要；二是保证党的团结和集中统一、维护党中央权威和集中统一领导至关重要。

党的第三个历史决议指出：1935 年 1 月，中央政治局在长征途中举行遵义会议，事实上确立了毛泽东同志在党中央和红军的领导地位，开始确立以毛泽东同志为主要代表的马克思主义正确路线在党中央的领导地位，开始形成以毛泽东同志为核心的党的第一代中央领导集体，开启了党独立自主解决中国革命实际问题

---

①《毛泽东文集》第八卷，人民出版社 1999 年版，第 299 页。

新阶段，在最危急关头挽救了党、挽救了红军、挽救了中国革命，并且在这以后使党能够战胜张国焘的分裂主义，胜利完成长征，打开中国革命新局面。这在党的历史上是一个生死攸关的转折点。党的三个历史决议之所以都把遵义会议称为党的历史上一个生死攸关的转折点，其根本原因就在于我们党从此结束了在幼年时期由于没有形成一个稳定成熟的领导核心、领导集体，导致中国革命或是从胜利走向失败，或是从挫折走向挫折、从一条错误路线走向另一条错误路线，差别只在于是右倾机会主义路线还是"左"倾教条主义路线那样的被动局面。全党由此开始才更加深刻认识到维护党中央权威和集中统一领导的极端重要性。

但是，遵义会议之后把维护党中央权威和集中统一领导真正变成全党的自觉行动，又经历了将近四年的曲折过程。特别是在长征途中，在全党最需要团结的时候，张国焘却拥兵自重、另立"中央"，公然走上分裂党和红军的道路。全民族抗战初期，从苏联回到延安的王明，处处以共产国际的"钦差大臣"自居，对洛川会议以来党中央在抗日统一战线上的观点提出种种不切实际的批评，并在党内拉帮结派、我行我素，不听党中央指挥。直到党的扩大的六届六中全会之前召开的中央政治局会议传达了共产国际的明确指示，才进一步巩固了毛泽东同志在党中央和全党的领导地位。毛泽东同志在党的七大上总结这段历史时说，"六中全会是决定中国之命运的"①。20 世纪 50 年代，在同外国政党领导人会谈时，毛泽东同志还谈道："我们党现在这个核心领导是经过

---

① 《毛泽东文集》第三卷，人民出版社 1996 年版，第 425 页。

多少年才形成的？从一九三五年遵义会议开始到一九五七年，共二十三年，这么久的时间。现在要动摇它是很难的。"①"根据中国的经验，领导核心是要经过长时期才能稳固的。"②

1989年6月，邓小平同志也曾深刻指出："任何一个领导集体都要有一个核心，没有核心的领导是靠不住的。""这是最关键的问题。国家的命运、党的命运、人民的命运需要有这样一个领导集体。"③维护党中央的权威，就是要保证党中央的政令畅通，党中央说话能够算数。

在中国特色社会主义新时代，我们党在党的十八届六中全会通过的《关于新形势下党内政治生活的若干准则》中正式提出"以习近平同志为核心的党中央"，此后，党的十九大把习近平同志作为党中央的核心、全党的核心地位写入党章。党的十九大以后又进一步强调增强"四个意识"、坚定"四个自信"，提出做到"两个维护"。同时，以习近平同志为核心的党中央还针对党的十八大以来，党内存在的"对党中央重大决策部署执行不力，有的搞上有政策、下有对策，甚至口是心非、擅自行事"的问题，针对一些人无视党的政治纪律和政治规矩、政治问题和经济问题相互交织的"七个有之"问题，旗帜鲜明地提出并加强党的政治建设，健全维护党中央权威和集中统一领导的各项制度。党的十八届六中全会出台《关于新形势下党内政治生活的若干准则》，

---

① 中共中央文献研究室编：《毛泽东年谱（1949—1976）》第三卷，中央文献出版社2013年版，第256页。

② 吴冷西：《十年论战：1956~1966中苏关系回忆录》，中央文献出版社1999年版，第145页。

③《邓小平文选》第三卷，人民出版社1993年版，第310页。

党中央出台《中共中央政治局关于加强和维护党中央集中统一领导的若干规定》，严明党的政治纪律和政治规矩，发展积极健康的党内政治文化，推动营造风清气正的良好政治生态。党中央要求党的领导干部提高政治判断力、政治领悟力、政治执行力，胸怀"国之大者"，对党忠诚、听党指挥、为党尽责。党的十九届四中全会结合制定《坚持和完善中国特色社会主义制度、推进国家治理体系和治理能力现代化若干重大问题的决定》，健全党的领导制度体系，确保党在各种组织中发挥领导作用，建立健全党中央对重大工作的领导体制，完善推动党中央重大决策落实机制，同时强化政治监督，深化政治巡视，查处违背党的路线方针政策、破坏党的集中统一领导问题，清除"两面人"，保证全党在政治立场、政治方向、政治原则、政治道路上同党中央保持高度一致。所有这些围绕新时代党的建设新的伟大工程推出的创新举措，使党中央权威和集中统一领导得到有力保证，使党的团结统一更加巩固。

《决议》要求全党，不断深化对共产党执政规律、社会主义建设规律、人类社会发展规律的认识，坚持党的基本理论、基本路线、基本方略，增强"四个意识"，坚定"四个自信"，做到"两个维护"，这些教育引导全党汲取正反两方面历史经验，坚定不移向党中央看齐的重要举措，必将推动全党把讲政治从外部要求转化为内在主动，把维护党中央权威和集中统一领导体现在行动上，做到全党上下拧成一股绳，心往一处想、劲往一处使，确保全党团结一致向前进，在新时代新征程上抓住历史变革时机，把握历史规律，掌握党和国家事业发展的历史主动。

三、关于推进党的自我革命、提高全党斗争本领和应对
风险挑战能力、永葆党的生机活力、团结带领全国各族
人民为实现中华民族伟大复兴的中国梦而继续奋斗的需要

以习近平同志为核心的党中央要求在起草党的第三个历史决议时，要深入研究100年来我们党加强自身建设、保持先进性和纯洁性、提高执政能力、经受住各种风险考验而不断发展壮大的历史经验，讲清楚以伟大自我革命引领伟大社会革命、以伟大社会革命促进伟大自我革命的深层逻辑，讲清楚党的十八大以来围绕增强党自我净化、自我完善、自我革新、自我提高能力作出的重大战略谋划、重大创新举措，教育引导全党深刻认识全面从严治党、推进自我革命的重要性和必然性，使我们党始终成为站在时代潮流最前列、站在攻坚克难最前沿、站在最广大人民之中的坚强的马克思主义执政党。

这两个"讲清楚"，体现了以习近平同志为主要代表的中国共产党人，对党的自我革命同社会革命辩证统一关系在认识上和实践上的高度自觉和清醒。正如党的第三个历史决议指出的那样：勇于自我革命是中国共产党区别于其他政党的显著标志。自我革命精神是党永葆青春活力的强大支撑。先进的马克思主义政党不是天生的，而是在不断自我革命中淬炼而成的。党的伟大不在于不犯错误，而在于从不讳疾忌医，积极开展批评和自我批评，敢于直面问题，勇于自我革命。

一部中国共产党的百年奋斗史，就是以伟大自我革命引领伟大社会革命、以伟大社会革命促进伟大自我革命的历史。我们党

在革命战争年代就自觉开创并推进了党的建设伟大工程，在新中国成立之前，中国共产党经历了两次大规模整党。一次是1942年到1943年的整风运动，这场马克思主义思想教育运动以及其后召开的党的七大，使党在思想上政治上组织上达到空前团结和统一。另一次是在1947年到1948年，在我们党局部执政的农村地区的基层组织中开展的整党，解决了党内存在的成分不纯和作风不纯现象，改善了农村中党与群众的关系。新中国成立之初的1950年开展的反对官僚主义、命令主义和贪污浪费的整风整党，以坚决惩治腐败防范党员干部腐化变质，密切了党同人民群众的联系，积累了执政党建设的初步经验。

在改革开放和社会主义现代化建设新时期，党开创并推进了党的建设新的伟大工程，以《关于党内政治生活的若干准则》为指导，健全了党内民主集中制、实现了党内政治生活正常化；有计划有步骤地进行整党，解决了党内思想不纯、作风不纯、组织不纯问题；党还围绕解决好提高党的领导水平和执政水平、提高拒腐防变和抵御风险能力这两大历史性课题，先后就加强党同人民群众联系、加强和改进党的作风建设、加强党的执政能力建设等重大问题作出决定，与时俱进地开展了一系列党内集中教育活动，收到了让党员干部受教育、使人民群众得实惠的明显成效。

党的十八大以来，党中央继续推进新时代党的建设新的伟大工程，以加强党的长期执政能力建设、先进性和纯洁性建设为主线，以党的政治建设为统领，以坚定理想信念宗旨为根基，以调动全党积极性、主动性、创造性为着力点，不断提高党的建设质量，把党建设成为始终走在时代前列、人民衷心拥护、勇于自我革命、经得起各种风险考验、朝气蓬勃的马克思主义执政党。党中央从制定和落实中央八项规定破题，坚持从中央政治局做起、从领导干部抓起，以上率下改进工作作风，坚决纠治"四风"，坚定不移"打虎""拍蝇""猎狐"，坚持受贿行贿一起查，坚决整治群众身边腐败问题，使党的自我净化、自我完善、自我革新、自我提高能力显著增强，管党治党宽松软状况得到根本扭转，反腐败斗争取得压倒性胜利并全面巩固，消除了党、国家、军队内部存在的严重隐患，党在革命性锻造中更加坚强。

我们党以伟大自我革命引领伟大社会革命、以伟大社会革命促进伟大自我革命的深层逻辑是：一个长期执政的马克思主义政党，不但必须在认识客观世界中不断改造客观世界，还要在持续改造客观世界中长期改造主观世界，以永远在路上的高度自觉和清醒做到以伟大自我革命确保党不变质、不变色、不变味，同时教育引导党员干部在伟大社会革命的斗争中经风雨、见世面、壮筋骨、长才干，确保党在新时代坚持和发展中国特色社会主义的历史进程中始终成为坚强领导核心。伟大自我革命和伟大社会革命的深层逻辑还在于：在新时代，我们党领导人民进行伟大社会革命，其涵盖领域的广泛性、触及利益格局调整的深刻性、涉及矛盾和问题的尖锐性、突破体制机制障碍的艰巨性、进行伟大斗争形势的复杂性，都是前所未有的，这就要求把党的伟大自我革命进行到底。我们党作为具有重大全球影响力的世界第一大党，没有什么外力能够打倒我们，能够打倒我们的唯有我们自己。所以我们党要用长期自我革命的行动回答"窑洞之问"，练就中国共产党人自我净化、自我完善、自我革新、自我提高的"绝世武功"，打造中国共产党人的"金刚不坏之身"，做到在伟大自我革命中拒腐蚀、永不沾；在伟大社会革命中难不住、压不垮，推动中国特色社会主义事业航船劈波斩浪、一往无前。

党的第三个历史决议指出，过去100年，党向人民、向历史交出了一份优异的答卷。现在，党团结带领中国人民又踏上了实现第二个百年奋斗目标新的赶考之路。时代是出卷人，我们是答卷人，人民是阅卷人。我们一定要继续考出好成绩，在新时代新征程上展现新气象新作为。这进一步启迪我们：不但要以永远在路上的高度自觉、高度清醒对待和推进党的伟大自我革命，还要以永远在路上的赶考心态和"继续考出好成绩"的精神状态，对待和推进伟大社会革命，更加坚定、更加自觉地践行初心使命，在新时代更好坚持和发展中国特色社会主义，为建设社会主义现代化国家、实现中华民族伟大复兴建功立业。

（原载《光明日报》2021年11月23日）

精准把握党的第三个历史决议
框架结构和精髓要义

（2021 年 11 月 1 日）

《中共中央关于党的百年奋斗重大成就和历史经验的决议》是中国共产党的第三个历史决议，对这样一个鸿篇巨制的历史性文献、里程碑式文献，我们要做到精准把握其精髓要义，首要的、基本的要求是在全面学习、贯通理解、深刻领会的基础上，精准把握其框架结构和内在逻辑。只有对党的第三个历史决议的框架结构、内在逻辑把握得越全面、越精准，才能对党的第三个历史决议的精髓要义理解得越深刻、越到位，贯彻落实才会越自觉、越坚定。

一、党的第三个历史决议上半部分块状结构的
"四大块"所蕴含的精髓要义

党的第三个历史决议的框架结构是块状结构的"四大块"与条状结构的"三大条"的完美结合。块状结构的"四大块"，是严格按照我们党的百年奋斗史的四个历史时期的时间顺序来架构和布局的。2021 年 7 月 1 日，习近平总书记在庆祝中国共产党成立 100 周年大会上的讲话，也是按照这样的历史逻辑即时间顺序来设定框架结构和总体布局的。在这里，我们不妨把习近平总

书记的"七一"重要讲话作为对照，对党的十九届六中全会通过的《决议》作一番关于块状结构"四大块"与条状结构"三大条"的结构解剖和深入分析。

习近平总书记2021年"七一"重要讲话的上半部分，即从第二个"同志们、朋友们"到第三个"同志们、朋友们"之间，那四个破折号中的内容，分别讲了四个"为了实现中华民族伟大复兴"和四个"向世界庄严宣告"。党的第三个历史决议上半部分的"四大块"，就是依次对应这四个"为了实现中华民族伟大复兴"和四个"向世界庄严宣告"来写的。所不同的是，习近平总书记的"七一"重要讲话限于篇幅，对百年党史的这四个历史阶段只能是"大写意"式的粗线条简述，而党的第三个历史决议则要对这百年党史的奋斗历程、重大成就进行"工笔画"式的细线条详写。

对党的百年奋斗史的前两个历史时期，即"夺取新民主主义革命伟大胜利""完成社会主义革命和推进社会主义建设"，由于在党的前两个历史决议中均已作过较为详尽的回顾和论述，所以党的第三个历史决议对这两个历史时期的内容扩充相对有限，把这两个部分加在一起，约占整个党的第三个历史决议总篇幅的15%。对党的百年奋斗史的第三个历史时期，即"进行改革开放和社会主义现代化建设"，党的第二个历史决议对改革开放和社会主义现代化建设新时期的历史仅从党的十一届三中全会写到审议并通过党的第二个历史决议的党的十一届六中全会，而这个历史时期时间跨度，是覆盖了从以邓小平同志为主要代表的中国共产党人到以江泽民同志、胡锦涛同志为主要代表的中国共产党人这三个比较大的历史段落的，所以党的第三个历史决议对这个历史时期的内容扩写和展开，就比前两个历史时期更多一些，约占整个党的第三个历史决议总篇幅的 11%。对党的百年奋斗史的第四个历史时期，即"开创中国特色社会主义新时代"，尽管时间跨度为九年，但这个历史时期是党的"两个一百年"奋斗目标的"历史交汇期"，又是中华民族伟大复兴战略全局同世界百年未有之大变局的"紧密交织期"。我们党和国家在这个阶段取得了历史性成就、实现了第一个百年奋斗目标，在中华大地上全面建成了小康社会，历史性地解决了绝对贫困问题，正在意气风发向着全面建成社会主义现代化强国的第二个百年奋斗目标迈进，所以党的第三个历史决议对这个历史时期作了浓墨重彩的展开和论述。

对此，习近平总书记在领导和主持党的第三个历史决议起草时说，前两个历史决议主要任务是分清历史是非，这次制定历史决议重在回顾重大成就、总结历史经验，目的在于引导全党胸怀"国之大者"，提高政治判断力、政治领悟力、政治执行力，回望过去，展望未来，团结带领人民齐心协力奋进新时代、创造新伟业。确实，我们党的前两个历史决议在主标题中都写得很明确：一个是《关于若干历史问题的决议》，另一个是《关于建国以来党的若干历史问题的决议》，都是针对前两个历史决议所覆盖的那两个历史阶段中党自身存在的路线是非、理论是非、历史是非来论述的，所以都简称《历史问题决议》。而党的第三个历史决议的主标题是"关于党的百年奋斗重大成就和历史经验的决议"，顾名思义，这不再是针对党的历史问题、分清历史是非的决议，而是重在总结党的重大成就和历史经验的决议，而这个重大成就和历史经验又主要是讲中国特色社会主义新时代。同时，在回顾党的百年奋斗史的过程中，也把侧重点放在了对重大成就和历史经验的总结上。所以，党的第三个历史决议一开始就昭告党内外、国内外："一九四五年党的六届七中全会通过的《关于若干历史问题的决议》、一九八一年党的十一届六中全会通过的《关于建国以来党的若干历史问题的决议》，实事求是总结党的重大历史事件和重要经验教训，在重大历史关头统一了全党思想和行动，对推进党和人民事业发挥了重要引领作用，其基本论述和结论至今仍然适用。"正因为如此，党的第三个历史决议就无须再用较多笔墨和篇幅去讲历史上已有定论的问题。

党的第三个历史决议文本块状结构"四大块"中的每个部分的内容，虽然都同习近平总书记 2021 年"七一"重要讲话的论述逻辑相一致，但一致中也有某些区别，那就是：党的第三个历史决议把习近平总书记 2021 年"七一"重要讲话上半部分分散在党的百年奋斗历程的四个历史时期所取得的四个伟大成就聚拢起来，集中写在了党的第三个历史决议的"序言"之中。这就是我们打开党的第三个历史决议，扑面而来的那一段既十分亮眼又非常提神的话："一百年来，党领导人民浴血奋战、百折不挠，创造了新民主主义革命的伟大成就；自力更生、发愤图强，创造了社会主义革命和建设的伟大成就；解放思想、锐意进取，创造了改革开放和社会主义现代化建设的伟大成就；自信自强、守正创新，创造了新时代中国特色社会主义的伟大成就。党和人民百年奋斗，书写了中华民族几千年历史上最恢宏的史诗。"这段开门见山、直奔主题的话，既提纲挈领又高屋建瓴，具有"壹引其纲，万目皆张"的作用。

党的第三个历史决议文本在把分散在习近平总书记 2021 年"七一"重要讲话中的这四个"伟大成就"挪到"序言"中去以后，规范化地设计了党的百年奋斗史上四个历史时期中每一个时期开头的相对统一的领句。其中，第一个历史时期开头的领句是：新民主主义革命时期，党面临的主要任务是，反对帝国主义、封建主义、官僚资本主义，争取民族独立、人民解放，为实现中华民族伟大复兴创造根本社会条件；第二个历史时期开头的领句是：社会主义革命和建设时期，党面临的主要任务是，实现从新民主主义到社会主义的转变，进行社会主义革命，推进社会主义建设，为实现中华民族伟大复兴奠定根本政治前提和制度基础；第三个历史时期开头的领句是：改革开放和社会主义现代化建设新时期，党面临的主要任务是，继续探索中国建设社会主义的正确道路，解放和发展社会生产力，使人民摆脱贫困、尽快富裕起来，为实现中华民族伟大复兴提供充满新的活力的体制保证和快速发展的物质条件；第四个历史时期开头的领句是：党的十八大以来，中国特色社会主义进入新时代。党面临的主要任务是，实现第一个百年奋斗目标，开启实现第二个百年奋斗目标新征程，朝着实现中华民族伟大复兴的宏伟目标继续前进。在论述党在百年奋斗史上这四个历史时期的阶段性成就和经验时，都是先把当时面临的社会主要矛盾、党的主要任务讲清楚、写明白，这就便于人们了解在那个历史阶段党的理论和路线方针政策的由来，也便于人们了解当时党内错误路线之所以错误、正确路线之所以正确的根源。

党的第三个历史决议上半部分在对党的百年奋斗四个历史时期每一个时期收尾的写法，是同习近平总书记 2021 年"七一"重要讲话中阐明的四个"庄严宣告"完全对应的。第一个历史时期的收尾是：中国共产党和中国人民以英勇顽强的奋斗向世界庄严宣告，中国人民从此站起来了，中华民族任人宰割、饱受欺凌的时代一去不复返了，中国发展从此开启了新纪元；第二个历史时期的收尾是：中国共产党和中国人民以英勇顽强的奋斗向世界庄严宣告，中国人民不但善于破坏一个旧世界、也善于建设一个新世界，只有社会主义才能救中国，只有社会主义才能发展中国；第三个历史时期的收尾是：中国共产党和中国人民以英勇顽强的奋斗向世界庄严宣告，改革开放是决定当代中国前途命运的关键一招，中国特色社会主义道路是指引中国发展繁荣的正确道路，中国大踏步赶上了时代；第四个历史时期的收尾是：中国共产党和中国人民以英勇顽强的奋斗向世界庄严宣告，中华民族迎来了从站起来、富起来到强起来的伟大飞跃。这四个"庄严宣告"同样十分亮眼和提神，既把党的百年奋斗四个历史时期中每个历史时期取得的历史性成就概括得十分准确、表达得相当到位，又把党的百年奋斗四个历史时期的重大成就集中凸显出来、联袂展示出来了。

还要注意把握的是，习近平总书记2021年"七一"重要讲话中的第五个"同志们、朋友们"之后的那一段文字，作为上半部分与下半部分承上启下的过渡段落中的一段极为重要的表述，也被挪到了党的第三个历史决议文本的"序言"之中。这就是：全党要坚持唯物史观和正确党史观，从党的百年奋斗中看清楚过去我们为什么能够成功、弄明白未来我们怎样才能继续成功，从而更加坚定、更加自觉地践行初心使命，在新时代更好坚持和发展中国特色社会主义。这段画龙点睛、至关重要的话，不但把总结我们党百年奋斗重大成就和历史经验的出发点、落脚点都讲得极为鲜明，而且也蕴含着这样一个极为重要的潜台词：总结我们党百年奋斗的重大成就和历史经验，就是要在以习近平同志为核心的党中央坚强领导下，在习近平新时代中国特色社会主义思想的科学指引下，在向着全面建成社会主义现代化强国的第二个百年奋斗目标迈进的新征程上，在更好走向未来、开辟未来的奋斗历程中，只有首先搞清楚我们要努力从胜利走向新的胜利、从过去的成功走向未来的更大成功应该怎么做、必须怎么做，而不再像党的幼年时期那样，由于没有形成一个稳定成熟的领导核心、领导集体，导致中国革命或是从胜利走向失败，或是从挫折走向挫折，从一条错误路线走向另一条错误路线，差别只是在于是右倾机会主义路线还是"左"倾教条主义路线那样一种被动局面。

二、党的第三个历史决议下半部分条状结构的"三大条"所蕴含的精髓要义

党的第三个历史决议下半部分条状结构的"三大条"，加在一起的总篇幅占整个党的第三个历史决议总篇幅的 17%，一共讲了三个重大问题：一是中国共产党百年奋斗的历史意义；二是中国共产党百年奋斗的历史经验；三是新时代的中国共产党。相对于党的第三个历史决议上半部分将近 62 页的篇幅而又严格按党的百年奋斗史的四个历史时期一块一块写下来的块状结构而言，党的第三个历史决议下半部分高屋建瓴、提纲挈领地从思想逻辑到历史逻辑上贯通党的百年奋斗史而又体现了回望过去与展望未来相结合的哲学思考、哲学逻辑的这三个部分，就属于条状结构的"三

大条"。这三个部分不仅相对于党的第三个历史决议上半部分块状结构的四个历史时期来说是条状的，而且"三大条"中的每一条，其内部结构同样也是条状的。比如，党的第三个历史决议第五部分"中国共产党百年奋斗的历史意义"，一共总结概括了五条；党的第三个历史决议第六部分"中国共产党百年奋斗的历史经验"，一共总结概括了十条；党的第三个历史决议第七部分"新时代的中国共产党"，虽然从形式逻辑上看没有像第五、第六部分那样条分缕析地概括出多少条，但如果从辩证逻辑上来审视，我们仍然可以看出，这一部分的论述逻辑实际上是按照"五个必须"的顺序逐一展开论述的。所以，第七部分仍然是属于条状结构的。

我们要精准把握党的第三个历史决议下半部分的核心内容、精髓要义，还需要深刻认识和把握以习近平同志为核心的党中央和习近平总书记对党的第三个历史决议的思想内容作出这样的顶层设计和具体表达的战略意图究竟是什么。只要深入研究、细心琢磨便不难发现，党的第三个历史决议文本中有三段话是对党中央和习近平总书记的战略意图作了明确表述的。

第一段话就是在党的第三个历史决议"序言"中明确提出的，"全党要坚持唯物史观和正确党史观，从党的百年奋斗中看清楚过去我们为什么能够成功、弄明白未来我们怎样才能继续成功"。第二段话就是在党的第三个历史决议第七部分开头明确指出的："不忘初心，方得始终。中国共产党立志于中华民族千秋伟业，百年恰是风华正茂。过去一百年，党向人民、向历史交出了一份优异的答卷。现在，党团结带领中国人民又踏上了实现第二个百年奋斗目标新的赶考之路。时代是出卷人，我们是答卷人，人民是阅卷人。我们一定要继续考出好成绩，在新时代新征程上展现新气象新作为。"第三段话就是写在党的第三个历史决议文本全篇结尾的那段话："党中央号召，全党全军全国各族人民要更加紧密地团结在以习近平同志为核心的党中央周围，全面贯彻习近平新时代中国特色社会主义思想，大力弘扬伟大建党精神，勿忘昨天的苦难辉煌，无愧今天的使命担当，不负明天的伟大梦想，以史为鉴、开创未来，埋头苦干、勇毅前行，为实现第二个百年奋斗目标、实现中华民族伟大复兴的中国梦而不懈奋斗。我们坚信，在过去一百年赢得了伟大胜利和荣光的中国共产党和中国人民，必将在新时代新征程上赢得更加伟大的胜利和荣光！"

党中央对党的第三个历史决议下半部分思想内容作出上述顶层思考和顶层设计的战略意图，还体现在习近平总书记在领导和主持党的第三个历史决议起草过程中就明确提出的：党的第三个历史决议对党的百年奋斗的重大成就，要从我们党以历史主动精神创造历史的高度进行概括，使其发挥激励全党斗志的作用。对党的历史经验，要把握党的事业发展和自身建设的规律，上升到中国共产党为什么能、马克思主义为什么行、中国特色社会主义为什么好的政治高度进行总结，使其发挥深刻启迪全党更好前进的作用。

以上这些体现党中央、习近平总书记战略意图的深刻思想，向正处于"两个一百年"奋斗目标历史交汇点上的中国共产党人提出了两个需要回答的重大理论和实践问题：一是"过去我们为什么能够成功、未来我们怎样才能继续成功"；二是"中国共产党为什么能，中国特色社会主义为什么好，马克思主义为什么行"。这两个问题实质上是从时间和空间两个视角提出的同一个问题，也就是对"过去我们为什么能够成功、未来我们怎样才能继续成功"的回答，归根到底都取决于对"中国共产党为什么能，中国特色社会主义为什么好，马克思主义为什么行"的科学总结和精准表达之上。只有这样来认识问题、分析问题，对我们党的百年奋斗重大成就和历史经验的总结和表达才能聚焦要害处、抓住关键点，我们对党的百年奋斗重大成就和历史经验的学习和领会也才能抓住聚焦点、把握关键点。

党的第三个历史决议文本的第五部分在论述"中国共产党百年奋斗的历史意义"时，精准概括凝练出了五条。这五条，分别对党的百年奋斗同从根本上改变中国人民的前途命运的关系、同开辟实现中华民族伟大复兴正确道路的关系、同展示马克思主义强大生命力的关系、同深刻影响世界历史进程的关系、同锻造走在时代前列的中国共产党的关系的不同角度作了深刻的总结和揭示，而其实质则是对我们党百年奋斗取得的最重要、最重大、最关键、最核心的伟大成就的科学总结和精辟概括。在党的第三个历史决议中，之所以将这五条称之为党的百年奋斗历史意义而不称其为五大历史成就，就是为了同党的百年奋斗四个历史时期的阶段性成就、具体成就加以区别。所谓阶段性成就、具体成就，就是党的第三个历史决议上半部分那四个"向世界庄严宣告"所展示的阶段性成就、具体成就，尽管这也都是我们党百年奋斗史上彪炳史册、可圈可点的重大成就，但毕竟还没有上升到从根本上改变了中国人民的前途命运、从根本上开辟了实现中华民族伟大复兴的正确道路、从根本上展示了马克思主义的强大生命力、从根本上深刻影响了世界历史进程、从根本上锻造了走在时代前列的中国共产党这样体现马克思主义辩证唯物主义和历史唯物主义的高度，也没有上升到科学回答"中国共产党为什么能，中国特色社会主义为什么好，马克思主义为什么行"这样理论的、历史的、哲学的概括和表达的高度。

党的第三个历史决议的第五部分在回答和体现习近平总书记2021年"七一"重要讲话中明确提出的"中国共产党为什么能，中国特色社会主义为什么好，归根到底是因为马克思主义行"的问题上，向党内外、国内外提供了最有说服力的回答。党的第三个历史决议指出："一百年来，党坚持把马克思主义写在自己的旗帜上，不断推进马克思主义中国化时代化，用博大胸怀吸收人类创造的一切优秀文明成果，用马克思主义中国化的科学理论引领伟大实践。马克思主义的科学性和真理性在中国得到充分检验，马克思主义的人民性和实践性在中国得到充分贯彻，马克思主义的开放性和时代性在中国得到充分彰显。马克思主义中国化时代化不断取得成功，使马克思主义以崭新形象展现在世界上，使世界范围内社会主义和资本主义两种意识形态、两种社会制度的历史演进及其较量发生了有利于社会主义的重大转变。"这同样更是从政治层面和哲学层面，从马克思主义的辩证唯物主义和历史唯物主义层面，对中国共产党百年奋斗的历史意义所作的最高层次的概括。

党的第三个历史决议文本的第六部分"中国共产党百年奋斗的历史经验"，是以"回望过去"的视角对100年来我们党领导人民进行伟大斗争，在进取中突破，于挫折中奋起，从总结中提高，所积累的宝贵历史经验，科学总结概括出十个方面，并指出，这"十个方面，是经过长期实践积累的宝贵经验，是党和人民共同创造的精神财富，必须倍加珍惜、长期坚持，并在新时代实践中不断丰富和发展"。

这"十个坚持"的宝贵历史经验、重大历史经验，是鲜明而集中回答"中国共产党为什么能，中国特色社会主义为什么好，马克思主义为什么行"的问题的，也是鲜明而集中回答"过去我们为什么能够成功、未来我们怎样才能继续成功"的问题的。

对于"中国共产党为什么能"的问题，党的第三个历史决议的回答是：党始终"坚持党的领导"。中国共产党是在"中国迫切需要新的思想引领救亡运动，迫切需要新的组织凝聚革命力量"的重大历史关头应运而生的；中国人民和中华民族之所以能够扭转近代以后的历史命运、取得今天的伟大成就，最根本的是有中国共产党的坚强领导。历史和现实都证明，中国共产党是领导我们事业的核心力量。没有中国共产党，就没有新中国，就没有中华民族伟大复兴。治理好我们这个世界上最大的政党和人口最多的国家，必须坚持党的全面领导特别是党中央集中统一领导，坚持民主集中制，确保党始终总揽全局、协调各方。只要我们坚持党的全面领导不动摇，坚决维护党的核心和党中央权威，充分发挥党的领导政治优势，把党的领导落实到党和国家事业各领域各方面各环节，就一定能够确保全党全军全国各族人民团结一致向前进。

对于"中国共产党为什么能"的问题，党的第三个历史决议的回答是：党始终"坚持人民至上"，强调"人民是党执政兴国的最大底气"，"党的最大政治优势是密切联系群众，党执政后的最大危险是脱离群众。党代表中国最广大人民根本利益，没有任何自己特殊的利益，从来不代表任何利益集团、任何权势团体、任何特权阶层的利益，这是党立于不败之地的根本所在。只要我们始终坚持全心全意为人民服务的根本宗旨，坚持党的群众路线，始终牢记江山就是人民、人民就是江山，坚持一切为了人民、一切依靠人民，坚持为人民执政、靠人民执政，坚持发展为了人民、发展依靠人民、发展成果由人民共享，坚定不移走全体人民共同富裕道路，就一定能够领导人民夺取中国特色社会主义新的更大胜利，任何想把中国共产党同中国人民分割开来、对立起来的企图就永远不会得逞"。

对于"中国共产党为什么能"的问题，党的第三个历史决议的回答还包括党始终"坚持胸怀天下"，"始终以世界眼光关注人类前途命运"，从人类发展大潮流、世界变化大格局、中国发展大历史正确认识和处理中国同外部世界的关系；包括党始终"坚持开拓创新"，不断推进理论创新、实践创新、制度创新、文化创新以及其他各方面创新，敢为天下先，走出了前人没有走出的路；包括党始终"坚持敢于斗争"，党在内忧外患中诞生、在历经磨难中成长、在攻坚克难中壮大，为了人民、国家、民族，为了理想信念，无论敌人如何强大、道路如何艰险、挑战如何严峻，党总是绝不畏惧、绝不退缩，不怕牺牲、百折不挠；包括党始终"坚持统一战线"，把建立最广泛的统一战线，作为克敌制胜的重要法宝和执政兴国的重要法宝，善于团结一切可以团结的力量，调动一切可以调动的积极因素；包括党始终"坚持自我革命"，勇于自我革命是中国共产党区别于其他政党的显著标志。自我革命精神是党永葆青春活力的强大支撑。党之所以历经百年沧桑更加充满活力，其奥秘就在于始终坚持真理、修正错误，坚持以伟大自我革命引领伟大社会革命，确保党在新时代坚持和发展中国特色社会主义的历史进程中始终成为坚强领导核心。

对于"中国特色社会主义为什么好"的问题，党的第三个历史决议的回答是：党在百年奋斗中始终坚持从我国国情出发，探索并形成符合中国实际的正确道路。中国特色社会主义道路是创造人民美好生活、实现中华民族伟大复兴的康庄大道。脚踏中华大地，传承中华文明，走符合中国国情的正确道路，党和人民就具有无比广阔的舞台，具有无比深厚的历史底蕴，具有无比强大的前进定力。只要我们既不走封闭僵化的老路，也不走改旗易帜的邪路，坚定不移走中国特色社会主义道路，就一定能够把我国建设成为富强民主文明和谐美丽的社会主义现代化强国。

对于"中国特色社会主义为什么好"的问题，党的第三个历史决议的回答还包括"坚持独立自主"。独立自主是中华民族精神之魂，是我们党立党立国的重要原则。走自己的路，是党百年奋斗得出的历史结论。我们党历来坚持独立自主开拓前进道路，坚持把国家和民族发展放在自己力量的基点上，坚持中国的事情必须由中国人民自己作主张、自己来处理。只要我们坚持独立自主、自力更生，既虚心学习借鉴国外的有益经验，又坚定民族自尊心和自信心，不信邪、不怕压，就一定能够把中国发展进步的命运始终牢牢掌握在自己手中。

对于"马克思主义为什么行"的问题，党的第三个历史决议的回答是："坚持理论创新"。马克思主义是我们立党立国、兴党兴国的根本指导思想。马克思主义理论不是教条而是行动指南，必须随着实践发展而发展。马克思主义必须中国化才能落地生根、必须本土化才能深入人心。我们党坚持解放思想、实事求是、与时俱进、求真务实，坚持把马克思主义基本原理同中国具体实际相结合、同中华优秀传统文化相结合，坚持实践是检验真理的唯一标准，坚持一切从实际出发，及时回答时代之问、人民之问，不断推进马克思主义中国化时代化。正如习近平总书记精辟指出的那样："当代中国的伟大社会变革，不是简单延续我国历史文化的母版，不是简单套用马克思主义经典作家设想的模板，不是其他国家社会主义实践的再版，也不是国外现代化发展的翻版。只要我们勇于结合新的实践不断推进理论创新、善于用新的理论指导新的实践，就一定能够让马克思主义在中国大地上展现出更强大、更有说服力的真理力量。"①

党的第三个历史决议的第七部分"新时代的中国共产党"，是从"展望未来"的视角，对"未来我们怎样才能继续成功"的总体回答。党的第三个历史决议写道：过去100年，党向人民、向历史交出了一份优异的答卷。现在，党团结带领中国人民又踏上了实现第二个百年奋斗目标新的赶考之路。时代是出卷人，我们是答卷人，人民是阅卷人。我们一定要继续考出好成绩，在新时代新征程上展现新气象新作为。

习近平总书记首次提出"时代是出卷人，我们是答卷人，人

---

① 《中共中央关于党的百年奋斗重大成就和历史经验的决议》，人民出版社2021年版，第67页。

民是阅卷人"是在 2018 年 1 月 5 日，当时他语重心长地说："昨天的成功并不代表着今后能够永远成功，过去的辉煌并不意味着未来可以永远辉煌。"① 作为一个在中国长期执政的马克思主义政党，作为立志于中华民族千秋伟业、百年恰是风华正茂的中国共产党，面对时代这个"出卷人"，面对人民这个"阅卷人"，清醒地意识到当此"两个一百年"奋斗目标的历史交汇之际，党团结带领人民又踏上了实现第二个百年奋斗目标新的"赶考之路"。我们党作为"答卷人"，在党的第三个历史决议的结尾部分，用"五个必须"这一向全党同志提出的寄语式要求作为回答。

一是要求全党必须清醒认识到，中华民族伟大复兴绝不是轻轻松松、敲锣打鼓就能实现的，前进道路上仍然存在可以预料和难以预料的各种风险挑战。同时，要求全党必须清醒认识到，我国仍处并将长期处于社会主义初级阶段，我国仍然是世界最大的发展中国家，社会主要矛盾是人民日益增长的美好生活需要和不平衡不充分的发展之间的矛盾。全党要牢记中国共产党是什么、要干什么这个根本问题，把握历史发展大势，坚定理想信念，牢记初心使命，始终谦虚谨慎、不骄不躁、艰苦奋斗，从伟大胜利中激发奋进力量，从弯路挫折中吸取历史教训，不为任何风险所惧，不为任何干扰所惑，决不在根本性问题上出现颠覆性错误，以咬定青山不放松的执着奋力实现既定目标，以行百里者半九十的清醒不懈推进中华民族伟大复兴。习近平总书记在 2021年"七一"重要讲话中指出："一百年来，中国共产党团结带领中国人民进行的一切奋斗、一切牺牲、一切创造，归结起来就是

①《习近平谈治国理政》第三卷，外文出版社 2020 年版，第 70 页。

一个主题：实现中华民族伟大复兴。"党的第三个历史决议也指出："今天，我们比历史上任何时期都更接近、更有信心和能力实现中华民族伟大复兴的目标。"所以，以上这"两个必须清醒认识到"，是党在此时此刻从新时代如何坚定理想信念、牢记初心使命的角度对全体中国共产党人寄予的最殷切期望、表达的最关键要求。其关键词是"全党要牢记中国共产党是什么、要干什么这个根本问题"。习近平总书记在党的十九大报告中开宗明义就强调"不忘初心、牢记使命"。这句话，党的十八大以来反复讲，目的就是不要忘记中国共产党是什么、要干什么这个根本问题，不要在日益复杂的斗争中迷失了自我，迷失了方向。

二是要求全党必须坚持马克思列宁主义、毛泽东思想、邓小平理论、"三个代表"重要思想、科学发展观，全面贯彻习近平新时代中国特色社会主义思想，用马克思主义的立场、观点、方法观察时代、把握时代、引领时代，不断深化对共产党执政规律、社会主义建设规律、人类社会发展规律的认识。要求全党必须坚持党的基本理论、基本路线、基本方略，增强"四个意识"，坚定"四个自信"，做到"两个维护"，坚持系统观念，统筹推进"五位一体"总体布局，协调推进"四个全面"战略布局，立足新发展阶段、贯彻新发展理念、构建新发展格局、推动高质量发展，全面深化改革开放，促进共同富裕，推进科技自立自强，发展全过程人民民主，保证人民当家作主，坚持全面依法治国，坚持社会主义核心价值体系，坚持在发展中保障和改善民生，坚持人与自然和谐共生，统筹发展和安全，加快国防和军队现代化，协同推进人民富裕、国家强盛、中国美丽。党的第三个历史决议的第七部分提出的这第二个"必须"，是从新时代坚持党的思想路线、政治路线的角度，对全党同志在新时代新征程上必须运用马克思主义立场、观点、方法观察新时代、把握新时代、引领新时代提出的新要求，也是对全党同志坚持系统观念，全面把握党和国家工作全局，协调推进人民富裕、国家强盛、中国美丽提出的新要求。

三是要求全党必须永远保持同人民群众的血肉联系，站稳人民立场，坚持人民主体地位，尊重人民首创精神，践行以人民为中心的发展思想，维护社会公平正义，着力解决发展不平衡不充分问题和人民群众急难愁盼问题，不断实现好、维护好、发展好最广大人民根本利益，团结带领全国各族人民不断为美好生活而奋斗。这是从新时代如何坚持党的群众路线的角度对全党同志提出的新要求。

四是要求全党必须铭记生于忧患、死于安乐，常怀远虑、居安思危，继续推进新时代党的建设新的伟大工程，坚持全面从严治党，坚定不移推进党风廉政建设和反腐败斗争，勇敢面对党面临的长期执政考验、改革开放考验、市场经济考验、外部环境考验，坚决战胜精神懈怠的危险、能力不足的危险、脱离群众的危险、消极腐败的危险。要求全党必须保持越是艰险越向前的英雄气概，敢于斗争、善于斗争，逢山开道、遇水架桥，做到难不住、压不垮，推动中国特色社会主义事业航船劈波斩浪、一往无前。党的第三个历史决议的第七部分提出的这第四个"必须"，是从新时代党的建设新的伟大工程、党的伟大自我革命和进行伟大斗争的角度，对全党同志提出的新要求。核心是用党的建设新的伟大工程和伟大自我革命勇敢地经受住"四大考验"、战胜"四种危险";用越是艰险越向前的英雄气概做到难不住、压不垮,推动中国特色社会主义事业航船劈波斩浪、一往无前。

五是要求全党必须抓好后继有人这个根本大计。要坚持用习近平新时代中国特色社会主义思想教育人,用党的理想信念凝聚人,用社会主义核心价值观培育人,用中华民族伟大复兴历史使命激励人,培养造就大批堪当时代重任的接班人。要源源不断培养选拔德才兼备、忠诚干净担当的高素质专业化干部特别是优秀年轻干部,教育引导广大党员、干部自觉做习近平新时代中国特色社会主义思想的坚定信仰者和忠实实践者,牢记空谈误国、实干兴邦的道理,树立不负人民的家国情怀、追求崇高的思想境界、增强过硬的担当本领。要源源不断把各方面先进分子特别是优秀青年吸收到党内来,教育引导青年党员永远以党的旗帜为旗帜、以党的方向为方向、以党的意志为意志,赓续党的红色血脉,弘扬党的优良传统,在斗争中经风雨、见世面、壮筋骨、长才干。要源源不断培养造就爱国奉献、勇于创新的优秀人才,真心爱才、悉心育才、精心用才,把各方面优秀人才集聚到党和人民的伟大奋斗中来。这是从新时代党的组织路线和党管人才、党的人才战略的角度,对全党同志提出的新要求。核心是提出了"党和人民事业发展需要一代代中国共产党人接续奋斗,必须抓好后继有人这个根本大计",提出了教育人、凝聚人、培育人、激励人、培养造就大批堪当时代重任的接班人的战略方针,以及"三个源源不断"的战略举措,真心、悉心、精心爱才、育才、用才的"三心三才"要求。

毫无疑问，党的第三个历史决议的第七部分对全党同志提出的这五条寄语式要求，对于动员全党全军全国各族人民更加紧密地团结在以习近平同志为核心的党中央周围，全面贯彻习近平新时代中国特色社会主义思想，大力弘扬伟大建党精神，勿忘昨天的苦难辉煌，无愧今天的使命担当，不负明天的伟大梦想，以史为鉴、开创未来，埋头苦干、勇毅前行，为实现第二个百年奋斗目标，为实现中华民族伟大复兴的中国梦而不懈奋斗，是完全必要的、非常及时的。同样毫无疑问，在过去100年赢得了伟大胜利和荣光的中国共产党和中国人民，必将在新的时代征程上赢得更加伟大的胜利和荣光！

新时代的中国共产党怎样坚持和发展了中国特色社会主义

（2021 年 11 月 7 日）

中国共产党百年奋斗历史上的第三个历史决议，立足党完成了"两个一百年"奋斗目标中的第一个百年奋斗目标和第二个百年奋斗目标历史交汇的新起点，在回顾过去、展望未来、全面总结党的百年奋斗重大成就和历史经验时，重点回顾总结了改革开放 40 多年的重大成就和历史经验，特别是对中国特色社会主义进入新时代，以习近平同志为主要代表的中国共产党人从新时代新的实际出发，创立了习近平新时代中国特色社会主义思想，团结带领全党全军全国各族人民战胜一系列重大风险挑战，解决了许多长期想解决而没有解决的难题，办成了许多过去想办而没有办成的大事，推动党和国家事业取得历史性成就、发生历史性变革的重大成就和新鲜经验，从理论和实践这两个层面进行了实事求是、与时俱进的系统总结和论述。

一、《决议》对习近平新时代中国特色社会主义思想作出的实事求是、与时俱进的系统总结和论述

2017 年，习近平总书记代表第十八届中央委员会向大会作的党的十九大报告中，对新时代中国特色社会主义思想和基本方

略作过一次科学总结和系统论述。《中国共产党第十九次全国代表大会关于十八届中央委员会报告的决议》指出："大会强调，围绕回答新时代坚持和发展什么样的中国特色社会主义、怎样坚持和发展中国特色社会主义这个重大时代课题，我们党以全新的视野深化对共产党执政规律、社会主义建设规律、人类社会发展规律的认识，进行艰辛理论探索，取得重大理论创新成果，创立了习近平新时代中国特色社会主义思想。习近平新时代中国特色社会主义思想，是对马克思列宁主义、毛泽东思想、邓小平理论、'三个代表'重要思想、科学发展观的继承和发展，是马克思主义中国化最新成果，是党和人民实践经验和集体智慧的结晶，是中国特色社会主义理论体系的重要组成部分，是全党全国人民为实现中华民族伟大复兴而奋斗的行动指南，必须长期坚持并不断发展。"[1]

如同 1945 年刘少奇同志在党的第七次全国代表大会上的报告中，曾对毛泽东思想的主要内容进行了第一次比较完整的概括和系统论述，在此基础上，1981 年经党的十一届六中全会审议通过的《关于建国以来党的若干历史问题的决议》又对毛泽东思想的主要内容进行了第二次完整概括和系统论述那样，党的第三个历史决议在把党的十八大以来同十九大以来以习近平同志为核心的党中央从理论到实践的创新创造贯通起来总结概括的基础上，又对习近平新时代中国特色社会主义思想进行了实事求是、与时俱进的第二次完整概括和系统论述。

---

[1]《中国共产党第十九次全国代表大会文件汇编》，人民出版社 2017 年版，第 60 页。

党的第三个历史决议指出，"以习近平同志为主要代表的中国共产党人，坚持把马克思主义基本原理同中国具体实际相结合、同中华优秀传统文化相结合，坚持毛泽东思想、邓小平理论、'三个代表'重要思想、科学发展观，深刻总结并充分运用党成立以来的历史经验，从新的实际出发，创立了习近平新时代中国特色社会主义思想"，并且在党的十九大报告总结概括的关于这一思想"八个明确"的科学内涵基础上，将其扩展为"十个明确"，这一思想的科学内涵有了同其在实践中"不断发展"的实际相对应的、更加完整的新概括。

在党的第三个历史决议中增写的主要内容是，"明确必须坚持和完善社会主义基本经济制度，使市场在资源配置中起决定性作用，更好发挥政府作用，把握新发展阶段，贯彻创新、协调、绿色、开放、共享的新发展理念，加快构建以国内大循环为主体、国内国际双循环相互促进的新发展格局，推动高质量发展，统筹发展和安全"。这一条增写所体现的关乎我们党和国家在新时代新征程上"建设什么样的社会主义现代化强国、怎样建设社会主义现代化强国"的重大理论创新、实践创新、制度创新，是习近平总书记在先后主持起草党的十九届四中全会《中共中央关于坚持和完善中国特色社会主义制度、推进国家治理体系和治理能力现代化若干重大问题的决定》和党的十九届五中全会《中共中央关于制定国民经济和社会发展第十四个五年规划和二〇三五年远景目标的建议》时形成和提出的重要思想。

党的第三个历史决议对习近平新时代中国特色社会主义思想所回答的时代课题及其科学定位，也在党的十九大报告初步总结概括的这一思想回答了"新时代坚持和发展什么样的中国特色社会主义、怎样坚持和发展中国特色社会主义"这一个"什么样"和"怎样"的基础上，拓展为包括"建设什么样的社会主义现代化强国、怎样建设社会主义现代化强国，建设什么样的长期执政的马克思主义政党、怎样建设长期执政的马克思主义政党"在内的三个"什么样"和"怎样"。显然，这是对习近平新时代中国特色社会主义思想更为完整的概括。作为当代中国马克思主义、21世纪马克思主义的习近平新时代中国特色社会主义思想，是在对坚持和发展中国特色社会主义不懈探索、砥砺前行中创立并不断丰富发展起来的，也是在团结带领中华民族大踏步"赶上时代"，迎来从站起来、富起来到强起来的伟大飞跃中创立并不断丰富发展起来的；同时，也是在新时代推进党的建设新的伟大工程，不断推进党的伟大自我革命，并以党的伟大自我革命引领伟大社会革命中创立并不断丰富发展起来的。事实上，党的十九大报告指出的"中国特色社会主义进入新时代"，"意味着中国特色社会主义道路、理论、制度、文化不断发展，拓展了发展中国家走向现代化的途径，给世界上那些既希望加快发展又希望保持自身独立性的国家和民族提供了全新选择，为解决人类问题贡献了中国智慧和中国方案"，已经内含了这样的表达。习近平总书记多次强调的"中国共产党立志于中华民族千秋伟业，百年恰是风华正茂"①，以及他在党的十九大报告中提出的"以加强党的长期执政能力建设、先进性和纯洁性建设为主线"的新时代党的建设

① 习近平：《在庆祝中国共产党成立100周年大会上的讲话》，人民出版社2021年版，第22页。

总要求，也已内含了这样的表达。

在对习近平新时代中国特色社会主义思想的科学定位上，党的第三个历史决议也在党的十九大报告基础上作了如下新的概括："习近平新时代中国特色社会主义思想是当代中国马克思主义、二十一世纪马克思主义，是中华文化和中国精神的时代精华，实现了马克思主义中国化新的飞跃。"这样的科学定位，同党的第三个历史决议提出的"以习近平同志为主要代表的中国共产党人，坚持把马克思主义基本原理同中国具体实际相结合、同中华优秀传统文化相结合"的科学论断是相辅相成、互为印证的。从毛泽东同志在党的扩大的六届六中全会上提出"没有抽象的马克思主义，只有具体的马克思主义。所谓具体的马克思主义，就是通过民族形式的马克思主义"[1]，到习近平总书记在党的十九大报告中提出"没有高度的文化自信，没有文化的繁荣兴盛，就没有中华民族伟大复兴"，"中国特色社会主义文化，源自于中华民族五千多年文明历史所孕育的中华优秀传统文化，熔铸于党领导人民在革命、建设、改革中创造的革命文化和社会主义先进文化"，再到"推动中华优秀传统文化创造性转化、创新性发展"，都表明作为党的第三个历史决议提出的体现这"两个结合"的习近平新时代中国特色社会主义思想，之所以被定义为当代中国马克思主义、21世纪马克思主义，正是因为它为丰富和发展马克思主义作出了原创性贡献，为激活中华优秀传统文化生命力作出了历史性贡献，为推动人类文明进步作出了世界性贡献。

---

① 中共中央文献研究室、中央档案馆编:《建党以来重要文献选编（一九二一——一九四九）》第十五册，中央文献出版社 2011 年版，第 651 页。

党的第三个历史决议还突出强调："党确立习近平同志党中央的核心、全党的核心地位，确立习近平新时代中国特色社会主义思想的指导地位，反映了全党全军全国各族人民共同心愿，对新时代党和国家事业发展、对推进中华民族伟大复兴历史进程具有决定性意义。"经历了党的十八大以来具有许多新的历史特点的伟大斗争，再看看今日之中国党心军心民心空前凝聚振奋，中国特色社会主义在这动荡的世界上彰显出空前强大的生机活力，人们都会发自肺腑地认同，党的第三个历史决议关于党确立习近平同志党中央的核心、全党的核心地位、确立习近平新时代中国特色社会主义思想的指导地位"具有决定性意义"的论断，是千真万确的。毫无疑问，这个"决定性意义"，就是指新时代党的这个领导核心、党的这个科学理论，在思想上政治上行动上都具有"定海神针"的巨大威力，而这正是中华民族伟大复兴进入不可逆转的历史进程的众多原因中的一个具有"决定性意义"的原因。

二、《决议》对习近平新时代中国特色社会主义思想
在新时代新的伟大实践中展示的全方位指导作用
作出的科学总结和评价

党的第三个历史决议指出："以习近平同志为核心的党中央，以伟大的历史主动精神、巨大的政治勇气、强烈的责任担当，统筹国内国际两个大局，贯彻党的基本理论、基本路线、基本方略，统揽伟大斗争、伟大工程、伟大事业、伟大梦想，坚持稳中求进工作总基调，出台一系列重大方针政策，推出一系列重大举措，推进一系列重大工作，战胜一系列重大风险挑战，解决了许

多长期想解决而没有解决的难题，办成了许多过去想办而没有办成的大事，推动党和国家事业取得历史性成就、发生历史性变革。"《决议》以近2万字的篇幅，从坚持党的全面领导、全面从严治党、经济建设、全面深化改革开放、政治建设、全面依法治国、文化建设、社会建设、生态文明建设、国防和军队建设、维护国家安全、坚持"一国两制"和推进祖国统一、外交工作13个方面，全面系统总结了党的十八大以来以习近平同志为核心的党中央，是如何团结带领全党全国各族人民砥砺前行、如期实现全面建成小康社会奋斗目标的，是如何彰显中国特色社会主义的强大生机活力、为实现中华民族伟大复兴提供更为完善的制度保证、更为坚实的物质基础、更为主动的精神力量的。

习近平总书记一再强调："历史发展有其规律，但人在其中不是完全消极被动的。只要把握住历史发展规律和大势，抓住历史变革时机，顺势而为，奋发有为，我们就能够更好前进。"[①]

习近平总书记在这里所说的"更好前进"，同党的第三个历史决议所说的党的十八大以来党面临的主要任务是"朝着实现中华民族伟大复兴的宏伟目标继续前进"这"两个前进"之间是怎样的关系呢？以习近平同志为主要代表的中国共产党人又是怎样为把握住历史发展规律和大势而"顺势而为，奋发有为"的呢？这就有必要回顾一下。1982年，邓小平同志在党的十二大开幕词中说："从十一届三中全会以来，我们党在经济、政治、文化等各方面的工作中恢复了正确的政策，并且研究新情况、新经验，制

---

① 习近平:《在党史学习教育动员大会上的讲话》，人民出版社2021年版，第13页。

定了一系列新的正确政策。和八大的时候比较，现在我们党对我国社会主义建设规律的认识深刻得多了，经验丰富得多了，贯彻执行我们的正确方针的自觉性和坚定性大大加强了。我们有充分的根据相信，这次代表大会制定的正确的纲领，一定能够全面开创社会主义现代化建设的新局面，使我们党兴旺发达，使我们的社会主义事业兴旺发达，使我们的国家和各民族兴旺发达。"①

潜心研读党的第三个历史决议，特别是在认真研读第四部分"开创中国特色社会主义新时代"从 13 个方面系统总结和展示的中国特色社会主义伟大事业的前进轨迹和前进原因时，让人处处都能强烈感受到的是，以习近平同志为主要代表的中国共产党人，特别是习近平总书记本人，是如何以伟大的历史主动精神、巨大的政治勇气、强烈的责任担当，为"战胜一系列重大风险挑战"，为"解决了许多长期想解决而没有解决的难题"，为"办成了许多过去想办而没有办成的大事"，为"推动党和国家事业取得历史性成就、发生历史性变革"而艰辛探索规律、精心总结规律的，是如何用改革发展稳定、内政外交国防、治党治国治军等各方面的一系列规律性认识，来抓住历史变革时机、推动历史前进的。

《决议》在系统总结和展示这一系列规律性认识时，有以下四种具体的呈现方式。

第一种呈现方式是：鲜明地展示党对新时代坚持和发展中国特色社会主义的规律性在总体上的认识和把握。

我们在《决议》中经常会读到的、出现频率最高的词组是全

---

① 中共中央文献研究室编：《十二大以来重要文献选编》（上），中央文献出版社 2011 年版，第 2—3 页。

面、系统、整体，全局、布局、大局，统筹、统揽、协调等，这决不是偶然的。习近平总书记在对党在新时代坚持和发展什么样的中国特色社会主义、怎样坚持和发展中国特色社会主义方面，所秉持的一个基本理念就是"坚持系统观念"，也就是"加强前瞻性思考、全局性谋划、战略性布局、整体性推进"①。就统筹而言，不仅要统筹国内国际两个大局，统筹改革发展稳定、治党治国治军、内政外交国防，而且要统筹把握中华民族伟大复兴战略全局和世界百年未有之大变局。就统揽而言，在新时代我们党必须统揽伟大斗争、伟大工程、伟大事业、伟大梦想，还要致力于推动建设新型国际关系、推动构建人类命运共同体。我们党既为中国人民谋幸福、为中华民族谋复兴，也为人类谋进步、为世界谋大同。党的第三个历史决议用第一种呈现方式所展示的我们党对新时代坚持和发展中国特色社会主义规律性的认识和把握，不但是中国特色社会主义事业总体布局的"五位一体"，而且是战略布局的"四个全面"即"四位一体"，还有全面深化改革要全面推进经济体制、政治体制、文化体制、社会体制、生态文明体制、国防和军队、党的制度改革的"七位一体"，更有坚持党的全面领导要覆盖的党政军民学、东西南北中的"十位一体"，总结党的百年奋斗重大成就和历史经验的"十个坚持"即"十位一体"，等等。此外，在《决议》中还可以看到，我们党在新时代建设社会主义现代化国家的总任务是全面的，坚持党要管党、从严治党范围是全面的，坚持深化改革是全面的，坚持依法治国也

---

① 习近平:《把握新发展阶段，贯彻新发展理念，构建新发展格局》，《求是》2021年第9期。

是全面的。举凡新时代中国特色社会主义事业所涉及、所覆盖的都是全面的。这就如同党的第三个历史决议在总结新时代全面深化改革开放的规律时所概括的、党的十八届三中全会之后我们党和国家"实现改革由局部探索、破冰突围到系统集成、全面深化的转变，开创了我国改革开放新局面"是一样的道理。

第二种呈现方式是：鲜明地展示党对新时代坚持和发展中国特色社会主义的每一个具体领域、具体方面的规律性认识。

比如，在新时代全面从严治党上，习近平总书记一再强调："打铁必须自身硬，办好中国的事情，关键在党，关键在党要管党、全面从严治党。必须以加强党的长期执政能力建设、先进性和纯洁性建设为主线，以党的政治建设为统领，以坚定理想信念宗旨为根基，以调动全党积极性、主动性、创造性为着力点，不断提高党的建设质量，把党建设成为始终走在时代前列、人民衷心拥护、勇于自我革命、经得起各种风浪考验、朝气蓬勃的马克思主义执政党。"① 在这里，习近平总书记明确提出的"加强党的长期执政能力建设"，不但对应了新时代党的建设总要求，而且还对应了习近平新时代中国特色社会主义思想所深刻回答的三大时代课题之一的"建设什么样的长期执政的马克思主义政党、怎样建设长期执政的马克思主义政党"，凸显了党中央对这个重大问题的规律性认识和把握。这对全面从严治党的政治引领和政治保障作用充分发挥，对管党治党宽松软状况得到根本扭转，对反腐败斗争取得压倒性胜利并全面巩固，对清除党、国家、军队内

①《中共中央关于党的百年奋斗重大成就和历史经验的决议》，人民出版社2021年版，第30页。

104

部存在的严重隐患，党在革命性锻造中更加坚强，都起到了扭转乾坤的决定性作用。

比如，在新时代经济建设上，以习近平同志为核心的党中央作出的"坚持以高质量发展为主题、以供给侧结构性改革为主线、建设现代化经济体系、把握扩大内需战略基点，打好防范化解重大风险、精准脱贫、污染防治三大攻坚战"[①]的重大决策，紧紧抓住了党的十九大以来这四年我国经济建设的"牛鼻子"，全面建成小康社会三大攻坚战的谋划和推进，如同党在新民主主义革命时期进入伟大的解放战争阶段气吞山河的三大战役那样。打赢了三大战役，三座大山就被全部推倒了，国民党反动派统治的"蒋家王朝"就被掀翻了，新中国的五星红旗就在天安门广场升起了，中华人民共和国国歌就奏响了。在中国特色社会主义新时代，我们党带领人民打赢了防范化解重大风险、精准脱贫、污染防治这三大攻坚战，全面小康社会就建成了，党的第一个百年奋斗目标就胜利实现了。

比如，在新时代全面深化改革开放上，由习近平总书记亲自主持制定的党的十八届三中全会《中共中央关于全面深化改革若干重大问题的决定》确定了全面深化改革的总目标、战略重点和时间表、路线图。这个关于我国改革开放的全面的顶层设计，把完善和发展中国特色社会主义制度、推进国家治理体系和治理能力现代化作为全面深化改革的总目标，这是把完善和发展中国特色社会主义制度同推进国家治理体系和治理能力现代化作为双重

---

① 《中共中央关于党的百年奋斗重大成就和历史经验的决议》，人民出版社2021年版，第34—35页。

目标同时提了出来。我国社会主义现代化建设从此由"四个现代化"拓展为包括国家治理体系和治理能力现代化在内的"五个现代化",并且以这第五个现代化作为引领和保障,为新时代"建设什么样的社会主义现代化强国、怎样建设社会主义现代化强国"指明了方向。对此,党的第三个历史决议作出了两个重要论断:一个是"党的十八大以来,党不断推动全面深化改革向广度和深度进军,中国特色社会主义制度更加成熟更加定型,国家治理体系和治理能力现代化水平不断提高,党和国家事业焕发出新的生机活力";另一个是"党的十一届三中全会是划时代的,开启了改革开放和社会主义现代化建设新时期。党的十八届三中全会也是划时代的,实现改革由局部探索、破冰突围到系统集成、全面深化的转变,开创了我国改革开放新局面"。

比如,在新时代全面依法治国上,党的十八届四中全会和中央全面依法治国工作会议专题研究全面依法治国问题,就科学立法、严格执法、公正司法、全民守法作出的顶层设计和重大部署提出,坚持依法治国首先要坚持依宪治国,坚持依法执政首先要坚持依宪执政。强调必须坚持中国特色社会主义法治道路,贯彻中国特色社会主义法治理论,坚持依法治国、依法执政、依法行政共同推进,坚持法治国家、法治政府、法治社会一体建设,全面增强全社会尊法学法守法用法意识和能力。我们党还提出,统筹推进法律规范体系、法治实施体系、法治监督体系和党内法规体系建设。党强调,全面依法治国最广泛、最深厚的基础是人民,必须把体现人民利益、反映人民愿望、维护人民权益、增进人民福祉落实到全面依法治国各领域全过程,保障和促进社会公平正义，努力让人民群众在每一项法律制度、每一个执法决定、每一个司法案件中都感受到公平正义。党推进的政法领域全面深化改革，加强对执法司法活动的监督制约，开展的政法队伍集中教育整顿，依法纠正冤假错案，严厉整治司法腐败，确保执法司法公正廉洁高效。所有这些，也都体现了党对新时代全面依法治国规律性的认识和把握，使法治固根本、稳预期、利长远的保障作用得到进一步发挥，使党运用法治方式领导和治理国家的能力得到显著增强。

比如，在新时代国防和军队建设上，习近平总书记代表党中央和中央军委提出的新时代强军目标，确立新时代军事战略方针，制定了到2027年实现建军一百年奋斗目标、到2035年基本实现国防和军队现代化、到本世纪中叶全面建成世界一流军队的国防和军队现代化新"三步走"战略，全面推进政治建军、改革强军、科技强军、人才强军、依法治军，加快军事理论现代化、军队组织形态现代化、军事人员现代化、武器装备现代化，加快机械化信息化智能化融合发展，全面加强练兵备战，坚持走中国特色强军之路，这就是认识和把握了新时代国防和军队建设的规律性，推动了人民军队在新时代实现整体性革命性重塑、重整再出发，实现了国防实力和经济实力同步提升，一体化国家战略体系和能力加快构建，军政军民团结更加巩固。

比如，在新时代维护国家安全上，党的第三个历史决议提出，国泰民安是人民群众最基本、最普遍的愿望。必须坚持底线思维、居安思危、未雨绸缪，坚持国家利益至上，以人民安全为宗旨，以政治安全为根本，以经济安全为基础，以军事、科技、文化、社会安全为保障，以促进国际安全为依托，统筹发展和安全，统筹开放和安全，统筹传统安全和非传统安全，统筹自身安全和共同安全，统筹维护国家安全和塑造国家安全。面对来自外部的各种围堵、打压、捣乱、颠覆活动，必须发扬不信邪、不怕鬼的精神，同各种企图颠覆中国共产党领导和我国社会主义制度、企图迟滞甚至阻断中华民族伟大复兴进程的一切势力斗争到底，一味退让只能换来得寸进尺的霸凌，委曲求全只能招致更为屈辱的境况。所有这些，都深刻揭示了我们党对新时代维护国家安全规律性的认识和把握。正因为这样，党的十八大以来，我国国家安全才得到全面加强，并且成功地经受住了来自政治、经济、意识形态、自然界等方面的风险挑战考验，为党和国家兴旺发达、长治久安提供了有力保证。

比如，在新时代外交工作上，党科学把握新时代外交工作大局，紧扣服务民族复兴、促进人类进步这条主线，高举和平、发展、合作、共赢的旗帜，推进和完善全方位、多层次、立体化的外交布局，积极发展全球伙伴关系。成功运筹大国关系，推进大国协调和合作。按照亲诚惠容理念和与邻为善、以邻为伴的周边外交方针深化同周边国家关系，稳定周边战略依托，打造周边命运共同体。通过秉持正确义利观和真实亲诚理念加强同广大发展中国家团结合作，整体合作机制实现全覆盖。中国共产党同世界上500多个政党和政治组织保持经常性联系，深化政党交流合作。适应"走出去"日益扩大的新形势，不断完善海外利益保护体系，有力应对了一系列海外利益风险挑战。所有这些都是对新时代我国外交工作大局和全方位大国外交全局的规律性认识和把握的生动体现。正是因为党的十八大以来，以习近平同志为核心的党中央把握了外交工作规律性、体现了外交工作的时代性和创造性，才使我国外交在世界大变局中开创新格局、在世界乱局中化危为机，使我国国际影响力、感召力、塑造力显著提升。

第三种呈现方式是：《决议》用"以习近平同志为核心的党中央旗帜鲜明提出""习近平同志强调""党中央强调""党中央深刻认识到"这样一种引人注目的提示语作为领句，所展示的对新时代党和国家事业中一系列重大问题的规律性的认识和把握。

比如，"以习近平同志为核心的党中央旗帜鲜明提出，党的领导是党和国家的根本所在、命脉所在，是全国各族人民的利益所系、命运所系，全党必须自觉在思想上政治上行动上同党中央保持高度一致"。

比如，"党明确提出，党的领导是全面的、系统的、整体的，保证党的团结统一是党的生命；党中央集中统一领导是党的领导的最高原则，加强和维护党中央集中统一领导是全党共同的政治责任，坚持党的领导首先要旗帜鲜明讲政治，保证全党服从中央。"

比如，"党中央强调，我们党来自人民、植根人民、服务人民，一旦脱离群众就会失去生命力，全面从严治党必须从人民群众反映强烈的作风问题抓起"。

比如，"党中央强调，理想信念是共产党人精神上的'钙'，共产党人如果没有理想信念，精神上就会'缺钙'，就会得'软骨病'，必然导致政治上变质、经济上贪婪、道德上堕落、生活上腐化……广大党员、干部特别是领导干部从思想上正本清源、固本培元，筑牢信仰之基、补足精神之钙、把稳思想之舵，保持共产党人政治本色，挺起共产党人的精神脊梁"。党"要求各级领导干部解决好世界观、人生观、价值观这个'总开关'问题，珍惜权力、管好权力、慎用权力，自觉接受各方面监督，时刻想着为党分忧、为国奉献、为民造福"。

又如，党中央强调："腐败是党长期执政的最大威胁，反腐败是一场输不起也决不能输的重大政治斗争，不得罪成百上千的腐败分子，就要得罪十四亿人民，必须把权力关进制度的笼子里，依纪依法设定权力、规范权力、制约权力、监督权力。"在这里，党的第三个历史决议又一次提到了同"建设什么样的长期执政的马克思主义政党、怎样建设长期执政的马克思主义政党"密切相关的必须持之以恒地长期反对腐败的问题，因为"腐败是党长期执政的最大威胁"。习近平总书记多次指出，我们党作为具有重大全球影响力的世界第一大党，没有什么外力能够打倒我们，能够打倒我们的只有我们自己。所以，我们党要用持之以恒的长期自我革命的行动，回答如何跳出历史周期率的"窑洞之问"，练就中国共产党人自我净化、自我完善、自我革新、自我提高的"绝世武功"，打造中国共产党人的"金刚不坏之身"，做到在党领导的伟大自我革命中拒腐蚀、永不沾；在党领导的伟大社会革命中难不住、压不垮，推动中国特色社会主义事业航船劈波斩浪、一往无前。

像以上列举的"党中央提出""党中央强调""党中央深刻认识到"等重要提示语所揭示的坚持和发展中国特色社会主义过程中各方面各领域的规律性认识，在党的第三个历史决议文本全篇共有几十处之多。建议大家在深入学习研读党的第三个历史决议文本时，对这些提示语给予足够的关注。在时间有限、精力有限的情况下，直接奔着这些提示语去把握《决议》的核心观点和精髓要义，也不失为一种有效率和有效益的学习方式。

第四种呈现方式是：《决议》通过列举党的十八大以来党中央推出的一系列重大战略举措所收到的显著成效，展示党对新时代管党治党、治国理政的规律性认识和把握。

自从党的十九大报告提出党中央"提出一系列新理念新思想新战略，出台一系列重大方针政策，推出一系列重大举措，推进一系列重大工作"这样气势如虹的排比句式之后，人们就一直很期待能尽早看到对这"四个一系列"更为展开的具体阐述。党的第三个历史决议顺应人们的这一共同期待，在《决议》的第四部分"开创中国特色社会主义新时代"中，集中展现了党的十八大以来党中央的这"四个一系列"重大举措。下面把其中最可圈可点的重大战略举措作一些简要的列举。

比如，在新时代坚持党的全面领导上，党的十八届六中全会通过的《关于新形势下党内政治生活的若干准则》，党中央出台的《中共中央政治局关于加强和维护党中央集中统一领导的若干规定》，严明了党的政治纪律和政治规矩；党中央要求党的领导干部提高政治判断力、政治领悟力、政治执行力等重大战略举措；等等。这是以习近平同志为核心的党中央从"政治上的主动是最有利的主动，政治上的被动是最危险的被动"①这样的党的历史经验中所揭示的规律性的东西。增强了政治判断力、政治领悟力、

---

① 习近平：《总结党的历史经验　加强党的政治建设》，《求是》2021年第16期。

政治执行力这"三力"，就能从一般事务中发现政治问题，从倾向性、苗头性问题中发现政治端倪，从错综复杂的矛盾关系中把握政治逻辑，从而做到在管党治党中坚定政治立场不移、政治方向不偏。

比如，在新时代全面从严治党上，党坚持思想建党和制度治党同向发力，坚持不敢腐、不能腐、不想腐一体推进，惩治震慑、制度约束、提高觉悟一体发力，坚持受贿行贿一起查，坚定不移"打虎""拍蝇""猎狐"一起抓，聚焦政治问题和经济问题交织的腐败案件，防止党内形成利益集团等战略举措的出台是完全必要、非常及时的，抓住了反腐败标本兼治的规律性东西。

比如，在新时代经济建设上，党中央作出的全面实施供给侧结构性改革，推进去产能、去库存、去杠杆、降成本、补短板，落实巩固、增强、提升、畅通要求，推进制造强国建设，加快发展现代产业体系，壮大实体经济，发展数字经济，完善宏观经济治理，抓住了在增长速度换挡期、结构调整阵痛期、前期刺激政策消化期这"三期叠加"的复杂局面下，推动我国发展全局深刻变革，推动由高速增长阶段转向高质量发展阶段的规律性的东西，有力有序有效推动了新时代我国经济持续健康发展。党的十八大以来，我国经济发展平衡性、协调性、可持续性明显增强，2020年我的国内生产总值突破了百万亿元大关，人均国内生产总值超过 1 万美元；2021 年，我国的国内生产总值达到 114 万亿元，人均国内生产总值达到 12551 美元，国家经济实力、科技实力、综合国力跃上新台阶，我国经济迈上更高质量、更有效率、更加公平、更可持续、更为安全的发展之路。

比如，在新时代政治建设上，党中央提出坚持党的领导、人民当家作主、依法治国有机统一，积极发展全过程人民民主，健全全面、广泛、有机衔接的人民当家作主制度体系，构建多样、畅通、有序的民主渠道，丰富民主形式，从各层次各领域扩大人民有序政治参与等战略举措，使各方面制度和国家治理更好体现人民意志、保障人民权益、激发人民创造。这一系列重大举措抓住了建设社会主义民主政治、发展社会主义政治文明的规律性的东西，展示了社会主义民主不仅有完整的制度程序，而且有完整的参与实践，我国全过程人民民主实现了过程民主和成果民主、程序民主和实质民主、直接民主和间接民主、人民民主和国家意志相统一，是全链条、全方位、全覆盖的民主，是最广泛、最真实、最管用的社会主义民主。

　　比如，在新时代文化建设上，党着力解决意识形态领域党的领导弱化问题，坚持立破并举、激浊扬清，就意识形态领域许多方向性、战略性问题作出部署，确立和坚持马克思主义在意识形态领域指导地位的根本制度，健全意识形态工作责任制，推动全党动手抓宣传思想工作，守土有责、守土负责、守土尽责，敢抓敢管、敢于斗争。党从正本清源入手加强宣传思想工作，旗帜鲜明反对和抵制各种错误观点，就一系列根本性问题阐明原则立场，廓清了理论是非，校正了工作导向。这一系列重大战略举措抓住了文化建设特别是意识形态工作规律性的东西，使党的十八大以来我国意识形态领域形势发生全局性、根本性转变，为新时代开创党和国家事业新局面提供了坚强思想保证和强大精神力量。

　　比如，在新时代社会建设上，党中央推动建设体现效率、促进公平的收入分配体系，调节过高收入，取缔非法收入，增加低收入者收入，稳步扩大中等收入群体，推动形成橄榄型分配格局，居民收入增长与经济增长基本同步，农村居民收入增速快于城镇居民。

2021年8月17日，在中央财经委员会第十次会议上，习近平总书记对这段话又作了非常重要的展开和发挥。他说，党的十八大以来，党中央把握发展阶段新变化，把逐步实现全体人民共同富裕摆在更加重要的位置上，推动区域协调发展，采取有力措施保障和改善民生，打赢脱贫攻坚战，全面建成小康社会，为促进共同富裕创造了良好条件。在阐述如何使全体人民朝着共同富裕目标扎实推进时，习近平总书记说，要合理调节过高收入，完善个人所得税制度，规范资本性所得管理。要完善税收优惠政策，鼓励高收入人群和企业更多回报社会。要清理规范不合理收入，加大对垄断行业和国有企业的收入分配管理，整顿收入分配秩序，清理借改革之名变相增加高管收入等分配乱象。要坚决取缔非法收入，坚决遏制权钱交易，坚决打击内幕交易、操纵股市、财务造假、偷税漏税等获取非法收入行为。要着力扩大中等收入群体规模，抓住重点、精准施策，推动更多低收入人群迈入中等收入行列。低收入群体是促进共同富裕的重点帮扶保障人群，要加大普惠性人力资本投入，有效减轻困难家庭教育负担，提高低收入群众子女受教育水平。要完善兜底救助体系，加快缩小社会救助的城乡标准差异，逐步提高城乡最低生活保障水平，兜住基本生活底线。所有这些都表明，我们党经过多年探索，把握了解决贫困问题的规律，并且有了完整的解决办法。这是习近平总书记在我国向着全面建设社会主义现代化强国的第二个百年奋斗目标迈进时，第一次就如何扎实推进共同富裕问题提出的具有纲领性意义的总体思路。但在如何实现共同富裕的一些更为具体的问题上还需要探索积累经验，我们党将会在此基础上探索积累扎实推进并实现共同富裕的规律。

比如，在新时代生态文明建设上，党从思想、法律、体制、组织、作风上全面发力，全方位、全地域、全过程加强生态环境保护，通过推动划定生态保护红线、环境质量底线、资源利用上线，开展一系列根本性、开创性、长远性工作，包括组织实施主体功能区战略，优化国土空间开发保护格局，加强大江大河和重要湖泊湿地及海岸带生态保护和系统治理，加大生态系统保护和修复力度，加强生物多样性保护，推动形成节约资源和保护环境的空间格局、产业结构、生产方式、生活方式。在党的领导下着力打赢污染防治攻坚战，深入实施大气、水、土壤污染防治三大行动计划，打好蓝天、碧水、净土保卫战，开展农村人居环境整治，全面禁止进口"洋垃圾"。开展中央生态环境保护督察，坚决查处一批破坏生态环境的重大典型案件、解决一批人民群众反映强烈的突出环境问题。我国积极参与全球环境与气候治理，作出力争2030年前实现碳达峰、2060年前实现碳中和的庄严承诺。党中央的这一系列重大决策和战略部署，找到了治理我国生态系统破坏和生态系统受损退化等问题越来越突出这一明显短板的规律性东西，全党全国推动绿色发展的自觉性和主动性显著增强，美丽中国建设迈出重大步伐，我国生态环境保护发生历史性、转折性、全局性变化，并已成为全球生态文明建设的重要参与者、贡献者、引领者。

比如，在新时代坚持"一国两制"和推进祖国统一上，党中央审时度势，作出健全中央依照宪法和基本法对特别行政区行使全面管治权、完善特别行政区同宪法和基本法实施相关制度机制的重大决策，推动建立健全特别行政区维护国家安全的法律制度和执行机制、制定《中华人民共和国香港特别行政区维护国家安全法》、完善香港特别行政区选举制度，落实"爱国者治港"原则，支持特别行政区完善公职人员宣誓制度。中央人民政府依法设立驻香港特别行政区维护国家安全公署，香港特别行政区依法设立维护国家安全委员会。中央坚定支持香港特别行政区依法止暴制乱、恢复秩序，支持行政长官和特别行政区政府依法施政，坚决防范和遏制外部势力干预港澳事务，严厉打击分裂、颠覆、渗透、破坏活动。党中央采取的这一系列标本兼治的举措，抓住了香港、澳门回归祖国后，重新纳入国家治理体系这一我们党治国理政崭新课题的规律性东西，每一条举措都打在了外部势力干预港澳事务的种种分裂、颠覆、渗透等破坏活动的要害上，成功推动了香港局势实现由乱到治的重大转折，为推进依法治港治澳、促进"一国两制"实践行稳致远打下了坚实基础。

2012 年 11 月，习近平总书记甫一上任，就在《紧紧围绕坚持和发展中国特色社会主义 学习宣传贯彻党的十八大精神》的署名文章中这样写道：坚持和发展中国特色社会主义是贯穿党的十八大报告的一条主线，为我们这一届中央领导集体的工作指明了方向，我们这一代共产党人要为之付出全部智慧和力量。2013 年 12 月 26 日，习近平总书记在纪念毛泽东同志诞辰 120 周年座谈会上的讲话中又指出:"党的十八大以来,我们所做的一切工作,就是要团结带领全党全国各族人民坚持党的十一届三中全会以来的理论和路线方针政策,把以毛泽东同志为核心的党的第一代中央领导集体、以邓小平同志为核心的党的第二代中央领导集体、以江泽民同志为核心的党的第三代中央领导集体、以胡锦涛同志为总书记的党中央开创和发展的伟大事业坚持好、发展好。"现在,九年过去了,党的第三个历史决议作出的历史结论是:"党的十八大以来,以习近平同志为核心的党中央领导全党全军全国各族人民砥砺前行,全面建成小康社会目标如期实现,党和国家事业取得历史性成就、发生历史性变革,彰显了中国特色社会主义的强大生机活力,党心军心民心空前凝聚振奋,为实现中华民族伟大复兴提供了更为完善的制度保证、更为坚实的物质基础、更为主动的精神力量。中国共产党和中国人民以英勇顽强的奋斗向世界庄严宣告,中华民族迎来了从站起来、富起来到强起来的伟大飞跃。"

对我们党在新时代的原创性思想和变革性实践的"以果追因"学习法

（2021 年 12 月 30 日）

"开创中国特色社会主义新时代"，这是党的第三个历史决议的第四部分，也是这个《决议》中浓墨重彩地展示党的十八大以来，我们党确立习近平同志作为党中央的核心、全党的核心地位，确立习近平新时代中国特色社会主义思想的指导地位这"两个确立"对开创中国特色社会主义新时代的决定性作用的部分。这个部分从坚持党的全面领导、全面从严治党、经济建设、全面深化改革开放、政治建设、全面依法治国、文化建设等 13 个领域，"分领域总结新时代党和国家事业取得的历史性成就、发生的历史性变革，重点总结九年来的原创性思想、变革性实践、突破性进展、标志性成果"。这是习近平总书记在《关于〈中共中央关于党的百年奋斗重大成就和历史经验的决议〉的说明》中所说的一段导读性、阐释性的话。

这段高屋建瓴、提纲挈领，极具穿透性、引领性的话，深刻阐明了全党同志在学习研读党的第三个历史决议的这一部分时，需要花大气力把重点聚焦在搞清楚、弄明白"新时代党和国家事业取得历史性成就、发生历史性变革"中的"原创性思想、变革性实践、突破性进展、标志性成果"。《决议》在这一部分的论述逻辑是"以因述果"，即正是体现在这 13 个领域中的习近平新时代中国特色社会主义思想，即党在新时代的一系列"原创性思想、变革性实践"，才引发和造就了在这 13 个领域的一系列"突破性进展、标志性成果"，才"为实现中华民族伟大复兴提供了更为完善的制度保证、更为坚实的物质基础、更为主动的精神力量"。

在学习研读《决议》的这一部分时，有一个可资借鉴、行之有效的方法，这就是把党的十九届六中全会公报和《决议》同时置于案头，进行一种"以果追因"的对照式学习。即以全会公报中第 17 自然段全面展示的中国特色社会主义新时代在 13 个领域取得的"突破性进展、标志性成果"，去仔细追寻与其中每一个领域相对应的《决议》文本中所展示的习近平新时代中国特色社会主义思想中的"原创性思想、变革性实践"。采用此种"以果追因"的学习研读方法，就会自然而然地把学习领会党的第三个历史决议第四部分的过程，变成一个对照型、研究型学习的过程，这个过程，既会让人兴味盎然，又会使学习效果事半功倍。

一、在坚持党的全面领导上的"以果追因"

党的十九届六中全会公报指出："党的十八大以来，在坚持党的全面领导上，党中央权威和集中统一领导得到有力保证，党的领导制度体系不断完善，党的领导方式更加科学，全党思想上更加统一、政治上更加团结、行动上更加一致，党的政治领导力、思想引领力、群众组织力、社会号召力显著增强。"这就是党在中国特色社会主义新时代，在坚持党的全面领导上所取得的"突破性进展、标志性成果"。那么，在全会《决议》中与之相对应的"原创性思想、变革性实践"是什么呢？

从全会《决议》的具体阐述中，我们可以看到，党在新时代坚持党的全面领导上的"原创性思想"就是："党明确提出，党的领导是全面的、系统的、整体的，保证党的团结统一是党的生命；党中央集中统一领导是党的领导的最高原则，加强和维护党中央集中统一领导是全党共同的政治责任，坚持党的领导首先要旗帜鲜明讲政治，保证全党服从中央。""党中央要求党的领导干部提高政治判断力、政治领悟力、政治执行力，胸怀'国之大者'，对党忠诚、听党指挥、为党尽责。"

党在新时代坚持党的全面领导上的"变革性实践"就是："党的十八届六中全会通过关于新形势下党内政治生活的若干准则，党中央出台中央政治局加强和维护党中央集中统一领导的若干规定，严明党的政治纪律和政治规矩，防止和反对个人主义、分散主义、自由主义、本位主义、好人主义等，发展积极健康的党内政治文化，推动营造风清气正的良好政治生态。""党健全党的领导制度体系，完善党领导人大、政府、政协、监察机关、审判机关、检察机关、武装力量、人民团体、企事业单位、基层群众性自治组织、社会组织等制度，确保党在各种组织中发挥领导作用。党坚持民主集中制，建立健全党对重大工作的领导体制，强化党中央决策议事协调机构职能作用，完善推动党中央重大决策落实机制，严格执行向党中央请示报告制度，强化政治监督，深化政治巡视，查处违背党的路线方针政策、破坏党的集中统一领导问题，清除'两面人'，保证全党在政治立场、政治方向、政治原则、政治道路上同党中央保持高度一致。"

二、在全面从严治党上的"以果追因"

党的十九届六中全会公报指出:"党的自我净化、自我完善、自我革新、自我提高能力显著增强,管党治党宽松软状况得到根本扭转,反腐败斗争取得压倒性胜利并全面巩固,党在革命性锻造中更加坚强。"这就是党在中国特色社会主义新时代,在全面从严治党上所取得的"突破性进展、标志性成果"。那么,在全会《决议》中与之对应的"原创性思想、变革性实践"是什么呢?

从全会《决议》的具体阐述中,我们可以看到,党在新时代全面从严治党上的"原创性思想"就是:"习近平同志强调,打铁必须自身硬,办好中国的事情,关键在党,关键在党要管党、全面从严治党。必须以加强党的长期执政能力建设、先进性和纯洁性建设为主线,以党的政治建设为统领,以坚定理想信念宗旨为根基,以调动全党积极性、主动性、创造性为着力点,不断提高党的建设质量,把党建设成为始终走在时代前列、人民衷心拥护、勇于自我革命、经得起各种风浪考验、朝气蓬勃的马克思主义执政党。"

党在新时代全面从严治党上的"变革性实践"就是:"党以永远在路上的清醒和坚定,坚持严的主基调,突出抓住'关键少数',落实主体责任和监督责任,强化监督执纪问责,把全面从严治党贯穿于党的建设各方面。党中央召开各领域党建工作会议作出有力部署,推动党的建设全面进步。"

从全会《决议》的具体阐述中,我们可以看到,党在新时代全面加强党的作风建设上的"原创性思想"就是："党中央强调，我们党来自人民、植根人民、服务人民，一旦脱离群众就会失去生命力，全面从严治党必须从人民群众反映强烈的作风问题抓起。"

党在新时代全面加强党的作风建设上的"变革性实践"就是："党中央从制定和落实中央八项规定破题，坚持从中央政治局做起、从领导干部抓起，以上率下改进工作作风。中央政治局每年召开民主生活会，听取贯彻执行八项规定情况汇报，开展批评和自我批评。党中央发扬钉钉子精神，持之以恒纠治'四风'，反对特权思想和特权现象，狠刹公款送礼、公款吃喝、公款旅游、奢侈浪费等不正之风，解决群众反映强烈、损害群众利益的突出问题，推进基层减负，倡导勤俭节约、反对铺张浪费，刹住了一些过去被认为不可能刹住的歪风，纠治了一些多年未除的顽瘴痼疾，党风政风和社会风气为之一新。"

从全会《决议》的具体阐述中，我们可以看到，党在新时代全面加强党的建设上的"原创性思想"就是："党历来强调，全党必须做到理想信念坚定、组织体系严密、纪律规矩严明。马克思主义信仰、共产主义远大理想、中国特色社会主义共同理想，是中国共产党人的精神支柱和政治灵魂，也是保持党的团结统一的思想基础。党中央强调，理想信念是共产党人精神上的'钙'，共产党人如果没有理想信念，精神上就会'缺钙'，就会得'软骨病'，必然导致政治上变质、经济上贪婪、道德上堕落、生活上腐化。"

党在新时代全面加强党的建设上的"变革性实践"就是："党

坚持思想建党和制度治党同向发力，先后开展党的群众路线教育实践活动、'严以修身、严以用权、严以律己，谋事要实、创业要实、做人要实'专题教育、'学党章党规、学系列讲话，做合格党员'学习教育、'不忘初心、牢记使命'主题教育、党史学习教育等，用党的创新理论武装全党，推进学习型政党建设，教育引导广大党员、干部特别是领导干部从思想上正本清源、固本培元，筑牢信仰之基、补足精神之钙、把稳思想之舵，保持共产党人政治本色，挺起共产党人的精神脊梁。党提出和贯彻新时代党的组织路线，明确信念坚定、为民服务、勤政务实、敢于担当、清正廉洁的新时代好干部标准，突出政治素质要求、树立正确用人导向，坚持德才兼备、以德为先，坚持五湖四海、任人唯贤，坚持事业为上、公道正派，坚持不唯票、不唯分、不唯生产总值、不唯年龄，不搞'海推'、'海选'，强化党组织领导和把关作用，纠正选人用人上的不正之风。党要求各级领导干部解决好世界观、人生观、价值观这个'总开关'问题，珍惜权力、管好权力、慎用权力，自觉接受各方面监督，时刻想着为党分忧、为国奉献、为民造福。党坚持党管人才原则，实行更加积极、更加开放、更加有效的人才政策，深入实施新时代人才强国战略，加快建设世界重要人才中心和创新高地，聚天下英才而用之。党不断健全组织体系，以提升组织力为重点，增强党组织政治功能和组织功能，树立大抓基层的鲜明导向，推动党的组织和党的工作全覆盖。党坚持纪严于法、执纪执法贯通，用好监督执纪'四种形态'，强化政治纪律和组织纪律，带动各项纪律全面严起来。党坚持依规治党，严格遵守党章，形成比较完善的党内法规体系，严格制度执行，党的建设科学化、制度化、规范化水平明显提高。"

在全会《决议》的具体阐述中，我们还可以看到，党在新时代反腐败斗争方面的"原创性思想"就是："党中央强调，腐败是党长期执政的最大威胁，反腐败是一场输不起也决不能输的重大政治斗争，不得罪成百上千的腐败分子，就要得罪十四亿人民，必须把权力关进制度的笼子里，依纪依法设定权力、规范权力、制约权力、监督权力。"

党在新时代反腐败斗争方面的"变革性实践"就是："党坚持不敢腐、不能腐、不想腐一体推进，惩治震慑、制度约束、提高觉悟一体发力，确保党和人民赋予的权力始终用来为人民谋幸福。坚持无禁区、全覆盖、零容忍，坚持重遏制、强高压、长震慑，坚持受贿行贿一起查，坚持有案必查、有腐必惩，以猛药去疴、重典治乱的决心，以刮骨疗毒、壮士断腕的勇气，坚定不移'打虎'、'拍蝇'、'猎狐'。坚决整治群众身边腐败问题，深入开展国际追逃追赃，清除一切腐败分子。党聚焦政治问题和经济问题交织的腐败案件，防止党内形成利益集团，查处周永康、薄熙来、孙政才、令计划等严重违纪违法案件。党领导完善党和国家监督体系，推动设立国家监察委员会和地方各级监察委员会，构建巡视巡察上下联动格局，构建以党内监督为主导、各类监督贯通协调的机制，加强对权力运行的制约和监督。"

三、在经济建设上的"以果追因"

党的十九届六中全会公报指出：党的十八大以来，"我国经济发展平衡性、协调性、可持续性明显增强，国家经济实力、科技实力、综合国力跃上新台阶，我国经济迈上更高质量、更有效率、更加公平、更可持续、更为安全的发展之路。"这就是在中国特色社会主义新时代，党在经济建设上所取得的"突破性进展、标志性成果"。那么，在全会《决议》中与之对应的"原创性思想、变革性实践"是什么呢？

从全会《决议》的具体阐述中，我们可以看到，党在新时代经济建设上的"原创性思想"就是："党中央提出，我国经济发展进入新常态，已由高速增长阶段转向高质量发展阶段，面临增长速度换挡期、结构调整阵痛期、前期刺激政策消化期'三期叠加'的复杂局面，传统发展模式难以为继。党中央强调，贯彻新发展理念是关系我国发展全局的一场深刻变革，不能简单以生产总值增长率论英雄，必须实现创新成为第一动力、协调成为内生特点、绿色成为普遍形态、开放成为必由之路、共享成为根本目的的高质量发展，推动经济发展质量变革、效率变革、动力变革。"

党在新时代经济建设上的"变革性实践"就是："党加强对经济工作的战略谋划和统一领导，完善党领导经济工作体制机制。党的十八届五中全会、党的十九大、党的十九届五中全会和历次中央经济工作会议集中对我国发展作出部署，作出坚持以高质量发展为主题、以供给侧结构性改革为主线、建设现代化经济体系、把握扩大内需战略基点，打好防范化解重大风险、精准脱贫、污染防治三大攻坚战等重大决策。党毫不动摇巩固和发展公有制经济，毫不动摇鼓励、支持、引导非公有制经济发展，支持国有资本和国有企业做强做优做大，建立中国特色现代企业制度，增强国有经济竞争力、创新力、控制力、影响力、抗风险能力；构建亲清政商关系，促进非公有制经济健康发展和非公有制经济人士健康成长。党坚持实施创新驱动发展战略，把科技自立自强作为国家发展的战略支撑，健全新型举国体制，强化国家战略科技力量，加强基础研究，推进关键核心技术攻关和自主创新，强化知识产权创造、保护、运用，加快建设创新型国家和世界科技强国。全面实施供给侧结构性改革，推进去产能、去库存、去杠杆、降成本、补短板，落实巩固、增强、提升、畅通要求，推进制造强国建设，加快发展现代产业体系，壮大实体经济，发展数字经济。完善宏观经济治理，创新宏观调控思路和方式，增强宏观政策自主性，实施积极的财政政策和稳健的货币政策，坚持推进简政放权、放管结合、优化服务，保障粮食安全、能源资源安全、产业链供应链安全，坚持金融为实体经济服务，全面加强金融监管，防范化解经济金融领域风险，强化市场监管和反垄断规制，防止资本无序扩张，维护市场秩序，激发各类市场主体特别是中小微企业活力，保护广大劳动者和消费者权益。党实施区域协调发展战略，促进京津冀协同发展、长江经济带发展、粤港澳大湾区建设、长三角一体化发展、黄河流域生态保护和高质量发展，高标准高质量建设雄安新区，推动西部大开发形成新格局，推动东北振兴取得新突破，推动中部地区高质量发展，鼓励东部地区加快推进现代化，支持革命老区、民族地区、边疆地区、贫困地区改善生产生活条件。推进以人为核心的新型城镇化，加强城市规划、建设、管理。党始终把解决好'三农'问题作为全党工作重中之重，实施乡村振兴战略，加快推进农业农村现代化，坚持藏粮于地、藏粮于技，实行最严格的耕地保护制度，推动种业科技自立自强、种源自主可控，确保把中国人的饭碗牢牢端在自己手中。"

四、在全面深化改革开放上的"以果追因"

党的十九届六中全会公报指出："党不断推动全面深化改革向广度和深度进军，中国特色社会主义制度更加成熟更加定型，国家治理体系和治理能力现代化水平不断提高，党和国家事业焕发出新的生机活力。"这就是党在中国特色社会主义新时代，在全面深化改革开放上所取得的"突破性进展、标志性成果"。那么，在全会《决议》中与之对应的"原创性思想、变革性实践"是什么呢？

从全会《决议》的具体阐述中，我们可以看到，党在新时代全面深化改革开放上的"原创性思想"就是："党中央深刻认识到，实践发展永无止境，解放思想永无止境，改革开放也永无止境，改革只有进行时、没有完成时，停顿和倒退没有出路，必须以更大的政治勇气和智慧推进全面深化改革，敢于啃硬骨头，敢于涉险滩，突出制度建设，注重改革关联性和耦合性，真枪真刀推进改革，有效破除各方面体制机制弊端。""党中央深刻认识到，开放带来进步，封闭必然落后；我国发展要赢得优势、赢得主动、赢得未来，必须顺应经济全球化，依托我国超大规模市场优势，实行更加积极主动的开放战略。"

党在新时代全面深化改革开放上的"变革性实践"就是："党的十八届三中全会对经济体制、政治体制、文化体制、社会体制、生态文明体制、国防和军队改革和党的建设制度改革作出部署，确定全面深化改革的总目标、战略重点、优先顺序、主攻方向、工作机制、推进方式和时间表、路线图。党的十一届三中全会是划时代的，开启了改革开放和社会主义现代化建设新时期。党的十八届三中全会也是划时代的，实现改革由局部探索、破冰突围到系统集成、全面深化的转变，开创了我国改革开放新局面"，以及"党坚持改革正确方向，以促进社会公平正义、增进人民福祉为出发点和落脚点，突出问题导向，聚焦进一步解放思想、解放和发展社会生产力、解放和增强社会活力，加强顶层设计和整体谋划，增强改革的系统性、整体性、协同性，激发人民首创精神，推动重要领域和关键环节改革走实走深。党推动改革全面发力、多点突破、蹄疾步稳、纵深推进，从夯基垒台、立柱架梁到全面推进、积厚成势，再到系统集成、协同高效，各领域基础性制度框架基本确立，许多领域实现历史性变革、系统性重塑、整体性重构"。"我国坚持共商共建共享，推动共建'一带一路'高质量发展，推进一大批关系沿线国家经济发展、民生改善的合作项目，建设和平之路、繁荣之路、开放之路、绿色之路、创新之路、文明之路，使共建'一带一路'成为当今世界深受欢迎的国际公共产品和国际合作平台。我国坚持对内对外开放相互促进、'引进来'和'走出去'更好结合，推动贸易和投资自由化便利化，构建面向全球的高标准自由贸易区网络，建设自由贸易试验区和海南自由贸易港，推动规则、规制、管理、标准等制度型开放，形成更大范围、更宽领域、更深层次对外开放格局，构建互利共赢、多元平衡、安全高效的开放型经济体系，不断增强我国国际经济合作和竞争新优势。"

五、在政治建设上的"以果追因"

党的十九届六中全会公报指出："积极发展全过程人民民主，我国社会主义民主政治制度化、规范化、程序化全面推进，中国特色社会主义政治制度优越性得到更好发挥，生动活泼、安定团结的政治局面得到巩固和发展。"这就是党在中国特色社会主义新时代，在政治建设上所取得的"突破性进展、标志性成果"。那么，全会《决议》中与之对应的"原创性思想、变革性实践"是什么呢？

从全会《决议》的具体阐述中，我们可以看到，党在新时代政治建设上的"原创性思想"就是："党从国内外政治发展成败得失中深刻认识到，坚定中国特色社会主义制度自信首先要坚定对中国特色社会主义政治制度的自信，建设社会主义民主政治，发展社会主义政治文明，必须使中国特色社会主义政治制度深深扎根于中国社会土壤，照抄照搬他国政治制度行不通，甚至会把国家前途命运葬送掉。必须坚持党的领导、人民当家作主、依法治国有机统一，积极发展全过程人民民主，健全全面、广泛、有机衔接的人民当家作主制度体系，构建多样、畅通、有序的民主渠道，丰富民主形式，从各层次各领域扩大人民有序政治参与，使各方面制度和国家治理更好体现人民意志、保障人民权益、激发人民创造。必须警惕和防范西方所谓'宪政'、多党轮流执政、'三权鼎立'等政治思潮的侵蚀影响。"

党在新时代政治建设上的"变革性实践"就是："党的十九届四中全会着眼于党长期执政和国家长治久安，对坚持和完善中国特色社会主义制度、推进国家治理体系和治理能力现代化作出总体擘画，重点部署坚持和完善支撑中国特色社会主义制度的根本制度、基本制度、重要制度。党中央强调，必须坚持人民主体地位，保证人民依法实行民主选举、民主协商、民主决策、民主管理、民主监督。党坚持和完善人民代表大会制度，支持和保证人民通过人民代表大会行使国家权力，支持和保证人大依法行使立法权、监督权、决定权、任免权，果断查处拉票贿选案，维护人民代表大会制度权威和尊严，发挥人民代表大会制度的根本政治制度作用。党坚持和完善中国共产党领导的多党合作和政治协商制度，完善民主党派中央对重大决策部署贯彻落实情况实施专项监督、直接向中共中央提出建议等制度，加强人民政协专门协商机构制度建设，推进社会主义协商民主广泛多层制度化发展，形成中国特色协商民主体系。党坚持巩固基层政权，完善基层民主制度，完善办事公开制度，保障人民知情权、参与权、表达权、监督权。按照坚持党的全面领导、坚持以人民为中心、坚持优化协同高效、坚持全面依法治国的原则，全面深化党和国家机构改革，党和国家机构职能实现系统性、整体性重构。党坚持和完善民族区域自治制度，坚定不移走中国特色解决民族问题的正确道路，坚持把铸牢中华民族共同体意识作为党的民族工作主线，确立新时代党的治藏方略、治疆方略，巩固和发展平等团结互助和谐的社会主义民族关系，促进各民族共同团结奋斗、共同繁荣发展。党坚持党的宗教工作基本方针，坚持我国宗教的中国化方向，积极引导宗教与社会主义社会相适应。党完善大统战工作格局，努力寻求最大公约数、画出最大同心圆，汇聚实现中华民族伟大复兴的磅礴力量。党围绕增强政治性、先进性、群众性，推动群团工作改革创新，更好发挥工会、共青团、妇联等人民团体和群众组织作用。我们以保障人民生存权、发展权为首要推进人权事业全面发展。"

六、在全面依法治国上的"以果追因"

党的十九届六中全会公报指出："中国特色社会主义法治体系不断健全，法治中国建设迈出坚实步伐，党运用法治方式领导和治理国家的能力显著增强。"这就是党在中国特色社会主义新时代，在全面依法治国上所取得的"突破性进展、标志性成果"。那么，全会《决议》中与之对应的"原创性思想、变革性实践"是什么呢？

从全会《决议》的具体阐述中，我们可以看到，党在新时代全面依法治国上的"原创性思想"就是："党深刻认识到，权力是一把'双刃剑'，依法依规行使可以造福人民，违法违规行使必然祸害国家和人民。党中央强调，法治兴则国家兴，法治衰则国家乱；全面依法治国是中国特色社会主义的本质要求和重要保障，是国家治理的一场深刻革命；坚持依法治国首先要坚持依宪治国，坚持依法执政首先要坚持依宪执政。必须坚持中国特色社会主义法治道路，贯彻中国特色社会主义法治理论，坚持依法治国、依法执政、依法行政共同推进，坚持法治国家、法治政府、法治社会一体建设，全面增强全社会尊法学法守法用法意识和能力。"

党在新时代全面依法治国上的"变革性实践"就是："党的十八届四中全会和中央全面依法治国工作会议专题研究全面依法

治国问题，就科学立法、严格执法、公正司法、全民守法作出顶层设计和重大部署，统筹推进法律规范体系、法治实施体系、法治监督体系、法治保障体系和党内法规体系建设。""党强调，全面依法治国最广泛、最深厚的基础是人民，必须把体现人民利益、反映人民愿望、维护人民权益、增进人民福祉落实到全面依法治国各领域全过程，保障和促进社会公平正义，努力让人民群众在每一项法律制度、每一个执法决定、每一宗司法案件中都感受到公平正义。党领导健全保证宪法全面实施的体制机制，确立宪法宣誓制度，弘扬社会主义法治精神，提高国家机构依法履职能力，提高各级领导干部运用法治思维和法治方式解决问题、推动发展的能力，增强全社会法治意识。通过宪法修正案，制定民法典、外商投资法、国家安全法、监察法等法律，修改立法法、国防法、环境保护法等法律，加强重点领域、新兴领域、涉外领域立法，加快完善以宪法为核心的中国特色社会主义法律体系。党领导深化以司法责任制为重点的司法体制改革，推进政法领域全面深化改革，加强对执法司法活动的监督制约，开展政法队伍教育整顿，依法纠正冤错案件，严厉惩治执法司法腐败，确保执法司法公正廉洁高效权威。"

七、在文化建设上的"以果追因"

党的十九届六中全会公报指出："我国意识形态领域形势发生全局性、根本性转变，全党全国各族人民文化自信明显增强，全社会凝聚力和向心力极大提升，为新时代开创党和国家事业新局面提供了坚强思想保证和强大精神力量。"这就是党在中国特色社会主义新时代，在文化建设上所取得的"突破性进展、标志性成果"。那么，全会《决议》中与之对应的"原创性思想、变革性实践"是什么呢？

从全会《决议》的具体阐述中，我们可以看到，党在新时代文化建设上的"原创性思想"就是："党准确把握世界范围内思想文化相互激荡、我国社会思想观念深刻变化的趋势，强调意识形态工作是为国家立心、为民族立魂的工作，文化自信是更基础、更广泛、更深厚的自信，是一个国家、一个民族发展中最基本、最深沉、最持久的力量，没有高度文化自信、没有文化繁荣兴盛就没有中华民族伟大复兴。必须坚持以人民为中心的工作导向，举旗帜、聚民心、育新人、兴文化、展形象，牢牢掌握意识形态工作领导权，建设具有强大凝聚力和引领力的社会主义意识形态，建设社会主义文化强国，激发全民族文化创新创造活力，更好构筑中国精神、中国价值、中国力量，巩固全党全国各族人民团结奋斗的共同思想基础。"

党在新时代文化建设上的"变革性实践"就是："党着力解决意识形态领域党的领导弱化问题，立破并举、激浊扬清，就意识形态领域许多方向性、战略性问题作出部署，确立和坚持马克思主义在意识形态领域指导地位的根本制度，健全意识形态工作责任制，推动全党动手抓宣传思想工作，守土有责、守土负责、守土尽责，敢抓敢管、敢于斗争，旗帜鲜明反对和抵制各种错误观点。党从正本清源入手加强宣传思想工作，召开全国宣传思想工作会议，分别召开文艺工作、党的新闻舆论工作、网络安全和信息化工作、哲学社会科学工作座谈会和全国高校思想政治工作会议，就一系列根本性问题阐明原则立场，廓清了理论是非，校正了工作导向，思想文化领域向上向好态势不断发展。推动用党的创新理论武装全党、教育人民、指导实践，深化马克思主义理论研究和建设，推进中国特色哲学社会科学学科体系、学术体系、话语体系建设。高度重视传播手段建设和创新，推动媒体融合发展，提高新闻舆论传播力、引导力、影响力、公信力。党中央明确提出，过不了互联网这一关就过不了长期执政这一关。党高度重视互联网这个意识形态斗争的主阵地、主战场、最前沿，健全互联网领导和管理体制，坚持依法管网治网，营造清朗的网络空间。""党坚持以社会主义核心价值观引领文化建设，注重用社会主义先进文化、革命文化、中华优秀传统文化培根铸魂，广泛开展中国特色社会主义和中国梦宣传教育，推动理想信念教育常态化制度化，完善思想政治工作体系，建立健全党和国家功勋荣誉表彰制度，设立烈士纪念日，深化群众性精神文明创建，建设新时代文明实践中心，推动学习大国建设。党推动学习党史、新中国史、改革开放史、社会主义发展史，建成中国共产党历史展览馆，开展庆祝中国共产党成立一百周年、中华人民共和国成立七十周年、中国人民解放军建军九十周年、改革开放四十周年和纪念中国人民抗日战争暨世界反法西斯战争胜利七十周年、中国人民志愿军抗美援朝出国作战七十周年等活动，有力彰显党心民心、国威军威，在全社会唱响了主旋律、弘扬了正能量。党坚持把社会效益放在首位、社会效益和经济效益相统一，推进文化事业和文化产业全面发展，繁荣文艺创作，完善公共文化服务体系，为人民提供了更多更好的精神食粮。""党中央强调，中华优秀传统文化是中华民族的突出优势，是我们在世界文化激荡中站稳脚跟的根基，必须结合新的时代条件传承和弘扬好。我们实施中华优秀传统文化传承发展工程，推动中华优秀传统文化创造性转化、创新性发展，增强全社会文物保护意识，加大文化遗产保护力度。加快国际传播能力建设，向世界讲好中国故事、中国共产党故事，传播好中国声音，促进人类文明交流互鉴，国家文化软实力、中华文化影响力明显提升。"

八、在社会建设上的"以果追因"

党的十九届六中全会公报指出："人民生活全方位改善，社会治理社会化、法治化、智能化、专业化水平大幅度提升，发展了人民安居乐业、社会安定有序的良好局面，续写了社会长期稳定奇迹。"这就是党在中国特色社会主义新时代，在社会建设上所取得的"突破性进展、标志性成果"。那么，全会《决议》中与之对应的"原创性思想、变革性实践"是什么呢？

从全会《决议》的具体阐述中，我们可以看到，党在新时代社会建设上以及脱贫攻坚上的"原创性思想"就是："党中央强调，人民对美好生活的向往就是我们的奋斗目标，增进民生福祉是我们坚持立党为公、执政为民的本质要求，让老百姓过上好日子是我们一切工作的出发点和落脚点，补齐民生保障短板、解决好人民群众急难愁盼问题是社会建设的紧迫任务。必须以保障和改善民生为重点加强社会建设，尽力而为、量力而行，一件事情接着一件事情办，一年接着一年干，在幼有所育、学有所教、劳有所得、病有所医、老有所养、住有所居、弱有所扶上持续用力，加强和创新社会治理，使人民获得感、幸福感、安全感更加充实、更有保障、更可持续。""党深刻认识到，小康不小康，关键看老乡；脱贫攻坚是全面建成小康社会的底线任务，只有打赢脱贫攻坚战，才能确保全面建成小康社会、实现第一个百年奋斗目标；必须以更大决心、更精准思路、更有力措施，采取超常举措，实施脱贫攻坚工程。"

党在新时代脱贫攻坚上的"变革性实践"就是："党坚持精准扶贫，确立不愁吃、不愁穿和义务教育、基本医疗、住房安全有保障工作目标，实行'军令状'式责任制，动员全党全国全社会力量，上下同心、尽锐出战，攻克坚中之坚、解决难中之难，组织实施人类历史上规模最大、力度最强的脱贫攻坚战，形成伟大脱贫攻坚精神。党的十八大以来，全国八百三十二个贫困县全部摘帽，十二万八千个贫困村全部出列，近一亿农村贫困人口实现脱贫，提前十年实现联合国二〇三〇年可持续发展议程减贫目标，历史性地解决了绝对贫困问题，创造了人类减贫史上的奇迹。"

党在新时代统筹疫情防控和经济社会发展上的"变革性实践"就是："二〇二〇年，面对突如其来的新冠肺炎疫情，党中央果断决策、沉着应对，坚持人民至上、生命至上，提出坚定信心、同舟共济、科学防治、精准施策的总要求，开展抗击疫情人民战争、总体战、阻击战，周密部署武汉保卫战、湖北保卫战，举全国之力实施规模空前的生命大救援，慎终如始抓好'外防输入、内防反弹'，坚持统筹疫情防控和经济社会发展，最大限度保护了人民生命安全和身体健康，在全球率先控制住疫情、率先复工复产、率先恢复经济社会发展，抗疫斗争取得重大战略成果，铸就了伟大抗疫精神。"

党在新时代保障和改善民生方面的"变革性实践"就是："为了保障和改善民生，党按照坚守底线、突出重点、完善制度、引导预期的思路，在收入分配、就业、教育、社会保障、医疗卫生、住房保障等方面推出一系列重大举措，注重加强普惠性、基础性、兜底性民生建设，推进基本公共服务均等化。我们努力建设体现效率、促进公平的收入分配体系，调节过高收入，取缔非法收入，增加低收入者收入，稳步扩大中等收入群体，推动形成橄榄型分配格局，居民收入增长与经济增长基本同步，农村居民收入增速快于城镇居民。实施就业优先政策，推动实现更加充分、更高质量就业。全面贯彻党的教育方针，优先发展教育事业，明确教育的根本任务是立德树人，培养德智体美劳全面发展的社会主义建设者和接班人，深化教育教学改革创新，促进公平和提高质量，推进义务教育均衡发展和城乡一体化，全面推行国家通用语言文字教育教学，规范校外培训机构，积极发展职业教育，推动高等教育内涵式发展，推进教育强国建设，办好人民满意的教育。我国建成世界上规模最大的社会保障体系，十亿二千万人拥有基本养老保险，十三亿六千万人拥有基本医疗保险。全面推进健康中国建设，坚持预防为主的方针，深化医药卫生体制改革，引导医疗卫生工作重心下移、资源下沉，及时推动完善重大疫情防控体制机制、健全国家公共卫生应急管理体系，促进中医药传承创新发展，健全遍及城乡的公共卫生服务体系。加快体育强国建设，广泛开展全民健身活动，大力弘扬中华体育精神。加强人口发展战略研究，积极应对人口老龄化，加快建设养老服务体系，调整优化生育政策，促进人口长期均衡发展。注重家庭家教家风建设，保障妇女儿童权益。加快发展残疾人事业。坚持房子是用来住的、不是用来炒的定位，加快建立多主体供给、多渠道保障、租购并举的住房制度，加大保障房建设投入力度，城乡居民住房条件明显改善。"

党在新时代完善社会治理体系上的"变革性实践"就是："党着眼于国家长治久安、人民安居乐业，建设更高水平的平安中国，完善社会治理体系，健全党组织领导的自治、法治、德治相结合的城乡基层治理体系，推动社会治理重心向基层下移，建设共建共治共享的社会治理制度，建设人人有责、人人尽责、人人享有的社会治理共同体。加强防灾减灾救灾和安全生产工作，加强国家应急管理体系和能力建设。坚持和发展新时代'枫桥经验'，坚持系统治理、依法治理、综合治理、源头治理，完善信访制度，健全社会矛盾纠纷多元预防调处化解综合机制，加强社会治安综合治理，开展扫黑除恶专项斗争，坚决惩治放纵、包庇黑恶势力甚至充当"保护伞"的党员干部，防范和打击暴力恐怖、新型网络犯罪、跨国犯罪。"

九、在生态文明建设上的"以果追因"

党的十九届六中全会公报指出："党中央以前所未有的力度抓生态文明建设，美丽中国建设迈出重大步伐，我国生态环境保护发生历史性、转折性、全局性变化。"这就是党在中国特色社会主义新时代，在生态文明建设上取得的"突破性进展、标志性成果"。那么，全会《决议》中与之对应的"原创性思想、变革性实践"是什么呢?

从全会《决议》的具体阐述中,我们可以看到,党在新时代生态文明建设上的"原创性思想"就是:"党中央强调,生态文明建设是关乎中华民族永续发展的根本大计,保护生态环境就是保护生产力,改善生态环境就是发展生产力,决不以牺牲环境为代价换取一时的经济增长。必须坚持绿水青山就是金山银山的理念,坚持山水林田湖草沙一体化保护和系统治理,像保护眼睛一样保护生态环境,像对待生命一样对待生态环境,更加自觉地推进绿色发展、循环发展、低碳发展,坚持走生产发展、生活富裕、生态良好的文明发展道路。"

党在新时代生态文明建设上的"变革性实践"就是:"党从思想、法律、体制、组织、作风上全面发力,全方位、全地域、全过程加强生态环境保护,推动划定生态保护红线、环境质量底线、资源利用上线,开展一系列根本性、开创性、长远性工作。党组织实施主体功能区战略,建立健全自然资源资产产权制度、国土空间开发保护制度、生态文明建设目标评价考核制度和责任追究制度、生态补偿制度、河湖长制、林长制、环境保护'党政同责'和'一岗双责'等制度,制定修订相关法律法规。优化国土空间开发保护格局,建立以国家公园为主体的自然保护地体系,持续开展大规模国土绿化行动,加强大江大河和重要湖泊湿地及海岸带生态保护和系统治理,加大生态系统保护和修复力度,加强生物多样性保护,推动形成节约资源和保护环境的空间格局、产业结构、生产方式、生活方式。党领导着力打赢污染防治攻坚战,深入实施大气、水、土壤污染防治三大行动计划,打好蓝天、碧水、净土保卫战，开展农村人居环境整治，全面禁止进口'洋垃圾'。开展中央生态环境保护督察，坚决查处一批破坏生态环境的重大典型案件、解决一批人民群众反映强烈的突出环境问题。我国积极参与全球环境与气候治理，作出力争二〇三〇年前实现碳达峰、二〇六〇年前实现碳中和的庄严承诺，体现了负责任大国的担当。"

十、在国防和军队建设上的"以果追因"

党的十九届六中全会公报指出："人民军队实现整体性革命性重塑、重整行装再出发，国防实力和经济实力同步提升，人民军队坚决履行新时代使命任务，以顽强斗争精神和实际行动捍卫了国家主权、安全、发展利益。"这就是党在中国特色社会主义新时代，在国防和军队建设上所取得的"突破性进展、标志性成果"。那么，在全会《决议》中，与之对应的"原创性思想、变革性实践"是什么呢？

从全会《决议》的具体阐述中，我们可以看到，党在新时代国防和军队建设上的"原创性思想"就是："党中央强调，强国必须强军、军强才能国安，必须建设同我国国际地位相称、同国家安全和发展利益相适应的巩固国防和强大人民军队。"

党提出并全面推动的新时代强军目标和方针上的"变革性实践"就是："党提出新时代的强军目标，确立新时代军事战略方针，制定到二〇二七年实现建军一百年奋斗目标、到二〇三五年基本实现国防和军队现代化、到本世纪中叶全面建成世界一流军队的国防和军队现代化新'三步走'战略，推进政治建军、改革强军、科技强军、人才强军、依法治军，加快军事理论现代化、军队组织形态现代化、军事人员现代化、武器装备现代化，加快机械化信息化智能化融合发展，全面加强练兵备战，坚持走中国特色强军之路。"

党在新时代全面从严治军上的"变革性实践"就是："党中央和中央军委狠抓全面从严治军，果断决策整肃人民军队政治纲纪，在古田召开全军政治工作会议，对新时代政治建军作出部署，恢复和发扬我党我军光荣传统和优良作风，以整风精神推进政治整训，全面加强军队党的领导和党的建设，深入推进军队党风廉政建设和反腐败斗争，坚决查处郭伯雄、徐才厚、房峰辉、张阳等严重违纪违法案件并彻底肃清其流毒影响，推动人民军队政治生态根本好转。"

党在新时代改革强军上的"变革性实践"就是："党提出改革强军战略，领导开展新中国成立以来最为广泛、最为深刻的国防和军队改革，重构人民军队领导指挥体制、现代军事力量体系、军事政策制度，裁减现役员额三十万，形成了军委管总、战区主战、军种主建新格局。面对世界新军事革命，我们实施科技强军战略，建设创新型人民军队，建设强大的现代化后勤，国防科技和武器装备建设取得重大进展。实施人才强军战略，确立新时代军事教育方针，明确军队好干部标准，推动构建三位一体新型军事人才培养体系，培养有灵魂、有本事、有血性、有品德的新时代革命军人，锻造具有铁一般信仰、铁一般信念、铁一般纪律、铁一般担当的过硬部队。贯彻依法治军战略，构建中国特色军事法治体系，加快治军方式根本性转变。推进军人荣誉体系建设。"

党在新时代履行新时代人民军队使命任务上的"变革性实践"就是："党提出新时代人民军队使命任务，创新军事战略指导，调整优化军事战略布局，强化人民军队塑造态势、管控危机、遏制战争、打赢战争的战略功能。人民军队紧紧扭住战斗力这个唯一的根本的标准，扭住能打仗、打胜仗这个根本指向，壮大战略力量和新域新质作战力量，加强联合作战指挥体系和能力建设，大力纠治'和平积弊'，大抓实战化军事训练，建设强大稳固的现代边海空防，坚定灵活开展军事斗争，有效应对外部军事挑衅，震慑'台独'分裂行径，遂行边防斗争、海上维权、反恐维稳、抢险救灾、抗击疫情、维和护航、人道主义救援和国际军事合作等重大任务。"

十一、在维护国家安全上的"以果追因"

党的十九届六中全会公报指出："国家安全得到全面加强，经受住了来自政治、经济、意识形态、自然界等方面的风险挑战考验，为党和国家兴旺发达、长治久安提供了有力保证。"这就是党在中国特色社会主义新时代，在维护国家安全上所取得的"突破性进展、标志性成果"。那么，全会《决议》中与之对应的"原创性思想、变革性实践"是什么呢？

从全会《决议》的具体阐述中，我们可以看到，党在新时代维护国家安全上的"原创性思想"就是："党中央强调，国泰民安是人民群众最基本、最普遍的愿望。必须坚持底线思维、居安思危、未雨绸缪，坚持国家利益至上，以人民安全为宗旨，以政治安全为根本，以经济安全为基础，以军事、科技、文化、社会安全为保障，以促进国际安全为依托，统筹发展和安全，统筹开放和安全，统筹传统安全和非传统安全，统筹自身安全和共同安全，统筹维护国家安全和塑造国家安全。""党中央深刻认识到，面对来自外部的各种围堵、打压、捣乱、颠覆活动，必须发扬不信邪、不怕鬼的精神，同企图颠覆中国共产党领导和我国社会主义制度、企图迟滞甚至阻断中华民族伟大复兴进程的一切势力斗争到底，一味退让只能换来得寸进尺的霸凌，委曲求全只能招致更为屈辱的境况。"

党在新时代维护国家安全上的"变革性实践"就是："习近平同志强调保证国家安全是头等大事，提出总体国家安全观，涵盖政治、军事、国土、经济、文化、社会、科技、网络、生态、资源、核、海外利益、太空、深海、极地、生物等诸多领域，要求全党增强斗争精神、提高斗争本领，落实防范化解各种风险的领导责任和工作责任。""党着力推进国家安全体系和能力建设，设立中央国家安全委员会，完善集中统一、高效权威的国家安全领导体制，完善国家安全法治体系、战略体系和政策体系，建立国家安全工作协调机制和应急管理机制。党把安全发展贯穿国家发展各领域全过程，注重防范化解影响我国现代化进程的重大风险，坚定维护国家政权安全、制度安全、意识形态安全，加强国家安全宣传教育和全民国防教育，巩固国家安全人民防线，推进兴边富民、稳边固边，严密防范和严厉打击敌对势力渗透、破坏、颠覆、分裂活动，顶住和反击外部极端打压遏制，开展涉港、涉台、涉疆、涉藏、涉海等斗争，加快建设海洋强国，有效维护国家安全。"

十二、在坚持"一国两制"和推进祖国统一上的"以果追因"

党的十九届六中全会公报指出:"党中央采取一系列标本兼治的举措,坚定落实'爱国者治港'、'爱国者治澳',推动香港局势实现由乱到治的重大转折,为推进依法治港治澳、促进'一国两制'实践行稳致远打下了坚实基础;坚持一个中国原则和'九二共识',坚决反对'台独'分裂行径,坚决反对外部势力干涉,牢牢把握两岸关系主导权和主动权。"这就是党在中国特色社会主义新时代,在坚持"一国两制"和推进祖国统一上取得的"突破性进展、标志性成果"。那么,全会《决议》中与之对应的"原创性思想、变革性实践"是什么呢?

从全会《决议》的具体阐述中,我们可以看到,党在新时代坚持"一国两制"和推进祖国统一上的"原创性思想"就是:"党中央强调,必须全面准确、坚定不移贯彻'一国两制'方针,坚持和完善'一国两制'制度体系,坚持依法治港治澳,维护宪法和基本法确定的特别行政区宪制秩序,落实中央对特别行政区全面管治权,坚定落实'爱国者治港'、'爱国者治澳'。""解决台湾问题、实现祖国完全统一,是党矢志不渝的历史任务,是全体中华儿女的共同愿望,是实现中华民族伟大复兴的必然要求。"

党在新时代坚持"一国两制"和推进祖国统一上的"变革性实践"就是:"党中央审时度势,作出健全中央依照宪法和基本法对特别行政区行使全面管治权、完善特别行政区同宪法和基本法实施相关制度机制的重大决策,推动建立健全特别行政区维护国家安全的法律制度和执行机制、制定《中华人民共和国香港特别行政区维护国家安全法》、完善香港特别行政区选举制度，落实'爱国者治港'原则，支持特别行政区完善公职人员宣誓制度。中央人民政府依法设立驻香港特别行政区维护国家安全公署，香港特别行政区依法设立维护国家安全委员会。中央坚定支持香港特别行政区依法止暴制乱、恢复秩序，支持行政长官和特别行政区政府依法施政，坚决防范和遏制外部势力干预港澳事务，严厉打击分裂、颠覆、渗透、破坏活动。全面支持香港、澳门更好融入国家发展大局，高质量建设粤港澳大湾区，支持港澳发展经济、改善民生，增强港澳同胞国家意识和爱国精神。这一系列标本兼治的举措，推动香港局势实现由乱到治的重大转折，为推进依法治港治澳、促进'一国两制'实践行稳致远打下了坚实基础。"党把握两岸关系时代变化，丰富和发展国家统一理论和对台方针政策，推动两岸关系朝着正确方向发展。习近平同志就对台工作提出一系列重要理念、重大政策主张，形成新时代党解决台湾问题的总体方略。我们推动实现一九四九年以来两岸领导人首次会晤、两岸领导人直接对话沟通。党秉持'两岸一家亲'理念，推动两岸关系和平发展，出台一系列惠及广大台胞的政策，加强两岸经济文化交流合作。二〇一六年以来，台湾当局加紧进行'台独'分裂活动，致使两岸关系和平发展势头受到严重冲击。我们坚持一个中国原则和'九二共识'，坚决反对'台独'分裂行径，坚决反对外部势力干涉，牢牢把握两岸关系主导权和主动权。祖国完全统一的时和势始终在我们这一边。"

十三、在外交工作上的"以果追因"

党的十九届六中全会公报指出："中国特色大国外交全面推进，构建人类命运共同体成为引领时代潮流和人类前进方向的鲜明旗帜，我国外交在世界大变局中开创新局、在世界乱局中化危为机，我国国际影响力、感召力、塑造力显著提升。"这就是党在中国特色社会主义新时代，在外交工作上取得的"突破性进展、标志性成果"。那么，全会《决议》中与之对应的"原创性思想、变革性实践"是什么呢？

从全会《决议》的具体阐述中，我们可以看到，党在新时代外交工作上的"原创性思想"就是："党中央强调，面对复杂严峻的国际形势和前所未有的外部风险挑战，必须统筹国内国际两个大局，健全党对外事工作领导体制机制，加强对外工作顶层设计，对中国特色大国外交作出战略谋划，推动建设新型国际关系，推动构建人类命运共同体，弘扬和平、发展、公平、正义、民主、自由的全人类共同价值，引领人类进步潮流。"

党在新时代外交工作上的"变革性实践"就是："党把握新时代外交工作大局，紧扣服务民族复兴、促进人类进步这条主线，高举和平、发展、合作、共赢的旗帜，推进和完善全方位、多层次、立体化的外交布局，积极发展全球伙伴关系。我们运筹大国关系，推进大国协调和合作。按照亲诚惠容理念和与邻为善、以邻为伴的周边外交方针深化同周边国家关系，稳定周边战略依托，打造周边命运共同体。秉持正确义利观和真实亲诚理念加强同广大发展中国家团结合作，整体合作机制实现全覆盖。党同世界上五百多个政党和政治组织保持经常性联系，深化政党交流合作。适应'走出去'日益扩大的新形势，不断完善海外利益保护体系，有力应对了一系列海外利益风险挑战。""我国积极参与全球治理体系改革和建设，维护以联合国为核心的国际体系、以国际法为基础的国际秩序、以联合国宪章宗旨和原则为基础的国际关系基本准则，维护和践行真正的多边主义，坚决反对单边主义、保护主义、霸权主义、强权政治，积极推动经济全球化朝着更加开放、包容、普惠、平衡、共赢的方向发展。我国建设性参与国际和地区热点问题政治解决，在气候变化、减贫、反恐、网络安全和维护地区安全等领域发挥积极作用。我国开展抗击新冠肺炎疫情国际合作，发起新中国成立以来最大规模的全球紧急人道主义行动，向众多国家特别是发展中国家提供物资援助、医疗支持、疫苗援助和合作，展现负责任大国形象。"

总之，采用上述"以果追因"的对照型、研究型学习法，把党的十九届六中全会公报中对改革发展稳定、内政外交国防、治党治国治军等13个领域的"突破性进展、标志性成果"集中起来的罗列式概括，同全会《决议》在这些领域的"原创性思想、变革性实践"逐一进行对照对接，就可以使深入学习研读党的第三个历史决议的过程，变成一个研究型学习的过程。此种研究型学习，可以助力我们从历史和现实、理论和实践的结合上真正搞清楚、弄明白，党的十八大以后这九年来，以习近平同志为核心的党中央是怎样以伟大的历史主动精神、巨大的政治勇气、强烈的责任担当，统筹国内国际两个大局，贯彻党的基本理论、基本路线、基本方略，统揽伟大斗争、伟大工程、伟大事业、伟大梦想，坚持稳中求进工作基调，出台一系列重大方针政策，推出一系列重大举措，推进一系列重大工作，战胜一系列重大风险挑战，解决了许多长期想解决而没有解决的难题，办成了许多过去想办而没有办成的大事，推动党和国家事业取得历史性成就、发生历史性变革的；就能真正搞清楚、弄明白，在《决议》第四部分列举的党领导人民创造的13个领域的伟大成就，是怎样"为实现中华民族伟大复兴提供了更为完善的制度保证、更为坚实的物质基础、更为主动的精神力量"的。同时，也就能真正搞清楚、弄明白，为什么党的第三个历史决议强调："党的十八大以来，以习近平同志为核心的党中央领导全党全军全国各族人民砥砺前行，全面建成小康社会目标如期实现，党和国家事业取得历史性成就、发生历史性变革，彰显了中国特色社会主义的强大生机活力，党心军心民心空前凝聚振奋，为实现中华民族伟大复兴提供了更为完善的制度保证、更为坚实的物质基础、更为主动的精神力量。中国共产党和中国人民以英勇顽强的奋斗向世界庄严宣告，中华民族迎来了从站起来、富起来到强起来的伟大飞跃。"

同党的第三个历史决议顶层设计相关的八个重大问题

——在郑州大学的宣讲和解疑释惑 [①]

（2021 年 11 月 18 日）

一、宣讲

在习近平总书记亲自领导和主持下，经过七个月的努力，由党的十九届六中全会文件起草小组起草完成的、党的十九届六中全会一致通过的《中共中央关于党的百年奋斗重大成就和历史经验的决议》(以下简称《决议》)，是我们党百年奋斗历史上的第三个历史决议。这个《决议》是一篇光辉的马克思主义纲领性文献，是新时代的中国共产党人牢记初心使命、坚持和发展中国特色社会主义的政治宣言，是以史为鉴、开创未来、实现中华民族伟大复兴的行动指南。《决议》内容博大精深，思想含量、理论含量、知识含量十分丰富。今天我着重向大家介绍一下同党的十九届六中全会《决议》顶层设计相关的八个重大问题。

关于制定党的第三个历史决议的顶层战略谋划

2021 年是中国共产党成立 100 周年。以习近平同志为核心的党中央统筹设计了同党的百年庆典活动密切相关的三件大事。第

[①] 宣讲活动于 2021 年 11 月 22 日在郑州大学综合管理中心第四会议室举行。

一件大事，就是在雄伟的天安门广场隆重举行庆祝中国共产党成立 100 周年大会。由习近平总书记在天安门城楼上发表庆祝中国共产党成立 100 周年重要讲话。习近平总书记在讲话中首次提出了中国共产党的"伟大建党精神"；首次提出"坚持把马克思主义基本原理同中国具体实际相结合、同中华优秀传统文化相结合"①；首次提出"中国共产党为什么能，中国特色社会主义为什么好，归根到底是因为马克思主义行"②等一系列原创性思想和重大理论概括。围绕庆祝中国共产党成立 100 周年，以习近平同志为核心的党中央决定颁授"七一勋章"，首次向全国 710 万名老党员颁发了"光荣在党 50 年"纪念章；党和国家建成了永久性、综合性的中国共产党历史展览馆，举办了历史主题展览；与此同时，全国各地广泛开展了丰富多彩的庆祝活动。第二件大事，就是在全党开展党史学习教育。习近平总书记在党史学习教育动员大会上向全党同志提出"学史明理、学史增信、学史崇德、学史力行"的明确要求，还提出"学党史、悟思想、办实事、开新局"，确立了把学习中国共产党百年奋斗史的"回头望"同以史为鉴、开创未来的"向前进""开新局"有机统一起来的鲜明导向。第三件大事，就是筹备召开党的十九届六中全会。中共中央政治局决定，党的十九届六中全会重点研究全面总结党的百年奋斗重大成就和历史经验问题。

---

① 习近平：《在庆祝中国共产党成立 100 周年大会上的讲话》，人民出版社 2021 年版，第 13 页。

② 习近平：《在庆祝中国共产党成立 100 周年大会上的讲话》，人民出版社 2021 年版，第 13 页。

在中国共产党百年奋斗历史上，以召开党的中央全会方式专题研究讨论党的历史问题先后有三次。在我们党成立100周年之际，在党领导人民胜利实现第一个百年奋斗目标、向着实现第二个百年奋斗目标迈进的重大历史关头，专门召开一次中央全会，全面总结党的百年奋斗重大成就和历史经验并作出党的百年奋斗史上的第三个历史决议，这是党中央郑重的战略决策，体现了我们党高度重视和善于运用历史规律统一思想、开创未来的高度政治自觉和高度历史自信，体现了我们党牢记初心使命、继往开来的政治担当；同时，这也是鉴于现在距离党的历史上第一个历史决议的制定已经过去了76年，距离第二个历史决议的制定也已过去了40年。40年来，党和国家事业大大向前发展了，党的理论和实践也大大向前发展了，我们党既有客观需要也具备主观条件，全面总结党的百年奋斗重大成就和历史经验，特别是全面总结改革开放40多年来、重点是中国特色社会主义进入新时代以来的重大成就和历史经验，在此基础上制定我们党的第三个历史决议。《决议》必将同我们党的前两个历史决议一样，对推动全党统一思想、统一意志、统一行动，团结带领全党全国各族人民以史为鉴、开创未来，埋头苦干、勇毅前行，在新时代更好坚持和发展中国特色社会主义，实现中华民族伟大复兴产生重大而深远的影响，同时也必将为召开党的二十大奠定重要政治基础和思想理论基础。

关于党中央高度重视、习近平总书记亲自主持党的第三个历史决议的起草

党中央高度重视党的第三个历史决议的起草工作。2021年3

月，中共中央政治局就作出决定，党的十九届六中全会重点研究全面总结党的百年奋斗重大成就和历史经验问题。中共中央政治局为此成立了以习近平同志为组长，王沪宁同志、赵乐际同志担任副组长，党和国家有关领导同志及有关中央部门和地方负责同志参加的党的十九届六中全会文件起草组，在中央政治局常委会领导下承担《决议》起草工作。习近平总书记不仅亲自主持起草工作，而且亲自谋篇布局，亲自领导《决议》制定的全过程，并先后主持召开三次文件起草组全体会议、三次中央政治局常委会会议、两次中央政治局会议，对为什么要总结百年党史、怎样总结百年党史、如何起草好《决议》，作出非常明确的指示和要求，从政治上对《决议》作出了明确定位，为《决议》起草工作指明了方向目标、基本原则、科学方法、工作基调。习近平总书记在党的十九届六中全会上对《决议》的主要考虑、重点内容、突出特点、核心要义以及如何学习贯彻全会精神作了深刻阐述，提出了"五个深刻认识"的明确要求，科学回答了同制定党的第三个历史决议相关的一系列方向性、根本性重大问题。在《决议》起草过程中，党中央对这次中央全会的议题和《决议》征求意见稿多次在党内外一定范围征求意见，习近平总书记亲自主持召开党外人士座谈会，面对面听取各民主党派中央、全国工商联负责人和无党派代表人士意见和建议，并组织专人上门征求党内部分老同志意见。党的第三个历史决议的起草过程，是充分发扬民主、集中全党智慧、广泛凝聚共识的过程，是科学决策、民主决策、依法决策的过程。

关于党中央指导党的第三个历史决议起草的三条重要原则

习近平总书记在党的十九届六中全会第一次全体会议上所作的《关于〈中共中央关于党的百年奋斗重大成就和历史经验的决议〉的说明》，阐明了党的第三个历史决议起草必须遵循的三条重要原则。

第一，聚焦党的百年奋斗重大成就和历史经验。习近平总书记说，我们党已先后制定了两个历史决议。从建党到改革开放之初，党的历史上的大是大非问题，这前两个历史决议基本都解决了，其基本论述和结论至今仍然适用。改革开放以来，尽管党的工作中也出现过一些问题，但总体上讲，党和国家事业的发展是顺利的，前进的方向是正确的，取得的成就是举世瞩目的。基于此，党的第三个历史决议要把着力点放在总结党的百年奋斗重大成就和历史经验上，以推动全党达到"四个增"：一是增长智慧，从党成立以来到第一个历史决议再到第二个历史决议都体现了我们党在各个历史关头的大智大勇和政治智慧；二是增进团结，党的前两个历史决议审议和通过之后分别召开的党的七大和十二大，都起到了引领全党团结一致向前看的作用；三是增加信心，从党的百年奋斗重大成就与历史经验中增加信心；四是增强斗志，即增强在具有许多新的历史特点的伟大斗争中的斗志。

第二，突出总结中国特色社会主义新时代这个重点。习近平总书记指出，这次全会决议重点总结新时代党和国家事业取得的历史性成就、发生的历史性变革和积累的新鲜经验。党中央的主要考虑是，对党在新民主主义革命时期、社会主义革命和建设初期、党的十一届三中全会到党的十一届六中全会期间的历史，前两个历史决议都已经作过系统总结；对改革开放和社会主义现代化建设新时期的成就和经验，在党的十一届三中全会召开20周年、30周年时党中央都进行了认真总结，在党的十一届三中全会40周年时，习近平总书记在庆祝改革开放40周年大会上发表的重要讲话也作了系统总结。因此，对党的十八大之前的历史时期，这次《决议》要在已有总结和结论的基础上进行概述，就是"大写意"。要突出中国特色社会主义新时代这个重点，即要进行分领域、"工笔画"式的介绍。这有利于引导全党进一步坚定信心，聚焦我们正在做的事情，以更加昂扬的姿态迈进新征程、建功新时代。

第三，对重大事件、重要会议、重要人物的评价注重同党中央已有结论相衔接。习近平总书记指出，关于党的十八大之前党的历史上的重大事件、重要会议、重要人物，前两个历史决议、党的一系列重要文献都有过大量论述，也都郑重作过结论。这次全会《决议》坚持这些基本论述和结论。党的十八大以来，习近平总书记在庆祝中国共产党成立95周年大会、庆祝中国人民解放军建军90周年大会、庆祝中华人民共和国成立70周年大会特别是庆祝中国共产党成立100周年大会等重要会议上，对党的历史都作过总结和论述，体现了党中央对党的百年奋斗的新认识。这次全会《决议》要体现这些新认识。

以上这三条原则要求，为起草党的第三个历史决议提供了根本政治遵循，有效增强了《决议》的政治性、思想性、协调性、准确性，切实做到了各部分内容的有机衔接和相对平衡，做到了观点精准、表述精到，经得起历史检验。

关于党的第三个历史决议的框架结构

党的第三个历史决议是一篇 3.6 万余字的鸿篇巨制,《决议》文本的全文除"序言"和结束语之外,共有七个部分。其框架结构,是上半部分块状结构的"四大块"与下半部分条状结构的"三大条"的完美结合。块状结构的"四大块"是严格按照党的百年奋斗四个历史时期的时间顺序来谋篇布局、搭设框架结构的。下半部分条状结构的"三大条",不仅相对于上半部分块状结构的四个历史时期来说是条状的,而且"三大条"中的每一条,其内部结构也是条状的。条状结构的三个部分所作的科学概括,所阐明的新论断、新观点、新概括,都不是孤立存在的,而都是以《决议》上半部分的论述和论断为依据、为支撑的。条状结构概括的中国共产党百年奋斗的五大历史意义、十条历史经验,同《决议》上半部分的块状结构中的论述和论断构成内容上前后呼应、逻辑上相辅相成的严密论述体系。同志们在深入学习领会时,需要从《决议》框架结构的这一鲜明特点出发,把上半部分"四大块"同下半部分"三大条"贯通起来、打通开来,作统一的理解和精准的把握。

关于党的第三个历史决议的主题主线、支线、贯穿性线索

我们党成立百年来的初心使命都是要为中国人民谋幸福、为中华民族谋复兴。党的初心使命是贯穿党的百年奋斗的主线,也是贯穿整个《决议》的主线。在党的第三个历史决议中,我们党百年奋斗史上的四个历史时期都有这样一句聚焦中华民族伟大复兴的相同句式的话:新民主主义革命时期,"为实现中华民族伟大复兴创造根本社会条件";社会主义革命和建设时期,"为实现

中华民族伟大复兴奠定根本政治前提和制度基础";改革开放和社会主义现代化建设新时期,"为实现中华民族伟大复兴提供充满新的活力的体制保证和快速发展的物质条件";党的十八大以来,中国特色社会主义进入新时代,"为实现中华民族伟大复兴提供了更为完善的制度保证、更为坚实的物质基础、更为主动的精神力量"。这也表明,我们党的初心使命在党的第三个历史决议中,既是鲜明的主题,又是贯穿全篇的主线。

除了党的初心使命是贯穿《决议》全篇的主题主线之外,还有一条不可忽视、不可忽略的理论和实践的支线,那就是伟大的中华文明,这虽然是一条理论和实践的支线,但也是贯穿党的第三个历史决议全篇的。《决议》第一部分写道:"中华民族是世界上古老而伟大的民族,创造了绵延五千多年的灿烂文明,为人类文明进步作出了不可磨灭的贡献。"《决议》第四部分写道:"以习近平同志为主要代表的中国共产党人,坚持把马克思主义基本原理同中国具体实际相结合、同中华优秀传统文化相结合","明确坚持和发展中国特色社会主义,总任务是实现社会主义现代化和中华民族伟大复兴,在全面建成小康社会的基础上,分两步走在本世纪中叶建成富强民主文明和谐美丽的社会主义现代化强国,以中国式现代化推进中华民族伟大复兴"。同时还写道:"我国坚持共商共建共享,推动共建'一带一路'高质量发展,推进一大批关系沿线国家经济发展、民生改善的合作项目,建设和平之路、繁荣之路、开放之路、绿色之路、创新之路、文明之路,使共建'一带一路'成为当今世界深受欢迎的国际公共产品和国际合作平台。"《决议》第四部分写道:建设社会主义民主政治,发展社会主义政治文明。《决议》在文化建设部分写道：推动中华优秀传统文化创造性转化、创新性发展，促进人类文明交流互鉴。《决议》第五部分写道："近代以后，创造了灿烂文明的中华民族遭遇到文明难以赓续的深重危机，呈现在世界面前的是一派衰败凋零的景象。"这一部分还写道："党领导人民成功走出中国式现代化道路，创造了人类文明新形态。"《决议》第六部分写道："脚踏中华大地，传承中华文明，走符合中国国情的正确道路。"《决议》第七部分写道：到2035年基本实现社会主义现代化，我国物质文明、政治文明、精神文明、社会文明、生态文明将全面提升。以上引证充分表明，伟大的中华文明是贯穿党的第三个历史决议全篇的一条理论和实践支线。这条支线的出现，并不是偶然的，而是同党的第三个历史决议明确提出的以习近平同志为主要代表的中国共产党人，坚持把马克思主义基本原理同中国具体实际相结合、同中华优秀传统文化相结合这"两个结合"是密不可分的。

在党的第三个历史决议中，还有一些具体写法和重要提法也是贯穿党的百年奋斗历史的贯穿性线索。比如，在党的第三个历史决议上半部分党的百年奋斗史上四个历史时期的每一个时期开头的帽段中，分别提到："新民主主义革命时期，党面临的主要任务是，反对帝国主义、封建主义、官僚资本主义，争取民族独立、人民解放，为实现中华民族伟大复兴创造根本社会条件"；"社会主义革命和建设时期，党面临的主要任务是，实现从新民主主义到社会主义的转变，进行社会主义革命，推进社会主义建设，为实现中华民族伟大复兴奠定根本政治前提和制度基础"；"改革开放和社会主义现代化建设新时期，党面临的主要任务是，继续探索中国建设社会主义的正确道路，解放和发展社会生产力，使人民摆脱贫困、尽快富裕起来，为实现中华民族伟大复兴提供充满新的活力的体制保证和快速发展的物质条件"；"党的十八大以来，中国特色社会主义进入新时代。党面临的主要任务是，实现第一个百年奋斗目标，开启实现第二个百年奋斗目标新征程，朝着实现中华民族伟大复兴的宏伟目标继续前进"。这四个部分的具体论述和论断中分别提到的各个历史时期的社会主要矛盾；这四个部分的结尾处提到的四个"伟大飞跃"和四次提到的"中国共产党和中国人民以英勇顽强的奋斗向世界庄严宣告"，这些具体写法和重要提法上所使用的统一的句式，也都属于党的第三个历史决议中的贯穿性线索。正是上述主题主线、支线和贯穿性线索，使党的第三个历史决议通篇显得逻辑线索鲜明、表达方式整齐划一，凸显了党的第三个历史决议特有的政治性、权威性、准确性、鲜明性。

关于党的第三个历史决议的关键词

首先，"奋斗"是个关键词。党的第三个历史决议的主标题和"序言"都以党的百年奋斗开题和开篇，在具体内容的展开中不断出现不懈奋斗、团结奋斗、共同奋斗、艰苦奋斗、继续奋斗、浴血奋斗、伟大奋斗、英勇顽强的奋斗等，"奋斗"一词在党的第三个历史决议全篇处处可见。在《决议》的结尾段，党中央号召，全党全军全国各族人民全面贯彻习近平新时代中国特色社会主义思想，大力弘扬伟大建党精神，勿忘昨天的苦难辉煌，无愧今天的使命担当，不负明天的伟大梦想，以史为鉴、开创未来，埋头苦干、勇毅前行，为实现第二个百年奋斗目标、实现中华民族伟大复兴的中国梦而不懈奋斗。

其次，"创造"是个关键词。党的第三个历史决议在对我们党的百年奋斗史上的四个历史时期的论述和论断中，先后出现了四个"创造"，这就是："一百年来，党领导人民浴血奋战、百折不挠，创造了新民主主义革命的伟大成就；自力更生、发愤图强，创造了社会主义革命和建设的伟大成就；解放思想、锐意进取，创造了改革开放和社会主义现代化建设的伟大成就；自信自强、守正创新，创造了新时代中国特色社会主义的伟大成就。党和人民百年奋斗，书写了中华民族几千年历史上最恢宏的史诗。"《决议》后半部分还写道："中国从四分五裂、一盘散沙到高度统一、民族团结，从积贫积弱、一穷二白到全面小康、繁荣富强，从被动挨打、饱受欺凌到独立自主、坚定自信，仅用几十年时间就走完发达国家几百年走过的工业化历程，创造了经济快速发展和社会长期稳定两大奇迹。""党领导人民成功走出中国式现代化道路，创造了人类文明新形态，拓展了发展中国家走向现代化的途径，给世界上那些既希望加快发展又希望保持自身独立性的国家和民族提供了全新选择。"

最后，"成功"也是个关键词。在党的第三个历史决议第三部分接连出现"成功"一词。比如，"成功开创了中国特色社会主义"，"成功把中国特色社会主义推向二十一世纪"，"成功在新形势下坚持和发展了中国特色社会主义"。在《决议》后半部分还接连出现"成功开辟了实现中华民族伟大复兴的正确道路"，"成功走出中国式现代化道路"，等等。

所有这些，都可以用中国共产党和中国人民的成功学、奋斗学、创造学来加以概括。中国共产党的成功学乃是来自奋斗学、创造学，同时还来自挫折学。我们党百年奋斗正是因为一次次顽强勇毅地从挫折中奋起，才创造了党的百年奋斗史上的四个历史时期实践上的四个"伟大飞跃"、创造了理论上的一次"历史性飞跃"、两次"新的飞跃"这样的历史奇迹。

关于用党的自我革命跳出治乱兴衰的历史周期率

习近平总书记在论述这个问题时专门提到了"窑洞对"：我们党历史这么长、规模这么大、执政这么久，如何跳出当年黄炎培率领民主党派代表团访问延安时，在窑洞中向毛泽东同志提出的关于中国历朝历代治乱兴衰的历史周期率问题，就是"其兴也浡焉，其亡也忽焉"。中国共产党将如何跳出这样的历史周期率呢？毛泽东同志经过一夜思考给出的答案是："只有让人民来监督政府，政府才不敢松懈。"①毛泽东同志这里说的"政府"是广义的"大政府"，老百姓是把党和政府看成一体的。经过百年奋斗特别是党的十八大以来新的实践，习近平总书记说我们党又给出了跳出历史周期率这个问题的第二个答案，这就是党的伟大自我革命。

勇于自我革命是我们党区别于其他政党的显著标志。正是因为我们党具备这种独有的政治品格和政治特质，勇于把党领导的伟大社会革命同党的伟大自我革命紧密结合起来，我们党才能穿越百年风风雨雨，多次在危难之际重新奋起、失误之后拨乱反正，成为打不倒、压不垮的马克思主义执政党。党的伟大自我革命，

---

① 黄炎培：《八十年来》，文史资料出版社1982年版，第149页。

也是在中国特色社会主义新时代，党的自我净化、自我完善、自我革新、自我提高能力得到显著增强，管党治党宽松软状况得到根本扭转，反腐败斗争取得压倒性胜利并全面巩固，有力有序有效清除了党、国家、军队内部存在的严重隐患，使党在革命性锻造中更加坚强的根本原因。"心底无私天地宽"。我们党除了代表中国人民、中华民族的当前利益、长远利益之外，没有任何自己特殊的利益，也从不代表任何利益集团、任何权势团体、任何特权阶层的利益，这就是我们党敢于自我革命的勇气之所源、骨气之所本、底气之所在。也正是因为心底无私，我们党才能本着彻底的唯物主义精神经常检视自身、常思己过，才能摆脱一切利益集团、权势团体、特权阶层的"围猎"腐蚀，并义无反顾地向党内被这些集团、团体、阶层所裹挟的腐败分子开刀。有些人总是到处吹捧西方多党轮流执政、"三权鼎立"那一套，不相信我们党能够刀刃向内、自剜腐肉。中国共产党勇于自我革命的实践给了他们响亮有力的回答。可以说，这就是以习近平同志为主要代表的中国共产党人站在"建设什么样的长期执政的马克思主义政党、怎样建设长期执政的马克思主义政党"的政治高度、理论高度、道义高度，站在治国理政和管党治党的历史高度、现实高度、长远高度，对中国共产党为什么能跳出、怎样才能跳出治乱兴衰的历史周期率，给出的以党的伟大自我革命引领伟大社会革命、以伟大社会革命促进党的伟大自我革命这第二个答案所深刻揭示的深层逻辑。

关于用全会精神统一思想、凝聚共识、坚定信心、增强斗志

习近平总书记对抓好党的十九届六中全会精神的学习宣传、

贯彻落实，提出了明确的要求，强调各级党委和党组织都要把学习宣传贯彻落实全会精神作为当前和今后一个时期的重大政治任务，广泛深入地开展宣讲和研究阐释；要以学习这次全会精神为重点，巩固 2021 年 2 月在全党全国开展的党史学习教育的成果，引导广大党员干部群众准确把握我们党的历史发展主题、主线、主流本质，进一步做到学史明理、学史增信、学史崇德、学史力行，更加自觉、更加坚定地达到学党史、悟思想、办实事、开新局的目的，也就是党中央明确提出的，要教育、引导全党深刻认识我们总结党的百年奋斗的重大成就和历史经验的重大意义；进一步弄清楚中国共产党为什么能，马克思主义为什么行，中国特色社会主义为什么好的历史逻辑、理论逻辑、实践逻辑；深刻地认识党的百年奋斗的初心和使命，保持战略定力，锚定战略目标，牢记"国之大者"。所谓"锚定战略目标"，就是指党的十九大报告和党的第三个历史决议都对实现第二个百年奋斗目标作出分两个阶段推进的战略安排：到 2035 年基本实现社会主义现代化，到本世纪中叶把我国建成富强民主文明和谐美丽的社会主义现代化强国，锚定党中央提出的这些既定的战略目标，在实现中华民族伟大复兴的历史进程中，跑好属于我们这一代人的这一棒。习近平总书记还要求全党同志深刻认识中国特色社会主义进入新时代的历史性成就和历史性变革，把这次全会概括凝练的"十个明确"，作出的新时代党和国家事业取得"十三个方面重大成就"和重要论述，以及中国共产党奋斗的历史意义、历史经验，对新时代中国共产党的阐述贯通起来、结合起来把握，融为一体贯彻，不断提高政治判断力、政治领悟力、政治执行力，更好地在新时代坚持和发展中国特色社会主义，深刻认识我党百年奋斗历史经验。第一，要把党的历史经验作为我们正确判断形势、科学预见未来、把握历史主动的重要思想武器；第二，要把党的历史经验作为我们想问题作决策办事情的重要遵循；第三，要把党的历史经验作为判断重大政治是非的重要依据；第四，要把党的历史经验作为加强党性修养的重要指引。习近平总书记提出的这"四个作为"非常重要，我们学习领会、贯彻落实党的第三个历史决议精神，需要把出发点、落脚点落到这"四个作为"上来，深刻认识以史为鉴、开创未来的重要要求，更加清醒、更加坚定办好我们党和人民正在做的事情。

今天我到郑州大学来给各位校领导、师生所进行的面对面的交流宣讲，是互动式的，我要宣讲的就是这些，下面欢迎老师和同学们提问。谢谢大家！

二、解疑释惑

1. 吴宏阳（郑州大学党委副书记、党史学习教育领导小组常务副组长）提问：

相比较前两个历史决议，第三个历史决议有什么不同，主要历史贡献是什么？

施芝鸿回答：

吴宏阳同志，您的问题是着眼于党的第三个历史决议相较前两个历史决议有何"不同"，我想先从"同"讲起。我们党百年奋斗史上的三个历史决议，实际上树起了我们党百年奋斗史上的三座里程碑，从观念形态上再现了我们党的百年奋斗史。党的三个历史决议都是在各自所处的历史时期由我们党的领导核心主持制定的。1945 年党的扩大的六届七中全会审议通过的党的第一个历史决议，是由毛泽东同志主持制定的；1981 年党的十一届六中全会审议通过的党的第二个历史决议，是由邓小平同志主持制定的；2021 年党的十九届六中全会审议通过的党的第三个历史决议，是由习近平总书记主持制定的。这就是相同之处。

此外，三个历史决议都是在党的历史上的三个重要历史时刻制定和通过的。第一个历史决议产生于抗日战争快要取得胜利的历史关头，该决议通过的当年，我们党就胜利召开了党的七大，在党的七大路线、方针指引下，我们党领导的人民军队很快就赢得抗日战争胜利，以及解放战争中三大战役和渡江战役的胜利，然后就建立了新中国，迎来了中国人民站起来。党的第二个历史决议产生于改革开放和社会主义现代化建设新时期，该决议通过的第二年召开的党的十二大提出开创中国特色社会主义事业新局面，然后取得了改革开放和社会主义建设的新成就，为推进中华民族从站起来到富起来的伟大飞跃，打下了基础。党的第三个历史决议产生于中国特色社会主义新时代"两个一百年"奋斗目标的历史交汇期、历史交汇点，《决议》通过后的第二年即 2022 年，将迎来党的二十大，中华民族迎来从站起来、富起来到强起来的伟大飞跃，这又是一个共同之处。

再一个共同之处是，党的三个历史决议都是在各自所处的历史阶段上，在党的领导人的思想理论成熟和党的领导的政治成熟的阶段上制定和通过的。以上都是从党的三个历史决议"同"的角度讲的。

从"异"的角度讲，党的第三个历史决议同前两个历史决议的第一个不同，从各自的名称上就可以看出来，前两个历史决议都叫历史问题决议，针对存在的问题，要分清是非。第三个决议叫党的百年奋斗重大成就和历史经验的决议，这是第一个不同。

第二个不同是，前两个历史决议，都要从党的历史发展的实际出发，用很大篇幅去分析去分清建党24年、建党60年期间党的历史是非、路线是非、理论是非问题，而党的第三个历史决议的重点是总结我们党百年奋斗的重大成就和历史经验，而且党的第三个历史决议在尊重和坚持前两个历史决议对百年党史的重大事件、重要会议、重要人物评价上作出的郑重的历史结论基础上，突出总结中国特色社会主义新时代这个重点，这有利于引导全党进一步坚定信心，聚焦我们党和国家正在做的事情，以更加昂扬的姿态迈进新征程、建功新时代。

2.周荣方（郑州大学马克思主义学院思政课教师、教育部首届"全国高校思想政治理论课教学展示活动"特等奖获得者）提问：

您认为中国共产党百年奋斗的十条历史经验的内在逻辑和贯穿主线是什么？关于我们在讲课中如何讲这一逻辑，在青年学生中落地生根，指引他们未来的人生道路，在教育教学中，您有什么建议？

施芝鸿回答：

我在今天上午给河南省各级党员负责干部的宣讲中，以及今天下午向在座的郑州大学师生代表的面对面宣讲中，都讲到贯穿党的十九届六中全会全篇的主题、主线、支线和其他贯穿性线索，现在您把问题缩小到贯穿党的百年奋斗十条历史经验的主题和主线。对此，我结合自己的学习体会，着重谈三点认识。

第一点，我们党的第三个历史决议科学总结的党百年奋斗的这十条历史经验，是奔着回答习近平总书记多次提出的"三问"去总结和概括的。习近平总书记的一问是：中国共产党是什么、要干什么？习近平总书记的二问是：中国共产党为什么能，马克思主义为什么行，中国特色社会主义为什么好？习近平总书记的三问是：我们党过去为什么能够成功，未来我们怎样才能继续成功？党的第三个历史决议的第六部分"中国共产党百年奋斗的历史经验"中科学总结的"十个坚持"的历史经验，就是聚焦和围绕这三个问题去总结党的百年奋斗历史经验的。建议老师们在教学中让您的学生们去找一找，哪几条历史经验是回答习近平总书记第一问的，哪几条历史经验是回答习近平总书记第二问的，哪几条历史经验是回答习近平总书记第三问的。

第二点，党的百年奋斗的十条历史经验，它是怎样组合而成的？一是它覆盖了毛泽东思想活的灵魂的三个方面，即实事求是、群众路线、独立自主。二是它覆盖了我们党在新民主主义革命中创造的三大法宝，即统一战线、武装斗争、党的建设。三是它还覆盖了党在整风运动中总结的党的三大作风、三大优良传统，即理论联系实际、密切联系群众、批评和自我批评。四是它覆盖了党的十八大以后，习近平总书记提出的"四个伟大"，即伟大斗争、伟大工程、伟大事业、伟大梦想。五是它覆盖了习近平总书记提出的党领导的伟大社会革命和党的伟大自我革命这两个革命。六是它还覆盖了习近平总书记对青年人提出的树立"家国情怀"和"天下情怀"这"两个情怀"。您可以引导学生们看一看这六个方面所覆盖的内容，是怎样组合在党百年奋斗的十条历史经验之中的。

第三点，十条历史经验内在的贯穿逻辑是什么？习近平总书记在党的十九届六中全会上作的对党的第三个历史决议起草工作的说明中，对这十条历史经验的内在逻辑是这样诠释的：这十条历史经验是系统完整、相互贯通的有机整体，它揭示了党和人民事业不断成功的根本保证，揭示了党始终立于不败之地的力量源泉，揭示了党始终掌握历史主动的根本原因，揭示了党永葆先进性、纯洁性始终走在时代前列的根本途径。十条历史经验的内在逻辑，就是这"三个根本""一个源泉"。建议老师们在对党的第三个历史决议的课堂教学中，可以在讲清楚以上这三个重点的基础上，让同学们自己去寻找，去感悟。谢谢。

3. 张珂（郑州大学书法学院辅导员、全国第九届高校辅导员年度人物提名奖获得者）提问：

3.6 万余字的《决议》提出了很多新的论断和新的要求，我想请教您一下，作为辅导员、作为思政教育队伍的一员，我们在学习中怎么才能够快速地抓到这些关键要点，用于指导我们学生一起来学习呢？

施芝鸿回答：

作为高校思政课的教师和辅导员，要带领学生们共同学习好 3.6 万余字的党的第三个历史决议，还要帮助学生们抓住关键点，这很不容易。党的第三个历史决议中的思想理论的闪光点就是关键点。因为整个鸿篇巨制的 3.6 万余字的《决议》，可以说关键点到处都是。总结新时代我们党的指导思想实现的马克思主义中国化新的飞跃里面，回答了三个重大时代课题是关键点，习近平新时代中国特色社会主义思想科学内涵的"十个明确"是关键点，马克思主义基本原理同中国实际和中华优秀传统文化的"两个结合"是关键点。《决议》浓墨重彩地阐释13个领域的伟大历史性变革、历史性成就里面，更是原创性思想、变革性实践、突破性进展和标志性成果很多，这里面融合的所有的思想、实践、成果，都是关键点。这就有一个把您所说的关键点划得更加明确而不宜过于宽泛的问题。比如，是党的理论创造中的关键点、制度创造中的关键点，还是实践创造中的关键点等，关键点的边界、范畴太宽泛了，要精准回答就不容易，这是第一个问题。

第二个问题，关键点就是党中央在关于党的第三个历史决议顶层设计中进行战略谋划、战略思考的出发点，以及指导党的第三个历史决议起草工作的三条重要原则，这就是一个对党的第三个历史决议顶层设计的关键点。党中央给文件起草小组提出的三条原则：聚焦总结党的百年奋斗重大成就和历史经验，突出中国特色社会主义新时代这个重点，对百年党史上的重大事件、重要会议、重要人物评价注重同党中央已有结论相衔接，这是指导整个决议起草的一个关键点。

第三个问题，明天在红旗渠精神发源地——红旗渠精神展览馆，我准备再换一个角度，针对基层党员干部和红旗渠老英雄的后代，我想用数字化表达的13个数字来概括党的第三个历史决议的精髓要义，抓住和记住这13个关键数字，你就抓住了整个《决议》的精髓要义。从某种意义上来说，抓住和记住这13个数字，也是抓住了党的第三个历史决议精髓要义的关键点。

4. 金章勇（郑州大学机械与动力工程学院 2018 级本科生、宝钢优秀学生特等奖获得者）提问：

施老师您好，我是郑州大学机械与动力工程学院的学生，我是一名工科生，但我对党的创新理论非常感兴趣，我的研究方向是机器人，机器人代表了创新和前沿，请问施老师，在六中全会精神中，哪些代表了党的先进性和前瞻性？

施芝鸿回答：

首先，我觉得你作为一个理科生能够对党的创新理论学习这么重视、这么投入，这说明我们当代大学生中的青年才俊既需要在自己的专业领域内占领制高点，又要在学好专业知识的同时注重对党的创新理论的学习，要做到党的创新理论推进到哪里，我们的理论学习、理论武装就要跟进到哪里，用党的创新理论武装思想、指导专业学习。

其次，我想说的是，习近平总书记的创新理论，既然是回答三大时代课题的，那么毫无疑问，这个思想理论对自然科学、社会科学、工程科学等各方面都是有重要指导意义的。你看《习近平谈治国理政》那三大本厚重的书里面所论述的范畴，远远超出了治国理政的范围，书中对自然科学、哲学社会科学的论述比比皆是，所以说习近平新时代中国特色社会主义思想，它是指导中国特色社会主义伟大事业各方面各领域工作的，当然也是适用于我们自然科学、社会科学、工程科学研究和教学的。比如，习近平总书记提到我们党和国家现在的历史方位——处在"两个一百年"奋斗目标的历史交汇点，党团结带领人民完成了党的第一个百年奋斗目标，在中华大地上全面建成了小康社会，历史性地解决了绝对贫困问题，正在意气风发向着全面建成社会主义现代化强国的第二个百年奋斗目标迈进。而社会主义现代化强国必须建成科技强国，在当代前沿科学技术领域占领世界的制高点，在科技创新的最前沿能够做出占领世界竞争制高点的更多研发和创造，这就是高等院校工科青年才俊所应当追求的。

在《习近平谈治国理政》那三本厚重的书中，多次谈到科技大国、创新强国、科教兴国的理论。习近平新时代中国特色社会主义思想包含"十四五"时期重点发展数字经济、实体经济、县域经济，大力推进产业数字化、数字产业化，做大做强中国的装备制造业等内容。金章勇同学把研究机器人作为自己的专业取向，并且以机器人代表了创新和前沿而感到自豪，衷心祝贺你在自己的专业领域已经取得的研究成果，希望你能再接再厉，以习近平总书记关于"推进制造强国建设，加快发展现代产业体系，壮大实体经济，发展数字经济"，"加快建设创新型国家和世界科技强国"的重要思想武装头脑，从报效祖国、赢得战略竞争、作出更大贡献的角度去做好自己专业领域的研发工作。在党的第三个历史决议的13个领域里面，虽然没有在科技方面专门划出一个领域，但《决议》文本中在强调经济建设的同时，讲到了很多和科技相关的重要的原创性思想，学习这些原创性思想，学好习近平总书记的创新理论，更有助于你在机器人研究方面抢占国际竞争的制高点，尽快走到世界的前沿。在这个领域，结合你的专业——机器人研发，学好创新理论，对建设制造强国、科技强国都是很有指导意义的。所以，年轻人，好好干！你在这个领域是大有作为、大有可为的！

5. 张慧远（郑州大学政治与公共管理学院 2018 级博士研究生、全国"百个研究生样板党支部"书记、学校博士生宣讲团团长）提问：

《决议》是我们全党的宣言书和动员令，作为新时代的青年，我们如何以《决议》作为指引，为实现中华民族的伟大复兴作出更大的贡献？

施芝鸿回答：

刚才听了张慧远同学、金章勇同学的发言，我感触非常大。今年 7 月 1 日，在天安门广场举行的庆祝中国共产党成立 100 周年的庆典上，当听到 3200 名青少年在集体朗诵中发出的"请党放心，强国有我"的铿锵誓言的时候，我心潮澎湃！刚才张慧远同学在发言中也提到了"请党放心，强国有我"，这让我想到新时代的中国年轻人，是有理想、有信仰、有作为的。

你们这一代年轻人生活在中国特色社会主义新时代，在你们出生之前，在 20 世纪 80 年代的拨乱反正当中，改革开放总设计师邓小平同志，就率先解放思想，推动打破了我国领导干部队伍中实际存在的领导职务终身制。他提出了革命化、年轻化、知识化、专业化的干部队伍"四化"方针，使今日之中国从党政干部队伍到各条战线特别是科技研发战线干部、专业科技研发团队的骨干，队伍年轻化程度不断提高，这是我们党和国家能够赢得青年、赢得未来的希望所在。

刚才张慧远同学提出的问题非常好，我国高等教育的方向是培养社会主义事业的接班人和建设者，我建议你们下一阶段在学习 3.6 万多字的《决议》过程当中，能不能够在通盘学习的基础上，重点学习一下第七部分"新时代的中国共产党"，深刻领会《决议》把培养中国特色社会主义事业接班人的问题，作为我们党的一个根本大计、千年大计的战略作用何在。可以结合你们这个研究生样板党支部的活动，把这个问题专题讨论一下，我们该怎样认识新时代党的建设新的伟大工程，它的内涵和外延是什么；新时代党的建设新的伟大工程"新"在何处。如果能够通过几次学生党支部的学习讨论把这些问题研究清楚，对全党在这方面的学习讨论也是一大贡献，这是我的一个建议。

此外，刚才张慧远同学还讲到厚植家国情怀的问题。年轻人有"家国情怀"是很好的，但这还不够。习近平总书记要求我们年轻一代还要有"天下情怀"，而这恰恰是《决议》总结我们党的百年奋斗十条历史经验之一，就是要"坚持胸怀天下"，有世界眼光，既要继承我们民族的优秀传统文化，又要用世界眼光和广阔胸怀，吸纳世界上的有益文明成果。费孝通先生在他的晚年提出的中国人要有一种文化自觉，要做到"各美其美，美人之美，美美与共，天下大同"。各美其美就是每个民族都可以各自赞美自己的优秀传统文化、各自的文明成果。同时，还要有博大胸怀和气度，去赞美别的民族和国家以为美的东西，这叫"美人之美"。然后美美与共，把世界各国的优秀的文化成果、有益的文明成果进行文明交流、文明交融，就能推动实现天下大同。费孝通先生的这一思想是很深刻的，习近平总书记曾在出国访问时多次引用费孝通先生的这一重要思想观点。这就要求我们年轻一代在拥有"家国情怀"的同时，还要树立"世界情怀"，关注人类前途命运，不断推进世界文明进步。

党的第三个历史决议精髓要义的数字化表达

——在河南林州红旗渠纪念馆的宣讲和解疑释惑①

（2021 年 11 月 23 日）

一、宣讲

今天，我很荣幸有机会来到著名的红旗渠所在地，就党的第三个历史决议的精髓要义，为在座的同志们作面对面的互动式宣讲。为了便于基层党组织和广大党员、干部、群众在全面学习党的十九届六中全会《中共中央关于党的百年奋斗重大成就和历史经验的决议》（以下简称《决议》）精神时，能够聚焦精髓要义，深刻领会、精准贯彻，我给大家提供一个关于简明扼要地概括党的第三个历史决议的精髓要义、既很好懂又很好记的数字化表达方式。这就是：1223455101013。

数字化表达中的"1"，就是一个产生于中国特色社会主义新时代的历史决议。《决议》，是一篇马克思主义的纲领性文献，是新时代中国共产党人牢记初心使命、坚持和发展中国特色社会主

---

① 宣讲活动于 2021 年 11 月 23 日在红旗渠纪念馆举行。

义的政治宣言，是以史为鉴、开创未来、实现中华民族伟大复兴的行动指南。

数字化表达中的"2"，就是新时代的"两个确立"具有决定性意义。《决议》指出，党确立习近平同志党中央的核心、全党的核心地位，确立习近平新时代中国特色社会主义思想的指导地位，对新时代党和国家事业发展、对推进中华民族伟大复兴历史进程具有决定性意义。

数字化表达中的第二个"2"，就是新时代的"两个结合"，推动和促进了当代中国马克思主义、21世纪马克思主义的创立。《决议》指出："以习近平同志为主要代表的中国共产党人，坚持把马克思主义基本原理同中国具体实际相结合、同中华优秀传统文化相结合，坚持毛泽东思想、邓小平理论、'三个代表'重要思想、科学发展观，深刻总结并充分运用党成立以来的历史经验，从新的实际出发，创立了习近平新时代中国特色社会主义思想。"这个思想是当代中国马克思主义、21世纪马克思主义，是中华文化和中国精神的时代精华，实现了马克思主义中国化新的飞跃。

数字化表达中的"3"，就是习近平新时代中国特色社会主义思想深刻回答了三个重大时代课题。《决议》指出，习近平总书记提出的一系列原创性的治国理政新理念新思想新战略，深刻回答了新时代坚持和发展什么样的中国特色社会主义、怎样坚持和发展中国特色社会主义，建设什么样的社会主义现代化强国、怎样建设社会主义现代化强国，建设什么样的长期执政的马克思主义政党、怎样建设长期执政的马克思主义政党这三个重大时代课题。

数字化表达中的"4"，就是党在百年奋斗的四个历史时期创造了四个伟大成就、实现了四次伟大飞跃。《决议》指出，100 年来，党领导人民浴血奋战、百折不挠，创造了新民主主义革命的伟大成就；自力更生、发愤图强，创造了社会主义革命和建设的伟大成就；解放思想、锐意进取，创造了改革开放和社会主义现代化建设的伟大成就；自信自强、守正创新，创造了新时代中国特色社会主义的伟大成就。党在这四个历史时期领导人民依次实现了中国从几千年封建专制政治向人民民主的伟大飞跃；实现了一穷二白、人口众多的东方大国大步迈进社会主义社会的伟大飞跃；推进了中华民族从站起来到富起来的伟大飞跃；中华民族迎来了从站起来、富起来到强起来的伟大飞跃。

数字化表达中的"5"，就是中国共产党百年奋斗的五大历史意义。《决议》指出，（1）党的百年奋斗从根本上改变了中国人民的前途命运；（2）党的百年奋斗开辟了实现中华民族伟大复兴的正确道路；（3）党的百年奋斗展示了马克思主义的强大生命力；（4）党的百年奋斗深刻影响了世界历史进程；（5）党的百年奋斗锻造了走在时代前列的中国共产党。党的百年奋斗的这五个历史意义，高度凝练地阐明了中国共产党对中国人民、对中华民族、对马克思主义、对人类进步事业、对马克思主义政党建设所作的历史贡献。

数字化表达中的第二个"5"，就是以习近平同志为核心的党中央号召全党同志，在新时代都要坚决做到"五个必须"。《决议》指出：（1）全党必须清醒认识到，中华民族伟大复兴绝不是轻轻松松、敲锣打鼓就能实现的；（2）全党必须坚持马克思列宁主义、毛泽东思想、邓小平理论、"三个代表"重要思想、科学发展观，全面贯彻习近平新时代中国特色社会主义思想;（3）全党必须永远保持同人民群众的血肉联系;（4）全党必须铭记生于忧患、死于安乐，常怀远虑、居安思危;（5）全党必须抓好后继有人这个根本大计，以顺应党和人民事业发展呼唤一代代中国共产党人接续奋斗的需要。这五条是以习近平同志为核心的党中央号召全党全国各族人民"勿忘昨天的苦难辉煌，无愧今天的使命担当，不负明天的伟大梦想"，以史为鉴、开创未来，埋头苦干、勇毅前行，为实现第二个百年奋斗目标、实现中华民族伟大复兴的中国梦而不懈奋斗。

数字化表达中的"10"，就是习近平新时代中国特色社会主义思想的"十个明确"。《决议》指出，习近平新时代中国特色社会主义思想的科学内涵的"十个明确"是:（1）明确中国特色社会主义最本质的特征是中国共产党领导，中国特色社会主义制度的最大优势是中国共产党领导;（2）明确坚持和发展中国特色社会主义，总任务是实现社会主义现代化和中华民族伟大复兴;（3）明确新时代我国社会主要矛盾是人民日益增长的美好生活需要和不平衡不充分的发展之间的矛盾;（4）明确中国特色社会主义事业总体布局是经济建设、政治建设、文化建设、社会建设、生态文明建设五位一体，战略布局是全面建设社会主义现代化国家、全面深化改革、全面依法治国、全面从严治党四个全面;（5）明确全面深化改革总目标;（6）明确全面推进依法治国总目标;（7）明确必须坚持和完善社会主义基本经济制度;（8）明确党在新时代的强军目标;（9）明确中国特色大国外交;（10）明确全面从严治党的战略方针。这"十个明确"，是中国共产党对中国特色社会主义建设规律认识深化和理论创新的重大成果。

数字化表达中的第二个"10"，就是中国共产党百年奋斗积累的十条历史经验。《决议》科学总结的这"十个坚持"的历史经验依次是：（1）坚持党的领导；（2）坚持人民至上；（3）坚持理论创新；（4）坚持独立自主；（5）坚持中国道路；（6）坚持胸怀天下；（7）坚持开拓创新；（8）坚持敢于斗争；（9）坚持统一战线；（10）坚持自我革命。这些经过党百年奋斗、长期积累的宝贵历史经验，是党和人民共同创造的精神财富，必须倍加珍惜、长期坚持，并在新时代长期实践中不断丰富和发展。

数字化表达中的"13"，就是新时代党和国家事业在13个领域取得的历史性成就、发生的历史性变革。《决议》从坚持党的全面领导、全面从严治党、经济建设、全面深化改革开放、政治建设、全面依法治国、文化建设、社会建设、生态文明建设、国防和军队建设、维护国家安全、坚持"一国两制"和推进祖国统一、外交工作等13个领域，总结新时代党和国家事业取得的历史性成就、发生的历史性变革，重点总结九年来的原创性思想、变革性实践、突破性进展、标志性成果。

把以上对党的十九届六中全会通过的《决议》精髓要义的数字化表达完整地串起来，就是："一个决议"，"两个确立"，"两个结合"，"三个重大时代课题"，"四个历史时期的四个伟大成就和四次伟大飞跃"，"五大历史意义"，"五个必须做到"，"十个明确"，"十条历史经验"，"十三个领域取得的历史性成就、发生的历史性变革"。

以上就是我今天要向河南省林州市的基层党员、干部和群众面对面宣讲党的十九届六中全会审议通过的《决议》的精髓要义。今天的宣讲同昨天在郑州大学宣讲一样，都是互动式的。下面，请在座的同志们提问。

二、解疑释惑

元付宏（林州市一中校长）提问：

习近平新时代中国特色社会主义思想是当代中国马克思主义、21 世纪马克思主义，是中华文化和中国精神的时代精华，实现了马克思主义中国化新的飞跃。如何理解这个新的飞跃？

施芝鸿回答：

对这个问题，我建议大家可以从以下两个层面来看。

第一个层面，我们需要弄清楚，这是一个什么意义上的新的飞跃？也就是在这一次新的飞跃之前还有哪些飞跃？这个新的飞跃首先是指，在毛泽东思想实现了马克思主义中国化的第一次历史性飞跃之后，在改革开放和社会主义现代化建设新时期，以邓小平同志为主要代表的中国共产党人、以江泽民同志为主要代表的中国共产党人、以胡锦涛同志为主要代表的中国共产党人，在领导改革开放和社会主义现代化建设实践中，结合中国实际，先后创立了邓小平理论、"三个代表"重要思想、科学发展观，把这三大理论创新成果组合起来的中国特色社会主义理论体系，在毛泽东思想实现的马克思主义中国化的第一次历史性飞跃之后，所形成的在改革开放和社会主义现代化建设新时期新的飞跃，然后在这个基础上，中国特色社会主义进入新时代。以习近平同志为主要代表的中国共产党人，经过了新时代九年来的励精图治、全面奋斗，我们党又在实践中创立了一个被称为当代中国马克思主义、21世纪马克思主义的习近平新时代中国特色社会主义思想，这个思想是在毛泽东思想实现了马克思中国化的第一次历史性飞跃、中国特色社会主义理论体系的三大理论创新实现了新时期的一次新的飞跃的基础上，所实现的新时代马克思主义中国化的又一次新的飞跃。

第二个层面，习近平新时代中国特色社会主义思想所实现的马克思主义中国化新的飞跃，它到底体现在哪里？怎样理解这是在前两次飞跃之后的又一次新的飞跃？简明扼要地说，这一次"新的飞跃"主要体现在三个方面：第一个方面，习近平新时代中国特色社会主义思想，深入回答、全面回答了三个重大时代主题。一是深入回答了在新时代坚持和发展什么样的中国特色社会主义、怎样坚持和发展中国特色社会主义；二是深入回答了在新时代建设一个什么样的社会主义现代化强国、怎样建设社会主义现代化强国；三是深入回答了在新时代建设一个什么样的长期执政的马克思主义政党、怎样建设长期执政的马克思主义政党。由于习近平新时代中国特色社会主义思想同时回答了这三个重大时代课题，所以被称为马克思主义中国化的又一次新的飞跃，这是一个方面。第二个方面，习近平新时代中国特色社会主义思想，把马克思主义基本原理同中国具体实际相结合、同中华优秀传统文化相结合，坚持毛泽东思想、邓小平理论、"三个代表"重要思想、科学发展观，深刻总结并充分运用党成立以来的历史经验，又总结了中国特色社会主义新时代的新鲜经验，在这个基础上形成了习近平新时代中国特色社会主义思想"十个明确"的科学内涵，这是我们党实现了马克思主义中国化的又一次新的飞跃的第二个方面。第三个方面，在党的十八大以后的这九年，我们党和国家的事业发生了翻天覆地的变化，党的面貌、国家的面貌、军队的面貌、社会的面貌、农村乡村的面貌、基层的面貌，都发生了革命性的重塑。在这个过程中，在改革发展稳定、治党治国治军、内政外交国防等 13 个领域取得的历史性成就、发生的历史性变革，形成了一系列原创性思想、变革性实践、突破性进展、标志性成果，这也是习近平新时代中国特色社会主义思想实现了新时代新的飞跃的一个重要方面。

曹新奇（下里街村党支部书记）提问：

2021 年 10 月，《求是》杂志发表习近平总书记的重要文章《扎实推动共同富裕》，党的十九届六中全会也提出要促进共同富裕。在农村，增加集体经济收入、提升群众生活幸福指数，是我们工作努力的方向，想请施主任就如何理解共同富裕给大家进行讲解。

施芝鸿回答：

我们党在完成了全面建成小康社会这第一个百年奋斗目标之后，就迈入了全面建成社会主义现代化强国的第二个百年奋斗目标的新征程。在新时代新征程上我们党的奋斗目标是什么？就是要在高质量发展中实现中国 14 亿多人口的整体的共同富裕，所以，2021 年 8 月 17 日，习近平总书记在中央财经委员会第十次会议上，就到底怎么理解共同富裕，怎么经过全党全国人民的共同奋斗去实现共同富裕发表了一次重要讲话，这就是您看到的《求是》杂志上的这篇文章。

关于怎样理解共同富裕，我谈两条认识。第一，共同富裕是马克思、恩格斯创立的科学社会主义所追求的人类未来理想社会的一个重要特征。第二，共同富裕是我们党领导创立的社会主义制度和实现社会主义现代化的一个重要目标，也是中国特色社会主义的一个本质要求。这是简要回答怎样理解共同富裕。

关于怎样实现共同富裕，我谈以下五点认识。

第一，我们可以回顾一下。改革开放40多年来，我们党和国家按照改革开放总设计师邓小平同志制定的我国现代化建设"三步走"战略进行发展：第一步由摆脱贫穷到实现温饱；第二步由温饱达到基本小康和全面小康；第三步建成中等发达的社会主义现代化国家。到2021年7月1日，习近平总书记在天安门城楼上向全世界宣告，中国共产党团结带领中国人民已经顺利完成第一个百年奋斗目标，在中华大地上全面建成了惠及全国十几亿人口的全面小康社会。这就是宣布我们党和国家实现了"三步走"战略的前两步。邓小平同志讲的第三步，就是要建设中等发达的社会主义现代化国家，也就是现在我们讲的要实现党的第二个百年奋斗目标，建成社会主义现代化强国，在这个基础上来实现14亿多人口的共同富裕。也就是说，要经过这三个阶段的持续奋斗、不懈奋斗，才能为实现中国人民的共同富裕创造物质的、精神的、社会的等各方面的前提条件。这也就是习近平总书记所说的"发展才是社会主义，发展必须致力于共同富裕"，"打赢脱贫攻坚战，全面建成小康社会，为促进共同富裕创造了良好条件。现在，已经到了扎实推动共同富裕的历史阶段"。

第二，实现14亿多中国人民的共同富裕要在实践中逐步推进，而不是在一个早上或一个晚上就能够实现共同富裕。如果说全面建成小康社会尚且要经历第一步由贫穷变温饱，第二步由温饱到基本小康，然后再从基本小康到更高水平的全面小康。那么，实现共同富裕显然要比实现第一个百年奋斗目标艰难得多，如果没有循序渐进，没有试点先行，就难以全面实现共同富裕的目标。所以党中央提出首先要在浙江省进行实现共同富裕的试点，这叫试点先行，摸着石头过河，看看在浙江这样一个比较富裕的沿海省份，要做到所有浙江人民的共同富裕应该注意哪些问题，应该经过什么样的路径，先把经验摸索出来，然后在浙江试点的基础上，再拿到面上来推开，这就叫实现共同富裕必须循序渐进，试点先行。

第三，实现共同富裕要引导先富带后富，先富帮后富。第一句话，就是要动员那些在改革开放过程中先富裕起来的阶层，按照邓小平同志提出的先富要带后富，先富要帮后富。第二句话，就是还要保护合法致富，什么叫合法致富？就是靠劳动致富，靠科技致富，靠依法守法致富，这样的致富应当继续支持。第三句话，就是不搞平均主义，实现共同富裕不能搞绝对平均主义。第四句话，就是不能刮"共产风"，过去在农村人民公社体制下，曾经把发展得比较好的生产队的财产，平调到生产力发展差的生产队，那些被平调了财产的生产队的农民群众就说，凭什么我们靠自己辛勤劳动创造的财富要平调给其他生产队？"人不能两次踏进同一条河流"，所以过去曾经犯过的刮"共产风"的错误，在实现共同富裕过程中绝不能再重复出现。

第四，实现中国 14 亿多人口的共同富裕，目前已经探索出来的一条有效的路径就是"抓中间带两头"。所谓"抓中间"，就是注重做大做强做优我国的中等收入阶层。现在我们国家的中等收入阶层已经达到了4.2亿人，约占全国14亿多总人口的30%左右，这很了不起。到"十四五"期末的2025年，我国的中等收入阶层预计将会达到5.6亿人到5.8亿人，然后到2035年基本实现现代化的时候，我国的中等收入阶层人数可能会达到全国总人口的一半以上或2/3左右。在这个基础上，就能把我们国家城乡居民的收入结构由目前两头大、中间小的哑铃型结构变成一个中间大、两头小的橄榄型结构。

第五，对广大农村来说，要在继续巩固精准脱贫成果的基础上，通过乡村振兴，由实现党的第一个百年奋斗目标、完成精准脱贫之后消除了绝对贫困，到在实现第二个百年奋斗目标过程中逐步解决相对贫困问题。曹新奇同志，您是下里街村的党支部书记，听得出来，您已经认真学习了习近平总书记关于《扎实推动共同富裕》的重要讲话，相信您会按照党中央和习近平总书记的部署，带领农民群众结合乡村振兴，特别是产业振兴，把您所在的村农民群众的富裕程度进一步提高，使农村人口的年收入分配的增长比例在连续多年高于城镇人口的基础上，慢慢接近城镇人口的生活水平。在这样的基础上，党和国家着力推动的共同富裕，在农村就会有一个比较好的、比较扎实的基础。

郭山保（合涧镇机关干部）提问：

《决议》总结党的百年奋斗重大成就和历史经验，从党的百年奋斗中看清楚过去我们为什么能够成功、弄明白未来我们怎样才能继续成功，从而更加坚定、更加自觉地践行初心使命。想请施主任就如何把握我们党百年奋斗的历史经验，在新时代更好坚持和发展中国特色社会主义给我们进行讲解。

施芝鸿回答：

对于我们基层政权机构的机关干部来说，在新时代更好坚持和发展中国特色社会主义，一方面要关心"国之大者"，胸怀大局和全局；另一方面也不能仅仅停留在宏观思考、宏观叙事的层面上，而要更加务实地找到"大战略"之下的"小切口"。"小切口"是什么？就是习近平总书记经常强调的要在思想上牢固树立一种"接力跑"意识。我们党团结带领全国各族人民建成社会主义现代化强国、实现中华民族伟大复兴的历史进程就好像一场赛道很长的接力跑，要求我们一棒接着一棒跑下去，每一代人都要跑好属于自己的那一棒，并且还要力争跑出一个好成绩。你跑好了属于自己的那一棒，就能够让你后面的接棒人在你这个好成绩的基础上继续往前跑。所以，您的这个问题，恐怕一个最简要的、最形象的回答就是要树立"接力跑"意识。在以习近平同志为核心的党中央已经开创的中国特色社会主义新时代这么好的基础上，通过全面贯彻落实党的十九届六中全会通过的党的第三个历史决议的精神，全面贯彻这个《决议》总结出来的习近平新时代中国特色社会主义思想回答的三个重大时代课题，回答的"十个明确"，回答的13个领域的历史性变革和历史性成就中蕴含的原创性思想、变革性事件、突破性进展、标志性成果的基础上，树立这样一种可贵的"接力跑"意识，真正做到习近平总书记所倡导的每一代人都要为下一代人跑出一个好成绩，由这个"接力跑"意识所构成的社会合力，才能在新时代进一步坚持和发展中国特色社会主义。这样回答是不是可以把您提的问题的切入点变得小一点，跟我们城镇基层政权组织的具体工作挂钩更紧密一点。

张买江（修渠特等劳动模范，当年修建红旗渠时工地上年龄最小的建设者）提问：

我们林州（当年的林县）是红旗渠精神的发源地，红旗渠精神至今仍然激励着广大林州干部群众奋发进取，开拓创新。党的十九届六中全会，全面总结党的百年奋斗重大成就和历史经验，有利于推动全党增加信心、增强斗志，团结带领全国各族人民以史为鉴、开创未来。想请施主任讲解一下在新时代如何传承和弘扬红旗渠精神，走好新的长征路。

施芝鸿回答：

您是当年红旗渠工地上年仅 13 岁的建设者，也是一位修建红旗渠的小英雄，今天您在我们的心目中已是一位老英雄了。自力更生、艰苦创业、团结协作、无私奉献的红旗渠精神，凝聚着 20 世纪 60 年代我们中华民族的时代精神，它是用参加红旗渠建设——奉献了包括您父亲在内的 81 位烈士的生命——党员群众的鲜血和生命熔铸而成的中华民族时代精神的精华。这个时代精神永存，这个时代价值永恒。这也就是习近平总书记所指出的，红旗渠精神是"党的宝贵精神财富"。红旗渠精神体现了 20 世纪 60 年代，在社会主义建设过程中自力更生、发愤图强的民族精神，这个民族精神在当时反映在工业战线上，就是大庆精神、铁人精神，反映在我们农业和水利战线上，就是伟大的红旗渠精神。红旗渠精神承载了我们一代人的奋斗历程。所以我今天到这里来参观学习，有这样一种强烈的对比，这就是：当年我们中华民族的祖先修建的万里长城，今天我们中华民族的林州市的后代子孙们，修建的千里红旗渠，万里长城让世界惊讶，千里红旗渠让世界震撼。

那么，这样一种民族精神、时代精神怎么才能一代一代传承下去呢？

一是我们党已经把它载入了以伟大建党精神为源头的中国共产党人的精神谱系，这是世世代代传承红旗渠精神的一种好办法。您这位当年的红旗渠建设工地的小英雄、今天的红旗渠建设老英雄，你们一家三代守护和坚守在红旗渠，你们这样的一种家国情怀，也要让它永远弘扬下去，这也是赓续红旗渠精神的一个重要方面。

二是在中国特色社会主义新时代，红旗渠精神也要与时俱进，就是在新时代要进一步发扬光大红旗渠精神的价值所在，它的价值所在就是体现了整个中华民族的一种伟大奋斗精神，这样一种奋斗精神是我们中华民族能够创造出一个又一个人间奇迹的根本原因。当今世界正在经历百年未有之大变局，中国的社会主义制度同美国等西方国家的资本主义制度，正在进行着一场物质的较量、科技的比拼、精神的对垒，在这种情况下，我们就更加需要发扬习近平总书记亲自倡导的红旗渠精神。之所以说红旗渠精神永远不会过时，永远是我们党的宝贵财富，就是因为这个精神能够成为新时代新征程上鼓舞全国各族人民继续奋斗奋进的力量，这个精神能够凝心聚力，能够助力我们在以习近平同志为核心的党中央领导下，向着第二个百年奋斗目标，夺取建成社会主义现代化强国的更大胜利！

"党的第三个历史决议精髓要义的数字化表达"是怎样概括出来的

（2022 年 1 月 28 日）

2021 年 11 月 29 日，《北京日报·理论周刊》在"学习宣传贯彻六中全会精神"专版上，在头条位置、用通栏标题，刊登了我撰写的《"1223455101013"——历史决议精髓要义的数字化表达》一文，全国几十家网站纷纷予以转载。我以这一数字化表达方式在全国各地的宣讲和解读，也广受听讲的党员、干部、群众的好评，在清华大学、郑州大学、福建师范大学、上海交通大学、广州航海学院等高校宣讲时，也受到广大教师和学生们的普遍欢迎。他们认为，这篇文章的撰写和刊发很及时，也很精准，不仅抓住了党的十九届六中全会《决议》的精髓要义，而且确实易懂易记，为深入学习领会、全面贯彻落实全会《决议》精神提供了帮助。

一、到地方特别是基层宣讲时，采用数字化表达方式
来简要概括、生动解读我们党的全国代表大会和
党中央全会精神，可以让广大党员、干部、群众
看得懂、记得住，易对照、好践行

进入改革开放和社会主义现代化建设新时期以来，特别是进入中国特色社会主义新时代以来，我们党的每次全国代表大会报

告和中央全会作出的决定、建议、决议等，其立意可谓高屋建瓴，其内容可谓博大精深，其观点可谓简约精辟，其所涉问题和所提举措更是极其广泛，再加上历次党的全国代表大会和中央全会公报及有关起草工作的说明，还有中央领导同志的系列讲话等其他诸多文件和文献，加在一起真可谓蔚为大观。要精准把握、深刻理解其内在逻辑与精髓要义绝非易事。更何况在到地方特别是基层单位宣讲的短短两三个小时甚至数十分钟内，要帮助广大党员、干部、群众从理论和实践的结合上搞清楚、弄明白党代会和中央全会精神的内在逻辑与精髓要义，就更不是一件容易的事了。

我在多次到地方和基层作党的全国代表大会和中央全会精神的宣讲和解读时，逐步摸索出解决上述问题的一个比较管用也比较有效办法，这就是采用数字化表达方式全面准确、精练精准地概括与阐释党的全国代表大会和中央全会精神。事实上，用数字化表达方式概括、阐释思想理论或学术观点的精髓要义，这在我国自古有之。我们党成立 100 多年来，在革命、建设、改革各个历史时期，也都非常重视并娴熟地运用数字化表达方式简明而又鲜明地表达和传播我们党的创新理论和路线、方针、战略、策略的精髓要义，其出发点和落脚点就在于尽可能让广大党员、干部和群众"一听就能懂、一看就明白"。

我们之所以能够采用数字化表达方式概括和阐释党代会和党的中央全会精神，主要是因为，在我们党的重要文献中，凡是运用数字化表达的或者可以运用数字化概括的，一般都是最重要的内容、最关键的举措、最核心的要义。只要我们能够高度概括和提炼出类似手机号码那样的数字化表达方式，并且通过宣讲和解读，让广大基层党员、干部、群众都能了解和理解、把握和记住这样的数字化表达方式，就可以相对较快地领会、把握和记住党代会和中央全会精神的精髓要义和内在逻辑。

二、我在以往的宣讲和解读中曾多次采用数字化表达方式来概括和阐发党的全国代表大会和党中央全会精神，每一次都收到了比较好的实际效果

2015 年，党的十八届五中全会审议通过《中共中央关于制定国民经济和社会发展第十三个五年规划的建议》之后，为帮助广大党员、干部、群众深入了解和直观把握"十三五"时期我国发展战略重点并通过抓重点带动发展全局，我在到地方和基层的宣讲中用"13554555101"这个手机号码对此作了标识。这个手机号码中的"135"，标识的是中国"十三五"时期；这个手机号码中的第二个"5"，标识的是"五位一体"总体布局；这个手机号码中的"4"，标识的是"四个全面"战略布局；这个手机号码中的第三个"5"，标识的是五大新发展理念；这个手机号码中的第四个"5"，标识的是五大支柱性政策；这个手机号码中的第五个"5"，标识的是推进供给侧结构性改革的五大重点任务；这个手机号码中的"10"，标识的是引领经济发展新常态要努力实现十个方面工作重点转变；这个手机号码中的第三个"1"，标识的是补短板、防范风险这一个战略应对之策。

2017 年，党的十九大胜利闭幕后，我在新疆乌鲁木齐市有关社区同党员居民们交流时，为便于大家形象化地记住党的十九大报告精神，给大家提供了一个概括和阐发党的十九大报告的

手机号码"11422221118"。其中，数字化表达中的第一个"1"，就是高举"一面旗帜"，即高举中国特色社会主义伟大旗帜；数字化表达中的第二个"1"，就是牢记"一个使命"，即不忘初心、牢记使命；数字化表达中的"4"，就是践行"四个伟大"，即进行伟大斗争、建设伟大工程、推进伟大事业、实现伟大梦想；数字化表达中的第一个"2"，就是把握"两个论断"："经过长期努力，中国特色社会主义进入了新时代，这是我国发展新的历史方位"，"中国特色社会主义进入新时代，我国社会主要矛盾已经转化为人民日益增长的美好生活需要和不平衡不充分的发展之间的矛盾"；数字化表达中的第二个"2"，就是着眼"两个一百年"奋斗目标；数字化表达中的第三个"2"，就是完成"两大任务"；数字化表达中的第四个"2"，就是坚持"分两个阶段实现第二个百年奋斗目标"；数字化表达中的第三个"1"，就是建成"一个社会主义现代化强国"；数字化表达中的第四个"1"，就是实现"一个总要求"，即新时代党的建设总要求；数字化表达中的第五个"1"，就是维护"一个核心"；数字化表达中的最后一个数字"8"，就是增强"八大本领"。

2019年，党的十九届四中全会审议通过了《中共中央关于坚持和完善中国特色社会主义制度、推进国家治理体系和治理能力现代化若干重大问题的决定》（以下简称《决定》）后，我在云南省昆明市有关社区同党员居民交流时谈道，党的十九届四中全会《决定》是礼赞中国特色社会主义制度之所以能够取得举世瞩目伟大成就的一篇"制度颂"，是讴歌我们党和国家治理体系、治理能力的一篇"治理赋"。为帮助大家理解和记住这篇"制度颂"

和"治理赋"的内在逻辑和精髓要义，我精心提炼概括了一个 11 位数的手机号码，这就是"19411113134"。数字化表达中的 "194"，就是党的十九届四中全会。后面紧跟着的"三个一"，第一个"1"，就是标明党的十九届四中全会是我们党建党 98 年历史上、新中国成立 70 年历史上，第一次以研究坚持和完善我国国家制度和国家治理体系为主题的中央全会；第二个"1"，就是标明这次中央全会审议通过的《决定》，第一次全面总结、系统展示了"中国共产党为什么能""马克思主义为什么行""中国特色社会主义为什么好"的制度奥秘、治理奥秘；第三个"1"，就是标明这次会议审议通过的《决定》，是一篇马克思主义的纲领性文献，也是一篇当代中国马克思主义关于国家制度和国家治理体系的政治宣言书。在这三个"1"之后，紧跟着的是"1313"：前一个"13"，就是标明党的十九届四中全会《决定》集中概括了我国国家制度和国家治理体系的 13 个显著优势；后一个"13"，就是标明党的十九届四中全会《决定》首次阐明的中国特色社会主义科学制度体系，是由 13 个方面的根本制度、基本制度、重要制度构成的。这个手机号码的最后一位数是"4"，这标明党的十九届四中全会《决定》最后一部分提出的、确保本次全会所确定的各项目标任务需要全面落实四件大事，即强化制度执行，加强制度宣传教育，把制度执行力和治理能力作为干部选拔使用、考核评价的重要依据，并引导大家关心国家大事、关心国家制度和国家治理。

我在不同场合、针对不同内容的宣讲和解读中感受到，在当今数字化时代，采用数字化表达方式，对党的全国代表大会和中央全会精神以及党中央重大决策部署和习近平总书记重要指示精神进行简明扼要的概括和生动形象的阐释，可以让广大党员、干部、群众在学习贯彻党中央指示精神的过程中，有一个兴味盎然而又通透敞亮的入门路径可走，有一个直指要害而又简洁明了的图标索引可循，这对于增强宣讲和解读的趣味性、针对性和可接受性都是很有帮助的。

三、对党的十九届六中全会《决议》精髓要义的数字化表达，是在上述成功实践基础上的又一次与时俱进的实践

2021 年 11 月中旬，在党的十九届六中全会精神中央宣讲团集中备课期间，我收到了中共河南省委宣传部发来的关于我到河南省开展宣讲活动的具体安排，除 11 月 22 日上午在省人民会堂向全省党员、干部作首场宣讲报告之外，还要在当天下午到郑州大学与师生代表开展面对面、互动式的座谈宣讲，11 月 23 日再到红旗渠纪念馆向当地党员、干部和群众开展基层互动交流宣讲。正是这后两场宣讲，促使我除在已经准备好的在省人民会堂的宣讲稿之外，还要抓紧准备一份向基层党员、干部、群众通俗易懂地介绍党的十九届六中全会精神的互动交流稿或宣讲稿，这让我有了再次精心编写一份用数字化表达方式概括和解读党的十九届六中全会通过的党的第三个历史决议精髓要义的想法，于是便用了两个晚上的时间，在精心梳理全会《决议》的基础上，编写出了《"1223455101013"——历史决议精髓要义的数字化表达》的宣讲稿。

其实这也并非临时起意的刻意为之，而是在参与起草这次全会《决议》近七个月时间里逐步琢磨、精心凝练出来的。

数字化表达中的"1"，是早在 2021 年 4 月 9 日听取习近平总书记在党的十九届六中全会文件起草组第一次全体会议上的讲话时就形成的。习近平总书记说，在百年历程中，我们党先后形成了《关于若干历史问题的决议》和《关于建国以来党的若干历史问题的决议》。现在，距离第一个历史决议制定已经过去了 76年，距离第二个历史决议制定也过去了 40 年。40 年来，党和国家事业大大向前发展了，党的理论和实践也大大向前发展了。站在新的历史起点上，回顾过去，展望未来，全面总结党的百年奋斗重大成就和历史经验特别是改革开放 40 多年来的重大成就和历史经验，既有客观需要，也具备主观条件。这使我立马有了"一个产生于中国特色社会主义新时代的历史决议"的灵感。从那以后，随着党的第三个历史决议起草工作的逐步展开和步步深入，我便琢磨着要争取把这次全会《决议》的精髓要义也编写出一个"数字化表达"。

数字化表达中的第一个"2"，是随着全会《决议》的起草，《决议》文本中出现了"党确立习近平同志党中央的核心、全党的核心地位，确立习近平新时代中国特色社会主义思想的指导地位，反映了全党全军全国各族人民共同心愿，对新时代党和国家事业发展、对推进中华民族伟大复兴历史进程具有决定性意义"这样的表达，素来对数字化表达比较敏感的我，立刻感到这"两个确立"为数字化表达提供了第一个"2"。

数字化表达中的第二个"2"，是在 2021 年 7 月 1 日上午，我有幸在天安门广场西观礼台上，聆听习近平总书记在庆祝中国共产党成立100周年大会上的讲话中关于"坚持把马克思主义基本原理同中国具体实际相结合、同中华优秀传统文化相结合"，听到这里，我既为这"两个结合"叫好，也收获了数字化表达中的第二个"2"。

党的第三个历史决议精髓要义数字化表达的前三位数就这样形成了。至于数字化表达的后七个数字，都是在党的十九届六中全会中央宣讲团集体备课期间，我在精心梳理《决议》精髓要义过程中，一丝不苟地从《决议》文本中逐个搜索、精心提炼出来的。

数字化表达中的"3"，是从《决议》第四部分，关于习近平新时代中国特色社会主义思想所回答的"重大时代课题"中提炼出来的。我注意到这样一个深化和拓展：党的十九大报告在第一次概括表达习近平新时代中国特色社会主义思想时，只是就"新时代坚持和发展什么样的中国特色社会主义、怎样坚持和发展中国特色社会主义"列出了一系列原创性的治国理政新理念新思想新战略；而党的十九届六中全会《决议》则把这个创新理论的科学内涵表述为：深入回答、全面回答了三大时代课题，并在此基础上提出了一系列原创性的治国理政新理念新思想新战略。这个重要表述，被我冠之以"3"列入了数字化表达。

数字化表达中的"4"，是从《决议》"序言"第二自然段和《决议》前四个部分的论述和论断中提炼出来的。《决议》"序言"中这样写道："一百年来，党领导人民浴血奋战、百折不挠，创造了新民主主义革命的伟大成就；自力更生、发愤图强，创造了社会主义革命和建设的伟大成就；解放思想、锐意进取，创造了改革开放和社会主义现代化建设的伟大成就；自信自强、守正创新，创造了新时代中国特色社会主义的伟大成就。"这很自然地被我冠之以党的百年奋斗创造的四个伟大成就。关于"实现了四次伟大飞跃"，则是从《决议》前四个部分的论述和论断中集纳起来的。《决议》第一至第四部分的结尾段落分别有：经过28年浴血奋斗，党领导人民实现了中国从几千年封建专制政治向人民民主的伟大飞跃；从新中国成立到改革开放前夕，党领导人民实现了一穷二白、人口众多的东方大国大步迈进社会主义社会的伟大飞跃；改革开放和社会主义现代化建设新时期，党领导人民推进了中华民族从站起来到富起来的伟大飞跃；党的十八大以来，中华民族迎来了从站起来、富起来到强起来的伟大飞跃。

数字化表达中的第一个"5"，是从《决议》第五部分"中国共产党百年奋斗的历史意义"中阐明的党的百年奋斗从根本上改变了中国人民的前途命运、开辟了实现中华民族伟大复兴的正确道路、展示了马克思主义的强大生命力、深刻影响了世界历史进程、锻造了走在时代前列的中国共产党这五条历史意义的精辟概括中移用过来的。

数字化表达中的第二个"5"，则是从《决议》第七部分"新时代的中国共产党"中，围绕实现第二个百年奋斗目标，提出的五个"全党必须"那里移用过来的。

数字化表达中的第一个"10"，是从《决议》第四部分"开创中国特色社会主义新时代"中关于习近平新时代中国特色社会主义思想的"十个明确"那里移用过来的。

数字化表达中的第二个"10"，是从《决议》第六部分"中国共产党百年奋斗的历史经验"概括的具有根本性和长远指导意义的"十个坚持"的历史经验那里移用过来的。

数字化表达中的"13"，则是从《决议》第四部分中论述坚持党的全面领导、全面从严治党、经济建设、全面深化改革开放、政治建设、全面依法治国、文化建设、社会建设、生态文明建设、国防和军队建设、维护国家安全、坚持"一国两制"和推进祖国统一、外交工作等13个方面，分领域总结新时代党和国家事业取得的历史性成就、发生的历史性变革，重点总结党的十八大以来的九年的原创性思想、变革性实践、突破性进展、标志性成果那里移用过来的。

对今年11月29日《北京日报》上刊登的《"1223455101013"——历史决议精髓要义的数字化表达》一文，我在全国多个地方的多个基层单位宣讲和解读全会《决议》精神时，听到的反映都认为，这一数字化表达中的十个数字共同表达的全会《决议》的十大精髓要义，其概括是精准的、全面的，所用的数字化表达方式是既易懂易记又能入眼入脑和深入人心的。

回望党的百年奋斗 再启新的奋斗征程

——接受新华社《瞭望》新闻周刊记者的访谈 ①

（2021 年 12 月 6 日）

青史如镜，鉴照峥嵘岁月；初心如炬，辉映复兴之路。

在中国共产党成立 100 周年的重要历史时刻、在"两个一百年"奋斗目标历史交汇点上召开的党的十九届六中全会，重点研究全面总结党的百年奋斗的重大成就和历史经验问题。

"这对统一全党思想、坚定信心、开创未来，对认识历史规律、掌握历史主动，对牢记初心使命、传承红色基因，对团结带领全国各族人民夺取新时代中国特色社会主义伟大胜利，都具有重大现实意义和深远历史意义。"在接受《瞭望》新闻周刊记者专访时，党的十九届六中全会精神中央宣讲团成员、中共中央政策研究室原副主任施芝鸿说。

在他看来，我们党历来高度注重总结历史经验，是因为以史为鉴，可以知兴替。同时还因为，人类总得不断地总结经验，有所发现，有所发明，有所创造，有所前进。

党的十九届六中全会通过的《中共中央关于党的百年奋斗重大成就和历史经验的决议》（以下简称《决议》）开宗明义地向党

---

① 访谈人张程程，《瞭望》新闻周刊记者。

197

内外、国内外昭告：总结党的百年奋斗重大成就和历史经验，是在建党百年历史条件下开启全面建设社会主义现代化国家新征程、在新时代坚持和发展中国特色社会主义的需要；是增强政治意识、大局意识、核心意识、看齐意识，坚定道路自信、理论自信、制度自信、文化自信，做到坚决维护习近平同志党中央的核心、全党的核心地位，坚决维护党中央权威和集中统一领导，确保全党步调一致向前进的需要；是推进党的自我革命、提高全党斗争本领和应对风险挑战能力、永葆党的生机活力、团结带领全国各族人民为实现中华民族伟大复兴的中国梦而继续奋斗的需要。

"《决议》科学总结党的百年奋斗重大成就和历史经验，就是要让全党同志从中看清楚过去我们为什么能够成功、弄明白未来我们怎样才能继续成功，从而更加坚定、更加自觉地践行初心使命，在新时代更好坚持和发展中国特色社会主义。"施芝鸿对记者说。

汲取智慧　再启征程　引领未来

《瞭望》：此次全会通过的《决议》为什么要将重点放在总结新时代党和国家事业取得的历史性成就、发生的历史性变革和积累的新鲜经验上？

施芝鸿：这是因为1945年党的扩大的六届七中全会通过的《关于若干历史问题的决议》、1981年党的十一届六中全会通过的《关于建国以来党的若干历史问题的决议》以及党的一系列重要文献，都已经对新民主主义革命、社会主义革命和建设、进入改革开放和社会主义现代化建设新时期到党的十一届六中全会的历史作过大量论述，所以遵照以习近平同志为核心的党中央的决定，这次《决议》重点是总结分析党的十一届六中全会以来特别是中国特色社会主义进入新时代以来的情况；同时还因为党的十一届六中全会以来，我们党和国家事业发展总体上是顺利的、前进方向是正确的、取得的成就是举世瞩目的，所以这次《决议》把重点放在了总结党的十一届六中全会以来重大成就和历史经验上，特别是全面总结、系统总结新时代的历史性成就、历史性变革上，这既是全党同志的共同心愿，也有利于全党统一思想、坚定信心，以昂扬的姿态迈进新征程、建功新时代。

《瞭望》：新时代坚持和发展中国特色社会主义对于马克思主义中国化时代化的意义是什么？

施芝鸿：中国特色社会主义是我们党在改革开放和社会主义现代化建设新时期开创的，也是党在长期奋斗基础上，由几代中央领导集体团结带领全党全国人民接力探索不断推向前进的。党的十八大以来，以习近平同志为核心的党中央提出坚持和发展中国特色社会主义，这既是推进马克思主义中国化的需要，也是推进马克思主义时代化的需要。中国特色社会主义取得的伟大成功，使马克思主义的科学性和真理性在中国得到充分检验，马克思主义的人民性和实践性在中国得到充分贯彻，马克思主义的开放性和时代性在中国得到充分彰显。马克思主义中国化时代化不断取得成功，使马克思主义以崭新形象展现在世界上，使世界范围内社会主义和资本主义两种意识形态、两种社会制度的历史演进及其较量发生了有利于社会主义的重大转变。

正如此次全会《决议》指出的那样，党的十一届三中全会以后，以邓小平同志为主要代表的中国共产党人，团结带领全党全国各族人民，成功开创了中国特色社会主义；党的十三届四中全会以后，以江泽民同志为主要代表的中国共产党人，团结带领全党全国各族人民，成功把中国特色社会主义推向21世纪；党的十六大以后，以胡锦涛同志为主要代表的中国共产党人，团结带领全党全国各族人民，成功在新形势下坚持和发展了中国特色社会主义。

《决议》还指出，党的十二大、十三大、十四大、十五大、十六大、十七大，根据国际国内形势发展变化，从我国发展新要求出发，一以贯之对推进改革开放和社会主义现代化建设作出全面部署。改革开放和社会主义现代化建设取得举世瞩目的伟大成就，我国实现了从生产力相对落后的状况到经济总量跃居世界第二的历史性突破，实现了人民生活从温饱不足到总体小康、奔向全面小康的历史性跨越，推进了中华民族从站起来到富起来的伟大飞跃。

2012年11月，习近平总书记发表的署名文章《紧紧围绕坚持和发展中国特色社会主义　学习宣传贯彻党的十八大精神》中指出，坚持和发展中国特色社会主义是贯穿党的十八大报告的一条主线，为我们这一届中央领导集体的工作指明了方向，我们这一代共产党人要为之付出全部智慧和力量。

党的十八大以来，以习近平同志为核心的党中央统揽伟大斗争、伟大工程、伟大事业、伟大梦想，推动中国特色社会主义进入新时代，推动党和国家事业取得历史性成就、发生历史性变革。在这个过程中，以习近平同志为主要代表的中国共产党人，坚持把马克思主义基本原理同中国具体实际相结合、同中华优秀传统文化相结合，坚持毛泽东思想、邓小平理论、"三个代表"重要思想、科学发展观，深刻总结并充分运用党成立以来的历史经验，从新的实际出发，创立了习近平新时代中国特色社会主义思想。

《决议》指出，习近平同志对关系新时代党和国家事业发展的一系列重大理论和实践问题进行了深邃思考和科学判断，就新时代坚持和发展什么样的中国特色社会主义、怎样坚持和发展中国特色社会主义，建设什么样的社会主义现代化强国、怎样建设社会主义现代化强国，建设什么样的长期执政的马克思主义政党、怎样建设长期执政的马克思主义政党等重大时代课题，提出一系列原创性的治国理政新理念新思想新战略，是习近平新时代中国特色社会主义思想的主要创立者。习近平新时代中国特色社会主义思想是当代中国马克思主义、21世纪马克思主义，是中华文化和中国精神的时代精华，实现了马克思主义中国化新的飞跃。党确立习近平同志党中央的核心、全党的核心地位，确立习近平新时代中国特色社会主义思想的指导地位，这"两个确立"充分反映了全党全军全国各族人民共同心愿，对新时代党和国家事业发展、对推进中华民族伟大复兴历史进程具有决定性意义和决定性作用。

《瞭望》：此次全会通过的《决议》是怎样表述习近平新时代中国特色社会主义思想的？

施芝鸿：此次全会《决议》在党的十九大报告所作的科学概括基础上，把习近平新时代中国特色社会主义思想科学回答的重大时代课题，由新时代坚持和发展什么样的中国特色社会主义、怎样坚持和发展中国特色社会主义这一个"什么样"和"怎样"，拓展为还包括建设什么样的社会主义现代化强国、怎样建设社会主义现代化强国，建设什么样的长期执政的马克思主义政党、怎样建设长期执政的马克思主义政党在内的三个"什么样"和"怎样"，从而按照新时代的客观实际拓展了当代中国马克思主义、21世纪马克思主义新内涵，打开了"党对中国特色社会主义建设规律认识深化和理论创新"的新境界，这是以习近平同志为主要代表的中国共产党人在新时代"实现了马克思主义中国化新的飞跃"的生动体现。

《决议》贯通党的十八大和十九大以来这九年党的全部理论和实践，把习近平新时代中国特色社会主义思想所回答的基本问题，从党的十九大报告概括的"八个明确"拓展为涵盖改革发展稳定、治党治国治军、内政外交国防的"十个明确"，还对这十个基本问题的排列顺序作了适当调整，使之结构更加完善、内容更加充实。

对于在习近平新时代中国特色社会主义思想指引下，党和国家事业在新时代取得的历史性成就、发生的历史性变革，《决议》分别从坚持党的全面领导、全面从严治党、经济建设、全面深化改革开放、政治建设、全面依法治国、文化建设、社会建设、生态文明建设、国防和军队建设、维护国家安全、坚持"一国两制"和推进祖国统一、外交工作等13个方面，作了分领域的全景式总结和呈现，凸显了习近平新时代中国特色社会主义思想在上述每一个领域的"原创性思想、变革性实践、突破性进展、标志性成果"，充分展示了这个思想的真理的力量、实践的伟力。

同时，这也充分表明，《决议》提出的确立习近平同志党中央的核心、全党的核心地位，确立习近平新时代中国特色社会主义思想的指导地位，反映了全党全军全国各族人民共同心愿，对新时代党和国家事业发展、对推进中华民族伟大复兴历史进程具有决定性意义的论断，是千真万确的。"两个确立"正在不断"深入人心"中日益"深得民心"。在向全面建成社会主义现代化强国的第二个百年奋斗目标进军的新征程上，这"两个确立"的决定性意义、决定性作用必将更加充分地显现出来。

《瞭望》：您认为党的十八大以来的理论创新及其指导下的实践成果证明了什么？

施芝鸿：新时代的这些理论新创造和实践新成果充分表明，同党的十二大、十三大、十四大、十五大、十六大、十七大的时候相比，现在我们党对中国特色社会主义建设规律的认识深刻得多了，经验丰富得多了，贯彻我们党的正确路线方针政策的自觉性和坚定性也大大增强了。这对于在新时代更好坚持和发展中国特色社会主义是具有长期指导作用的。

这些理论新创造和实践新成果还充分表明，党的十八大报告提出的"一定要毫不动摇坚持、与时俱进发展中国特色社会主义，不断丰富中国特色社会主义的实践特色、理论特色、民族特色、时代特色"，以习近平同志为主要代表的中国共产党人真正做到了；经过全党全国各族人民持续奋斗，我们党实现了第一个百年奋斗目标，在中华大地上全面建成了小康社会，历史性地解决了绝对贫困问题，正在意气风发向着全面建成社会主义现代化强国的第二个百年奋斗目标迈进。在新时代党的创新理论指引下，"建成社会主义现代化强国，实现中华民族伟大复兴，是一场接力跑，我们要一棒接着一棒跑下去，每一代人都要为下一代人跑出一个好成绩"①，以习近平同志为主要代表的中国共产党人同样真正做到了。

维护核心　集中统一　团结胜利

《瞭望》：党的百年奋斗史告诉我们，保证党的团结和集中统一至关重要，此次全会通过的《决议》也对此作出了深刻阐释。请您对这些深刻阐释加以解读好吗？

施芝鸿：以习近平同志为核心的党中央要求紧密结合100年来我们党从不够成熟到坚定成熟、从不够有力到坚强有力的成长过程，在这次全会《决议》中讲清楚我们党增强团结和集中统一的历史经验，教育引导全党坚定不移向党中央看齐，在党的旗帜下团结成"一块坚硬的钢铁"，步调一致向前进。这是以习近平同志为主要代表的中国共产党人对党百年奋斗正反两方面历史经验的深刻总结和精准运用。1987年，邓小平同志曾经说过："我们现在的路线、方针、政策是在总结了成功时期的经验、失败时期的经验和遭受挫折时期的经验后制定的。历史上成功的经验是宝贵财富，错误的经验、失败的经验也是宝贵财富。这样来制定方针政策，就能统一全党思想，达到新的团结。"②

如果把党在1945年、1981年、2021年通过的这三个历史决议贯通起来看，就可以清楚地看到：旗帜鲜明讲政治，保证党的团结和集中统一是党的生命，也是我们党能够成为百年大党、创造世纪伟业的关键所在。100年来正反两方面历史经验一再证明，不论在

---

① 习近平：《在庆祝改革开放40周年大会上的讲话》，《人民日报》2018年12月19日。

②《邓小平文选》第三卷，人民出版社1993年版，第234—235页。

党的历史发展的哪个阶段，也不论遇到什么样的严重困难和严峻挑战，只要全党同志在党的正确路线指引下团结成"一块坚硬的钢铁"，就能够把全党全国各族人民空前广泛地团结起来，形成万众一心、无坚不摧的磅礴力量，战胜一切强大敌人、一切艰难险阻，使党和人民的事业不断从胜利走向新的胜利，从成功走向更大成功。

《瞭望》： 为什么说维护党中央权威和集中统一领导具有极端重要性？

施芝鸿： 保证全党服从中央，坚决维护党中央权威和集中统一领导，是长期执政的马克思主义政党政治建设的永恒课题和首要任务。毛泽东同志曾经对我们党的历史上的两次胜利、两次失败作过这样的分析，"北伐战争胜利了，但是到一九二七年，革命遭到了失败。土地革命战争曾经取得了很大的胜利，红军发展到三十万人，后来又遭到挫折，经过长征，这三十万人缩小到两万多人"。"经过胜利、失败，再胜利、再失败"，"受了那样大的挫折，吃过那样大的苦头，就得到锻炼，有了经验，纠正了错误路线，恢复了正确路线"。[①] 毛泽东同志经常提起的这两次胜利、两次失败，其最重要的经验教训就是：在实践中形成一个成熟稳定的党中央领导核心和领导集体至关重要，保证党的团结和集中统一、维护党中央权威和集中统一领导至关重要。

这次全会《决议》指出，1935 年 1 月，中央政治局在长征途中举行遵义会议，事实上确立了毛泽东同志在党中央和红军的领导地位，开始确立以毛泽东同志为主要代表的马克思主义正确路线在党

---

① 《毛泽东文集》第八卷，人民出版社 1999 年版，第 299 页。

中央的领导地位，开始形成以毛泽东同志为核心的党的第一代中央领导集体，开启了党独立自主解决中国革命实际问题新阶段，在最危急关头挽救了党、挽救了红军、挽救了中国革命，并且在这以后使党能够战胜张国焘的分裂主义，胜利完成长征，打开中国革命新局面。这在党的历史上是一个生死攸关的转折点。党的百年奋斗史上的三个历史决议之所以都把遵义会议称为党的历史上一个生死攸关的转折点，其根本原因就在于，从这次遵义会议开始，我们党结束了在幼年时期，由于没有形成一个稳定成熟的领导核心、领导集体，导致中国革命或是从胜利走向失败，或是从挫折走向挫折、从一条错误路线走向另一条错误路线，差别只在于是右倾机会主义还是"左"倾路线那样的被动局面。全党由此开始更加深刻认识到了维护党中央权威和集中统一领导的极端重要性。

但是，在遵义会议之后把维护党中央权威和集中统一领导真正变成全党的自觉行动，还经历了将近四年的曲折过程。长征途中，在全党最需要团结的时候，张国焘却拥兵自重、另立"中央"，公然走上分裂党和红军的道路。在全民族抗战初期，从苏联回到延安的王明，处处以共产国际的"钦差大臣"自居，对洛川会议以来党中央在抗日统一战线上的观点提出种种不切实际的批评，并在党内拉帮结派、我行我素，不听党中央指挥。直到党的扩大的六届六中全会之前召开的中央政治局会议传达了共产国际的明确指示，才进一步巩固了毛泽东同志在党中央和全党的领导地位。毛泽东同志在党的七大上总结这段历史时说，"六中全会是决定中国之命运的"[1]。20 世纪 50 年代，在同外国政党领导人会谈时，毛

---

[1]《毛泽东文集》第三卷，人民出版社 1996 年版，第 425 页。

泽东同志还谈道，"我们中国党的领导核心，从 1935 年的遵义会议到现在（1957 年），是经过很艰难的过程才建立起来的"。"根据中国的经验，领导核心是要经过长时期才能稳固的"。①

1989 年 6 月，邓小平同志也曾深刻指出："任何一个领导集体都要有一个核心，没有核心的领导是靠不住的。""这是最关键的问题。国家的命运、党的命运、人民的命运需要有这样一个领导集体。"② 维护中央的权威，就是要保证中央的政令畅通，中央说话能够算数。毛泽东同志和邓小平同志的这些重要思想、深刻论述，是对维护党中央权威和集中统一领导具有极端重要性最具有说服力的回答。

《瞭望》： 党的十八大以来，党中央权威和集中统一领导是如何得到有力保证的？

施芝鸿： 在中国特色社会主义新时代，我们党在党的十八届六中全会上通过的《关于新形势下党内政治生活的若干准则》（以下简称《准则》）中正式提出"以习近平同志为核心的党中央"，此后，党的十九大决定把习近平同志党中央的核心、全党的核心地位写入党章。党的十九大以后又提出增强"四个意识"、坚定"四个自信"、做到"两个维护"。

同时，以习近平同志为核心的党中央还针对党的十八大以来，党内存在的"对党中央重大决策部署执行不力，有的搞上有政策、下有对策，甚至口是心非、擅自行事"的问题，针对一些人无视

① 吴冷西:《十年论战: 1956~1966 中苏关系回忆录》，中央文献出版社 1999 年版，第 145 页。

②《邓小平文选》第三卷，人民出版社 1993 年版，第 310 页。

党的政治纪律和政治规矩、政治问题和经济问题相互交织的"七个有之"问题，旗帜鲜明地提出加强党的政治建设，健全维护党中央权威和集中统一领导的各项制度。党的十八届六中全会制定并出台的《准则》，党中央出台的《中共中央政治局关于加强和维护党中央集中统一领导的若干规定》，都起到了严明党的政治纪律和政治规矩、发展积极健康的党内政治文化、推动营造风清气正的良好政治生态的作用。以习近平同志为核心的党中央还要求党的领导干部提高政治判断力、政治领悟力、政治执行力，胸怀"国之大者"，对党忠诚、听党指挥、为党尽责。党的十九届四中全会结合制定《中共中央关于坚持和完善中国特色社会主义制度、推进国家治理体系和治理能力现代化若干重大问题的决定》，健全党的领导制度体系，确保党在各种组织中发挥领导作用，建立健全党对重大工作的领导体制，完善推动党中央重大决策落实机制，同时强化政治监督，深化政治巡视，查处违背党的路线方针政策、破坏党的集中统一领导问题，清除"两面人"，保证全党在政治立场、政治方向、政治原则、政治道路上同党中央保持高度一致。所有这些针对性很强、约束力很大的创新举措，使党中央权威和集中统一领导得到有力保证，使党的团结统一更加巩固。

这次全会《决议》要求全党，深化对共产党执政规律、社会主义建设规律、人类社会发展规律的认识，坚持党的基本理论、基本路线、基本方略，增强"四个意识"，坚定"四个自信"，做到"两个维护"。这些教育引导全党吸取正反两方面历史经验，坚定不移向党中央看齐的重要举措，必将推动全党不断把讲政治从外部要求转化为内在主动，把维护党中央权威和集中统一领导体现在行动上，做到全党上下拧成一股绳，心往一处想、劲往一处使，确保全党团结一致向前进，在新时代新征程上抓住历史变革时机，把握历史规律，掌握党和国家事业发展的历史主动。

自我革命　永葆活力　逐梦奋进

《瞭望》：您如何看待"勇于自我革命是中国共产党区别于其他政党的显著标志"？

施芝鸿：以习近平同志为核心的党中央要求在起草本次全会《决议》时，要深入研究100年来我们党加强自身建设、保持先进性和纯洁性、提高执政能力、经受住各种风险考验而不断发展壮大的历史经验，讲清楚以伟大自我革命引领伟大社会革命、以伟大社会革命促进伟大自我革命的深层逻辑，讲清楚党的十八大以来围绕增强党自我净化、自我完善、自我革新、自我提高能力作出的重大战略谋划、重大创新举措，教育引导全党深刻认识全面从严治党、推进自我革命的重要性和必然性，使我们党始终成为站在时代潮流最前列、站在攻坚克难最前沿、站在最广大人民之中的坚强的马克思主义执政党。

这两个至关重要的"讲清楚"，体现了以习近平同志为主要代表的中国共产党人，对党的自我革命同党领导的社会革命辩证统一关系在认识上实践上的高度自觉和清醒。正如《决议》所指出的那样：勇于自我革命是中国共产党区别于其他政党的显著标志。自我革命精神是党永葆青春活力的强大支撑。先进的马克思主义执政党并不是天生的，而是在不断自我革命中淬炼而成的。党的伟大不在于不犯错误，而在于从不讳疾忌医，积极开展批评和自我批评，敢于直面问题，勇于自我革命。

《瞭望》：为什么说党的建设伟大工程贯穿了百年党史？

施芝鸿：说党的建设伟大工程贯穿了百年党史，这不是文学描绘，而是客观事实。中国共产党的百年奋斗史，就是以伟大自我革命引领伟大社会革命、以伟大社会革命促进伟大自我革命的历史。党早在革命战争年代就自觉开创并推进了党的建设伟大工程，在新中国成立之前，中国共产党就曾经历了两次大规模整党。一次是1942年到1943年的整风运动，这场马克思主义思想教育运动以及其后召开的党的七大，使党在思想上政治上组织上都达到空前团结和统一。另一次是1947年到1948年，在我们党局部执政的农村地区的基层组织中开展的整党，解决了党内存在的成分不纯和作风不纯现象，改善了农村党与群众的关系。新中国成立之初的1950年开展的反对官僚主义、命令主义和贪污浪费的整风整党，以坚决惩治腐败防范党员干部腐化变质为重点，密切了党同人民群众的联系，积累了执政党建设的初步经验。

在改革开放和社会主义现代化建设新时期，党又开创并推进了党的建设新的伟大工程，以《关于党内政治生活的若干准则》为指导，健全了党内民主集中制、实现了党内政治生活正常化；有计划有步骤地进行整党，解决了党内思想不纯、作风不纯、组织不纯问题；党还围绕解决好提高党的领导水平和执政水平、提高拒腐防变和抵御风险能力这两大历史性课题，先后就加强党同人民群众联系、加强和改进党的作风建设、加强党的执政能力建设等重大问题作出决定，与时俱进地开展了一系列党内集中教育活动，收到了让党员干部受教育、使人民群众得实惠的明显成效。

党的十八大以来，党中央继续推进新时代党的建设新的伟大工程，以加强党的长期执政能力建设、先进性和纯洁性建设为主线，以党的政治建设为统领，以坚定理想信念宗旨为根基，以调动全党积极性、主动性、创造性为着力点，不断提高党的建设质量，把党建设成为始终走在时代前列、人民衷心拥护、勇于自我革命、经得起各种风险考验、朝气蓬勃的马克思主义执政党。党中央从制定和落实中央八项规定破题，坚持从党中央政治局做起、从领导干部抓起，以上率下改进工作作风，坚决纠治"四风"，坚定不移"打虎""拍蝇""猎狐"，坚持受贿行贿一起查，坚决整治群众身边腐败问题，使党的自我净化、自我完善、自我革新、自我提高能力显著增强，管党治党宽松软状况得到根本扭转，反腐败斗争取得压倒性胜利并全面巩固，消除了党、国家、军队内部存在的严重隐患，党在新时代的革命性锻造中更加坚强。

《瞭望》：我们党进行的伟大自我革命和伟大社会革命之间有着怎样的深层逻辑？

施芝鸿：我们党以伟大自我革命引领伟大社会革命、以伟大社会革命促进伟大自我革命的深层逻辑就是：一个在中国长期执政的马克思主义政党，不但必须在认识客观世界中不断改造客观世界，还要在持续改造客观世界中长期改造主观世界，以永远在路上的高度自觉和清醒做到以伟大自我革命确保党不变质、不变色、不变味，同时教育引导党员干部在伟大社会革命的斗争中经风雨、见世面、壮筋骨、长才干，确保党在新时代坚持和发展中国特色社会主义的历史进程中始终成为坚强领导核心。

伟大自我革命和伟大社会革命的深层逻辑还在于：在新时代，我们党领导人民进行伟大社会革命，其涵盖领域的广泛性、触及利益格局调整的深刻性、涉及矛盾和问题的尖锐性、突破体制机制障碍的艰巨性、进行伟大斗争形势的复杂性，都是前所未有的，这就要求把党的伟大自我革命进行到底。正如习近平总书记深刻指出的那样：我们党作为具有重大全球影响力的世界第一大党，没有什么外力能够打倒我们，能够打倒我们的唯有我们自己。所以，我们要用长期自我革命的行动回答"窑洞之问"，练就中国共产党人自我净化、自我完善、自我革新、自我提高的"绝世武功"，打造中国共产党人的"金刚不坏之身"，做到在伟大自我革命中拒腐蚀、永不沾；在伟大社会革命中难不住、压不垮，推动中国特色社会主义事业航船劈波斩浪、一往无前。

本次全会《决议》指出，过去100年，党向人民、向历史交出了一份优异的答卷。现在，党团结带领中国人民又踏上了实现第二个百年奋斗目标新的赶考之路。时代是出卷人，我们是答卷人，人民是阅卷人。我们一定要继续考出好成绩，在新时代新征程上展现新气象新作为。这进一步启迪我们：不但要以永远在路上的高度自觉、高度清醒对待和推进党的伟大自我革命，还要以永远在路上的赶考心态和"继续考出好成绩"的精神状态，对待和推进伟大社会革命，更加坚定、更加自觉地践行初心使命，在新时代更好坚持和发展中国特色社会主义，为建设社会主义现代化强国、实现中华民族伟大复兴建功立业。

（原载新华社《瞭望》新闻周刊 2021 年第 49 期）

以更加昂扬的姿态迈进新征程、建功新时代

——接受《新京报》记者的访谈 ①

（2021 年 12 月 17 日）

在中国共产党成立 100 周年的重要历史时刻、在"两个一百年"奋斗目标历史交汇点的重大历史关头召开的党的十九届六中全会，审议通过了《中共中央关于党的百年奋斗重大成就和历史经验的决议》（以下简称《决议》）。

2021 年 12 月，《新京报》记者专访了党的十九届六中全会精神中央宣讲团成员、曾多次参与党的全国代表大会和党的中央全会文件起草工作的中共中央政策研究室原副主任施芝鸿，请他介绍怎样向基层党员、干部和群众就全会精神作面对面交流互动式宣讲和解读，并就几个有代表性的问题，请他解疑释惑。

一、三个历史决议的异同

《新京报》记者：我们注意到，党的十九届六中全会闭幕后，您已在全国多个地方的多个基层单位，向广大党员、干部和群众深入浅出地宣讲和解读全会《决议》精神。比如，此次中央全会通过的《决议》与党的前两个历史决议相比，有哪些异同？

---

① 访谈人何强，《新京报》记者。

施芝鸿：是的，党的十九届六中全会主题重大，内涵深刻，政治性、思想性、理论性、政策性都很强，对宣讲工作提出了很高要求。中央领导同志要求我们，要把宣讲党的第三个历史决议精神的每一个内容都"讲清楚、讲透彻"，"尽心尽力、用情用功做好各项准备工作，确保宣讲取得实实在在的效果"。你提的这个问题，就是我在郑州大学马克思主义学院向该院师生作面对面互动式宣讲时，针对提问解读的第一个问题。

当时，我是这样阐述党的百年奋斗史上三个历史决议的异同的。

从相同之处来看，这三个历史决议都是在党的重要历史关头制定的，都是在三个历史决议所对应的三个历史阶段党的领导核心亲自领导和主持下制定的，三个历史决议通过之后都对推动党和人民事业的发展起到了重要指导作用。三个历史决议联袂树起了我们党百年奋斗历史上以伟大自我革命引领伟大社会革命、以伟大社会革命促进伟大自我革命的三个里程碑。把这三个历史决议组合起来看，就是几代党中央领导集体对百年党史的完整系统的总结和"在观念形态上的再现"。

从不同之处来看，前两个历史决议都叫作"历史问题的决议"，都要用很大篇幅去分清历史是非、路线是非、理论是非。这次全会决议叫作《中共中央关于党的百年奋斗重大成就和历史经验的决议》。由于从建党到改革开放之初党的历史上的重大是非问题前两个历史决议基本上都已解决了，其基本结论至今仍然适用；同时由于第二个历史决议之后的 40 年，党和国家事业发展总体上是顺利的、前进方向是正确的、取得的成就是举世瞩目的。基于此，党中央决定，这次全会决议把着力点放在总结党的百年奋斗重大成就和历史经验上，总结的目的是推动全党增长智慧、增进团结、增加信心、增强斗志，以更加昂扬的姿态迈进新征程、建功新时代。下面，我具体介绍一下这三个历史决议。

第一个历史决议产生于争取抗日战争最后胜利的历史关头。1945 年，党的扩大的六届七中全会通过了由毛泽东同志亲自主持制定的《关于若干历史问题的决议》，对建党以后特别是党的六届四中全会至遵义会议前这一段党的历史及其经验教训进行了总结，对党的若干重大历史问题作出了结论，使全党特别是党的高级干部对中国共产党基本问题的认识达到了一致，增强了全党团结，为党的七大胜利召开创造了充分条件。党的七大以后很快就领导打赢了抗日战争，随后又在解放战争中打赢了辽沈、淮海、平津三大战役和渡江战役，成立了新中国，中国人民从此站起来了。

第二个历史决议产生于进入改革开放和社会主义现代化建设新时期，正逢解放思想、拨乱反正的历史关头。当时"文化大革命"十年内乱刚结束不久，在开展真理标准问题大讨论、大刀阔斧进行拨乱反正基础上，召开了党的十一届三中全会，这次会议提出了团结一致向前看的总方针。在 1981 年党的十一届六中全会上，通过了由邓小平同志亲自主持制定的《关于建国以来党的若干历史问题的决议》。这个决议回顾了新中国成立以前党的历史，总结了新中国成立以后社会主义革命和建设的历史经验，对一些重大事件、重要会议、重要人物作出了评价，特别是正确评价了毛泽东同志和毛泽东思想，分清了是非，纠正了"左"右两方面错误观点，统一了全党思想，对推动全党团结一致向前看，更好推进改革开放和社会主义现代化建设产生了重大影响。1982年召开的党的十二大吹响了"走自己的道路,建设有中国特色的社会主义"的进军号,开创中国特色社会主义事业新局面。经过以邓小平同志为主要代表的中国共产党人、以江泽民同志为主要代表的中国共产党人、以胡锦涛同志为主要代表的中国共产党人团结带领全党全国人民的持续努力,取得了改革开放和社会主义现代化建设的新成就,中华民族由站起来走向富起来。

第三个历史决议产生于距离第一个历史决议制定已经过去了76年、距离第二个历史决议制定过去了40年的中国特色社会主义新时代、恰逢"两个一百年"奋斗目标交汇点的历史关头。党中央确定这次全会决议对党的十八大之前的历史时期要在前两个历史决议已有总结和结论的基础上进行概述,重点总结中国特色社会主义新时代党和国家事业取得的历史性成就、发生的历史性变革和积累的新鲜经验。《决议》全景式展现了习近平新时代中国特色社会主义思想实现了马克思主义中国化新的飞跃,全景式展现了改革发展稳定、治党治国治军、内政外交国防共13个领域的原创性思想、变革性实践、突破性进展、标志性成果,突出强调了"两个确立"对新时代党和国家事业发展、对推进中华民族伟大复兴历史进程具有决定性意义。由习近平总书记亲自主持起草的这次全会《决议》,对全党从百年奋斗重大成就和历史经验中汲取智慧和力量提出明确要求,对以史为鉴、开创未来、埋头苦干、勇毅前行提出明确要求。这次全会审议通过的党的第三个历史决议同党作出的前两个历史决议一样,必将对推动全党进一步统一思想、统一意志、统一行动,团结带领全党全国各族人民夺取新时代中国特色社会主义新的伟大胜利、实现中华民族伟大复兴，产生重大而深远的影响。

党的三个历史决议既一脉相承又与时俱进，生动展示了建党 100 年来，我们党从不够成熟到坚定成熟、从不够有力到坚强有力的成长过程。党的十九届六中全会《决议》，从理论和实践、历史和现实的结合上，讲清楚了我们党增强团结和加强党的集中统一领导的历史经验，教育引导全党坚定不移向党中央看齐，在党的旗帜下团结成"一块坚硬的钢铁"，步调一致向前进。这是对党百年奋斗正反两方面历史经验的深刻总结和娴熟运用。

《新京报》记者：如何整体把握党的十九届六中全会《决议》的精髓要义，快速抓住关键点？

施芝鸿：对 3.6 万余字的党的第三个历史决议的关键点，第一，要从党中央顶层战略谋划的高度来理解。在"两个一百年"奋斗目标历史交汇点上制定和通过的这个《决议》，既是一个郑重的战略性决策，又体现了我们党重视和善于运用历史规律的高度政治自觉和高度历史自信，体现了以习近平同志为核心的党中央牢记初心使命、坚持和发展中国特色社会主义、用《决议》精神激励全党在新时代新征程上争取更大荣光的政治智慧和政治担当。第二，要充分认识党中央明确提出的《决议》起草的三条重要原则，这就是《决议》要聚焦总结党的百年奋斗重大成就和历史经验，突出中国特色社会主义新时代这个重点，对重大事件、重要会议、重要人物的评价都要注重同党中央已有的结论相衔接。第三，对《决议》的精髓要义，我给大家提供一个既好懂又好记的数字化表达方式，这就是"1223455101013"。这里的"1"就是一个产生于中国特色社会主义新时代的历史决议；这里的"2"就是新时代的"两个确立"具有决定性意义；这里的第二个"2"就是新时代的"两个结合"，创立了当代中国马克思主义、21世纪马克思主义；这里的"3"就是习近平新时代中国特色社会主义思想回答了三个重大时代课题；这里的"4"就是党在百年奋斗的四个历史时期创造了四个伟大成就、实现了四次伟大飞跃；这里的"5"就是中国共产党百年奋斗的五大历史意义；这里的第二个"5"就是新时代中国共产党全党同志都要坚决做到"五个必须"；这里的"10"就是习近平新时代中国特色社会主义思想的"十个明确"；这里的第二个"10"就是中国共产党百年奋斗积累的"十个坚持"的历史经验；这里的"13"就是新时代党和国家事业在13个领域取得的历史性成就、发生的历史性变革。

把以上对党的十九届六中全会通过的《决议》精髓要义的数字化表达整体上串起来，就是："一个决议"，"两个确立"，"两个结合"，"三个重大时代课题"，"四个历史时期的四个伟大成就和四次伟大飞跃"，"五大历史意义"，"五个必须做到"，"十个明确"，"十条历史经验"，"十三个领域取得的历史性成就、发生的历史性变革"。

二、"两个确立"的决定性意义

《新京报》记者：你认为此次《决议》最大的历史性贡献是什么？

施芝鸿：党的十九届六中全会《决议》最大的历史性贡献，

就是立意高远、旗帜鲜明地提出了"两个确立"的决定性意义。《决议》指出:"党确立习近平同志党中央的核心、全党的核心地位,确立习近平新时代中国特色社会主义思想的指导地位,反映了全党全军全国各族人民共同心愿,对新时代党和国家事业发展、对推进中华民族伟大复兴历史进程具有决定性意义。"

"两个确立"具有决定性意义这一重要论断一经提出就在党内外、国内外引起热烈反响,也引起国内外舆论的高度关注。在开启实现第二个百年奋斗目标新征程的历史关头,在我们比历史上任何时期都更接近、更有信心和能力实现中华民族伟大复兴目标,在具有许多新的历史特点的伟大斗争中,特别是面对美国疯狂打压、极限施压,《决议》鲜明提出、突出强调"两个确立"具有决定性意义,其当下作用和长远作用怎样估计也不会过高。应该看到,中国特色社会主义进入新时代,我们党有两次中央全会先后提出了两个"决定性":党的十八届三中全会《决定》提出,让"市场在资源配置中起决定性作用";党的十九届六中全会《决议》提出,"两个确立""对新时代党和国家事业发展、对推进中华民族伟大复兴历史进程具有决定性意义"。前一个"决定性作用"是习近平总书记提出的;后一个"决定性意义"是党的十九届六中全会《决议》顺应全党全军全国各族人民的共同心愿提出的。

后一个"决定性意义",在我看来,就是指对党和人民事业发展能起到"定海神针"作用的"决定性作用",也就是以习近平同志为核心的党中央的坚强领导是"定海神针",习近平新时代中国特色社会主义思想的科学指引是"定海神针"。"两个确立"在全面建成小康社会、历史性地解决困扰中国几千年的绝对贫困问题上、在新时代具有许多新的历史特点的伟大斗争中，都展示了"定海神针"作用。在向全面建成社会主义现代化强国的第二个百年奋斗目标进军的新时代新征程上，"两个确立"的"决定性意义""决定性作用"也就是"定海神针"作用，必将更加充分更加全面地显现出来。

《新京报》记者：《决议》指出，习近平新时代中国特色社会主义思想"是中华文化和中国精神的时代精华"。您如何理解这一重要论断？

施芝鸿：这一科学论断，同这次中央全会《决议》强调指出的"以习近平同志为主要代表的中国共产党人，坚持把马克思主义基本原理同中国具体实际相结合、同中华优秀传统文化相结合"的科学论断互为印证、相辅相成。

我们可以回顾一下，从毛泽东同志在党的扩大的六届六中全会上提出"没有抽象的马克思主义，只有具体的马克思主义"，到习近平总书记在党的十九大报告中提出"没有高度的文化自信，没有文化的繁荣兴盛，就没有中华民族伟大复兴"，"中国特色社会主义文化，源自于中华民族五千多年文明历史所孕育的中华优秀传统文化，熔铸于党领导人民在革命、建设、改革中创造的革命文化和社会主义先进文化"，再到"坚持创造性转化、创新性发展，不断铸就中华文化新辉煌"，都表明体现了这"两个结合"的习近平新时代中国特色社会主义思想，之所以被称为当代中国马克思主义、21世纪马克思主义，除深刻回答、全面回答了三个重大时代课题之外，还为形成当代中国马克思主义、21世纪马克思主义作出了原创性贡献、为激活中华优秀传统文化生命力作出了历史性贡献、为推动人类文明进步作出了世界性贡献。这个"体现时代性、把握规律性、富于创造性"的思想被称为"中华文化和中国精神的时代精华"，既是恰如其分的，也是当之无愧的。

三、马克思主义中国化新的飞跃

《新京报》记者：《决议》指出，习近平新时代中国特色社会主义思想"实现了马克思主义中国化新的飞跃"。应该从哪些角度来理解这一"新的飞跃"？

施芝鸿：这可以从以下两个层面来看。

第一个层面，就是在这次中央全会《决议》指出的毛泽东思想实现了"马克思主义中国化的第一次历史性飞跃"之后，在改革开放和社会主义现代化建设新时期，以邓小平同志为主要代表的中国共产党人、以江泽民同志为主要代表的中国共产党人、以胡锦涛同志为主要代表的中国共产党人，在改革开放和社会主义现代化实践中，结合中国实际先后创立了邓小平理论、"三个代表"重要思想、科学发展观，由这三大理论创新成果构成的中国特色社会主义理论体系，实现了马克思主义中国化"新的飞跃"。

党的十八大以来，中国特色社会主义进入新时代，以习近平同志为主要代表的中国共产党人经过这九年锲而不舍的励精图治、辨证施治，在实践中创立了被称为当代中国马克思主义、21世纪马克思主义的习近平新时代中国特色社会主义思想。这是继毛泽东思想实现了"马克思主义中国化的第一次历史性飞跃"、中国特色社会主义理论体系实现了"马克思主义中国化新的飞跃"之后，在中国特色社会主义新时代实现的"马克思主义中国化新的飞跃"。

第二个层面，这一"新的飞跃"主要体现在以下三个方面。

一是习近平新时代中国特色社会主义思想深刻而全面地回答了三个重大时代课题，这就是"新时代坚持和发展什么样的中国特色社会主义、怎样坚持和发展中国特色社会主义，建设什么样的社会主义现代化强国、怎样建设社会主义现代化强国，建设什么样的长期执政的马克思主义政党、怎样建设长期执政的马克思主义政党"。

二是习近平新时代中国特色社会主义思想全面系统总结了党的十八大以来这九年全面从严治党、深入开展反腐败斗争、全面推进社会主义建设、完成脱贫攻坚、在中华大地上全面建成小康社会等方面的新鲜经验，形成了这个思想"十个明确"的科学内涵。

三是这九年来，从整个党的面貌、国家面貌、民族面貌到军队面貌、社会面貌、乡村面貌都发生了历史性、整体性、革命性重塑。《决议》对此分别从坚持党的全面领导、全面从严治党、经济建设、全面深化改革开放、政治建设、全面依法治国、文化建设、社会建设、生态文明建设、国防和军队建设、维护国家安全、坚持"一国两制"和推进祖国统一、外交工作等13个方面，作出了分领域的全景式总结和呈现，凸显了习近平新时代中国特色社会主义思想在上述每一个领域的"原创性思想、变革性实践、突破性进展、标志性成果"。

四、十条历史经验的内在逻辑

《新京报》记者:《决议》总结了中国共产党百年奋斗的十条历史经验,贯穿其中的内在逻辑是什么?

施芝鸿:第一,从《决议》概括的党的百年奋斗十条历史经验所回答的重大问题来看,它既回答了"中国共产党为什么能、马克思主义为什么行、中国特色社会主义为什么好"的问题,又回答了《决议》序言中提出的"从党的百年奋斗中看清楚过去我们为什么能够成功、弄明白未来我们怎样才能继续成功"的问题。同时,《决议》还回答了习近平总书记要求全党牢记的"中国共产党是什么、要干什么"这个根本问题。

第二,从十条历史经验的内容组合来看,它既涵盖了毛泽东思想活的灵魂,即实事求是、群众路线、独立自主,涵盖了我们党在百年奋斗中创立的统一战线、武装斗争、党的建设三大法宝,涵盖了我们党在整风运动中总结的坚持理论联系实际、密切联系群众、批评和自我批评三大优良作风,还涵盖了习近平总书记提出的伟大斗争、伟大工程、伟大事业、伟大梦想"四个伟大",涵盖了我们党领导的伟大社会革命和党的伟大自我革命,涵盖了中国共产党人的"家国情怀"和"世界胸怀",等等。

第三,从十条历史经验的内在逻辑来看,就是习近平总书记在对《决议》的说明中指出的"三个根本、一个源泉",即"这十条历史经验是系统完整、相互贯通的有机整体,揭示了党和人民事业不断成功的根本保证,揭示了党始终立于不败之地的力量源泉,揭示了党始终掌握历史主动的根本原因,揭示了党永葆先进性和纯洁性、始终走在时代前列的根本途径"。

五、党的自我革命

《新京报》记者:《决议》总结的第十条历史经验是坚持自我革命。您如何看待"勇于自我革命是中国共产党区别于其他政党的显著标志"这一论述?

施芝鸿: 1945年黄炎培先生率民主人士代表团访问延安时,在延安的窑洞里,他向毛泽东同志提出了共产党执政,如何跳出历代封建王朝"其兴也浡焉,其亡也忽焉"这一治乱兴衰的历史周期率的问题。毛泽东同志对黄炎培先生说:"只有让人民来监督政府,政府才不敢松懈。"① 这是我们党对如何跳出治乱兴衰的历史周期率给出的第一个答案。

在党的十九届六中全会上,习近平总书记说,经过百年奋斗特别是党的十八大以来新的实践,我们党又给出了第二个答案,这就是自我革命。

习近平总书记还指出,勇于自我革命是我们党区别于其他政党的显著标志。正是因为具备这样独有的政治品格,我们党才能穿越百年风风雨雨,才能够多次在危难之际重新奋起、失误之后拨乱反正,成为打不倒、压不垮的马克思主义政党。

"心底无私天地宽"。我们党代表中国最广大人民根本利益,既没有任何自己特殊的利益,也从来不代表任何利益集团、任何权势团体、任何特权阶层的利益。这就是中国共产党敢于自我革

---

① 黄炎培:《八十年来》,文史资料出版社1982年版,第149页。

命的勇气之所源、骨气之所有、底气之所在。也正因为心底无私，我们党才能本着彻底的唯物主义精神，经常检视自身、常思己过，才能摆脱一切利益集团、权势团体、特权阶层的"围猎"腐蚀，并对这些集团、团体、阶层所裹挟的任何腐败分子开刀。有些人不相信我们党能真正做到刀刃向内、自剜腐肉，中国共产党勇于自我革命的实践，给了他们响亮有力的回答。

以习近平同志为主要代表的中国共产党人，站在"建设什么样的长期执政的马克思主义政党、怎样建设长期执政的马克思主义政党"这样的政治高度、理论高度、道义高度，站在治国理政和管党治党的历史高度、现实高度、长远高度，对中国共产党为什么能跳出、怎样才能跳出治乱兴衰的历史周期率，从理论和实践的结合上以及从坚持"人民的监督"和坚持"党的自我监督"的结合上作出的回答，把以党的伟大自我革命引领伟大社会革命、以伟大社会革命促进伟大自我革命的深层逻辑讲得很清楚、很透彻、很明白。

六、走向共同富裕

《新京报》记者：《决议》指出，到本世纪中叶全体人民共同富裕基本实现。您如何理解共同富裕？实现共同富裕，我们还有哪些路要走？

施芝鸿：共同富裕是马克思、恩格斯创立的科学社会主义理论所追求的未来理想社会的一个重要标志。共同富裕是我国社会主义的本质要求，是中国式现代化的重要特征。共同富裕也是几代中国共产党人矢志不渝地开创、坚持、捍卫、发展的中国特色社会主义的题中应有之义。总之，没有社会主义就没有共同富裕，没有共同富裕也称不上社会主义。

习近平总书记指出："幸福生活都是奋斗出来的，共同富裕要靠勤劳智慧来创造。"①实现 14 亿多中国人民的共同富裕，这是人类历史上的一个超级困难的世界难题。我们不妨回顾一下：1987 年邓小平同志提出我国社会主义现代化建设"三步走"战略，即在消灭贫穷落后的基础上，依次实现温饱、小康和中等发达。经过从那时以来 34 年的不懈奋斗、接续奋斗，2021 年 7 月 1 日，在庆祝中国共产党成立 100 周年大会上，习近平总书记在天安门城楼上庄严宣告："经过全党全国各族人民持续奋斗，我们实现了第一个百年奋斗目标，在中华大地上全面建成了小康社会，历史性地解决了绝对贫困问题。"这其实就是宣布邓小平同志提出的我国社会主义现代化建设"三步走"战略的前两步已经胜利实现了。第三步要建设中等发达的社会主义现代化国家，也就是到 2035 年基本实现我国社会主义现代化，到本世纪中叶把我国建成社会主义现代化强国，实现全中国人民的共同富裕。

实现共同富裕需要在实践中逐步推进，既不能一哄而起，也不会一蹴而就。想一想吧，全面建成小康社会是我们党提出的第一个百年奋斗目标，尚且需要经过几个阶段的努力才得以实现，实现共同富裕作为我们党的第二个百年奋斗目标，要比实现第一个百年奋斗目标艰难得多，更需要循序渐进，抓好试点先行。所以党中央决定在浙江省率先试点共同富裕示范区建设，并且鼓励各地因地制宜

---

① 习近平：《扎实推动共同富裕》，《求是》2021 年第 20 期。

探索实现共同富裕的有效途径，总结经验，逐步在全国推开。

实现全国 14 亿多人口的共同富裕，需要继续引导先富带后富、先富帮后富，需要保护合法致富，鼓励勤劳创新致富，在这个过程中，既不会搞平均主义，也不会搞杀富济贫，更不会刮共产风。

我们党和国家将会遵循"坚持以人民为中心的发展思想，在高质量发展中促进共同富裕"的总体思路，正确处理效率和公平的关系，构建初次分配、再分配、三次分配协调配套的基础性制度安排，加大税收、社保、转移支付等调节力度并提高精准性，扩大中等收入群体比重，增加低收入群体收入，合理调节高收入，取缔非法收入，形成中间大、两头小的橄榄型分配结构，促进社会公平正义，促进人的全面发展，使全体人民朝着共同富裕目标扎实迈进。

什么叫"扎实迈进"？就是对办好共同富裕这件大事、好事、难事的长期性、艰巨性、复杂性一定要有充分估计，既等不得，也急不得。需要遵照习近平总书记关于"我们要有耐心，实打实地一件事一件事办好，提高实效"的指示精神，一步一个脚印地去做，积小胜为大胜，由量变到质变，脚踏实地、久久为功。"不是所有人都同时富裕，也不是所有地区同时达到一个富裕水准，不同人群不仅实现富裕的程度有高有低，时间上也会有先有后，不同地区富裕程度还会存在一定差异，不可能齐头并进。"[①] 把以习近平同志为核心的党中央的这个总体思路铭记于心，做到不为任何风险所惧，不为任何干扰所惑，才是真正扎实推动共同富裕。

---

① 习近平：《扎实推动共同富裕》，《求是》2021 年第 20 期。

七、传承红旗渠精神

《新京报》记者：我们注意到，2021 年 11 月 23 日下午，您在河南省林州市红旗渠宣讲党的十九届六中全会精神时，讲到为中国革命建设牺牲的群体时禁不住流泪了。

施芝鸿：2021 年是中国共产党成立 100 周年，以习近平同志为核心的党中央重点抓了同党的百年庆典活动密切相关的三件大事，全党有 9500 多万名党员能在有生之年参与其中，可以说我们这一代共产党员都是幸运的、幸福的。

在庆祝中国共产党成立 100 周年之时，我们很自然地想起，党在革命战争年代有 370 多万名有名有姓的党员，为了新中国的诞生英勇牺牲了。河南省林州市"人工天河"红旗渠这一伟大工程从 1960 年 2 月动工，到 1969 年 7 月所有配套设施全面完成，有 81 位农民兄弟英勇献身。在习近平总书记亲自领导的脱贫攻坚伟大斗争中，全国有数百万扶贫干部尽锐出战、苦干实干，将最美的年华献给了脱贫事业，其中有 1800 多位同志为此献出了生命……他们今天也都不能同我们一起庆祝中国共产党成立 100 周年，也不能跟我们一起见证中国特色社会主义新时代的盛世美景好年华了。我们以崇敬的心情提起他们，就是要永远铭记为了实现党的初心使命和崇高理想、为了中国人民的美好明天而献出自己生命的每一位牺牲者。

《新京报》记者：在新时代应该如何传承红旗渠精神？

施芝鸿：我在红旗渠宣讲时，73 岁的红旗渠特等劳模张买江一家三代人情系红旗渠的故事深深感动了我、也感染着我。张买江的父亲为修渠牺牲后，13岁的张买江就上了红旗渠工地，20世纪90年代张买江的儿子又成为一名护渠人。当年13岁的小英雄，如今已是老英雄了。

习近平同志曾指出："红旗渠精神是我们党的性质和宗旨的集中体现，历久弥新，永远不会过时。"①习近平同志的话讲出了红旗渠精神的价值所在。

"自力更生、艰苦创业、团结协作、无私奉献"的红旗渠精神，凝聚着20世纪60年代中华民族的时代精神，是81位筑渠英雄用鲜血和生命熔铸而成的，记录了我们一代人的奋斗历程。红旗渠精神已经载入了中国共产党人的精神谱系，红旗渠精神永存、其时代价值永恒。老英雄一家三代坚守着红旗渠的家国情怀，需要永远弘扬下去，以鼓舞全国人民凝心聚力向着第二个百年奋斗目标奋进。

八、寄语新时代青年

《新京报》记者：在新时代如何坚持和发展中国特色社会主义？

施芝鸿：在庆祝改革开放40周年大会上，习近平总书记指出："建成社会主义现代化强国，实现中华民族伟大复兴，是一场接力跑，我们要一棒接着一棒跑下去，每一代人都要为下一代人跑出一个好成绩。"

在全面建设社会主义现代化国家新征程上，我们每一个中国

①《红旗渠精神历久弥新，永远不会过时——论中国共产党人的精神谱系之三十六》，《人民日报》2021年11月11日。

共产党人都要树立这种自觉而坚定的接力跑意识，在习近平新时代中国特色社会主义思想指引下，通过全面贯彻党的十九届六中全会精神，全面贯彻习近平新时代中国特色社会主义思想深刻、全面回答的三个重大时代课题、提出的"十个明确"科学内涵、总结的13个领域历史性成就和历史性变革，以及党的百年奋斗的十条历史经验，为下一代人跑出一个好成绩。有了这样一种接力跑所构成的社会合力，才能在新时代进一步坚持和发展中国特色社会主义。

《新京报》记者：对于新时代青年，您有哪些寄语？如何以《决议》为指引，为实现中华民族伟大复兴作出自己更大贡献？

施芝鸿：2021年7月1日，在庆祝中国共产党成立100周年大会上，我有幸在天安门广场西观礼台现场观看、近距离聆听了3200名共青团员和少先队员代表们集体朗诵的献词，他们发出的"请党放心，强国有我"的铿锵有力的青春誓言响彻天安门广场。2021年11月，我在郑州大学宣讲党的十九届六中全会精神时，再次听到青年一代谈到同样的话题。

在20世纪80年代拨乱反正、全面改革过程中，改革开放总设计师邓小平同志提出的实现干部队伍革命化、年轻化、知识化、专业化的战略方针，使今日之中国从党政干部队伍到科研队伍，乃至各条战线、各行各业干部队伍的年轻化程度让国外刮目相看。生长在中国特色社会主义新时代的这一代青年人，他们有理想、有信仰、有作为，是奋斗的一代，也是注定将要担当历史重任的一代。

我希望作为中国特色社会主义建设者和接班人的青年一代，

在通篇学习感悟《决议》精神基础上，重点思考一下，《决议》第七部分"新时代的中国共产党"中提出的"党和人民事业发展需要一代代中国共产党人接续奋斗，必须抓好后继有人这个根本大计"、培养造就大批堪当时代重任的接班人，其战略意义何在？

《决议》提出："要坚持用习近平新时代中国特色社会主义思想教育人，用党的理想信念凝聚人，用社会主义核心价值观培育人，用中华民族伟大复兴历史使命激励人。"《决议》还提出"三个源源不断"，这充分体现了我们党关于赢得青年才能赢得未来的战略眼光。我们党成立100年来，党的队伍中始终活跃着一批怀抱崇高理想、充满奋斗精神的青年人，这是我们党历经百年风雨而始终充满生机活力的一个重要原因。《决议》强调，要源源不断把各方面先进分子特别是优秀青年吸收到党内来，教育引导青年党员永远以党的旗帜为旗帜、以党的方向为方向、以党的意志为意志，赓续党的红色血脉，弘扬党的优良传统，在斗争中经风雨、见世面、壮筋骨、长才干。

我希望青年一代按照党的十九届六中全会精神，在厚植家国情怀的同时，还要具有世界情怀，胸怀天下，放眼世界，关注人类前途命运。青年一代既要继承我们民族的优秀传统文化，树立文化自信，又要树立"各美其美，美人之美，美美与共，天下大同"的文化自觉，坚持独立自主、自力更生，既虚心学习借鉴国外的有益经验，又坚定民族自尊心和自信心，不信邪、不怕压，同世界各国人民一道，为不断推进人类文明发展进步作贡献，推动历史车轮向着光明的前途前进。

（原载《新京报》2021年12月20日）

且看党的第三个历史决议的
五十二个"之最"

（2022 年 1 月 10 日）

党的十九届六中全会通过的党的百年奋斗史上第三个历史决议（为行文方便，有时称《决议》），通过回顾党走过的百年奋斗历程、总结党的百年奋斗重大成就和历史经验，着重阐释党的十八大以来党和国家事业取得的历史性成就、发生的历史性变革，其思想含量、理论含量、知识含量十分丰富，政治性、理论性、战略性、指导性都很强。这个决议通篇蕴含着引人注目的五十二个"之最"。

1. **这是党的百年奋斗史上覆盖时间最长的历史决议**。党的第一个历史决议所覆盖的时间，是 1921 年建党以后的 24 年，特别是党的扩大的六届四中全会至遵义会议之前的那段时间。党的第二个历史决议所覆盖的时间，是党成立以后的 60 年，特别是社会主义革命和建设时期。党的第三个历史决议所覆盖的时间，则是与党的百年奋斗历程同步同岁，其时间跨度和涉及范围都远超前两个历史决议。

2. **这是党的百年奋斗史上的三个历史决议中篇幅最长的历史决议**。党的第一个历史决议的篇幅约 2.7 万字，第二个历史决议的篇幅约 3.4 万字，第三个历史决议的篇幅约 3.6 万字，堪称总结我们党的百年奋斗史的鸿篇巨制。

3.**这是党的百年奋斗史上的三个历史决议中起草工作用时最短的历史决议。**党的第一个历史决议起草时间约为二年，第二个历史决议起草时间约为一年半，第三个历史决议起草时间仅七个月左右。这也从一个侧面表明，我们党从不够成熟走向坚定成熟，从不够有力走向坚强有力。

4.**这是对党的百年奋斗史上三个历史决议的内在联系揭示和阐述最为明确的历史决议。**党的第三个历史决议明确指出，1945年党的扩大的六届七中全会通过的《关于若干历史问题的决议》、1981年党的十一届六中全会通过的《关于建国以来党的若干历史问题的决议》，实事求是总结党的重大历史事件和重要经验教训，在重大历史关头统一了全党思想和行动，对推进党和人民事业发挥了重要引领作用，其基本论述和结论至今仍然适用。

5.**这是对总结党的百年奋斗重大成就和历史经验的重大意义阐述最为精到的历史决议。**《决议》用"三个需要"对此作了简明扼要的概括，即：这是在建党百年历史条件下开启全面建设社会主义现代化国家新征程、在新时代坚持和发展中国特色社会主义的需要；是增强"四个意识"、坚定"四个自信"、做到"两个维护"，确保全党步调一致向前进的需要；是推进党的自我革命、提高全党斗争本领和应对风险挑战能力、永葆党的生机活力、团结带领全国各族人民为实现中华民族伟大复兴的中国梦而继续奋斗的需要。

6.**这是对总结党的百年奋斗重大成就和历史经验要求最为明确的历史决议。**党的第三个历史决议起草工作启动伊始，习近平总书记就明确了总结历史、把握规律、坚定信心、走向未来的总要求，强调要处理好历史连续性和历史阶段性、全面总结和突出重点、总结成就和分析失误、已有结论和最新认识这四大关系，聚焦总结党的百年奋斗重大成就和历史经验，突出中国特色社会主义新时代这个重点，对重大事件、重要会议、重要人物的评价注重同党中央已有结论相衔接。正是在习近平总书记的领航掌舵下，党的第三个历史决议的起草工作蹄疾步稳、扎实推进。

7. 这是运用正确党史观总结党的百年奋斗重大成就和历史经验最为成功的历史决议。习近平总书记强调，总结党的百年奋斗重大成就和历史经验，要坚持辩证唯物主义和历史唯物主义的方法论，用具体历史的、客观全面的、联系发展的观点来看待党的历史。要坚持正确党史观、树立大历史观，准确把握党的历史发展的主题主线、主流本质，正确对待党在前进道路上经历的失误和曲折，从成功中吸取经验，从失误中吸取教训，不断开辟走向胜利的道路。要旗帜鲜明反对历史虚无主义，加强思想引导和理论辨析，澄清对党史上一些重大历史问题的模糊认识和片面理解，更好正本清源。党的第三个历史决议全面精准地体现了这些要求。

8. 这是把党在百年奋斗历程中始终不渝坚守的党的初心使命和理想信念进行贯通起来的阐述最为明确的历史决议。党的第三个历史决议开宗明义指出，中国共产党自 1921 年成立以来，始终把为中国人民谋幸福、为中华民族谋复兴作为自己的初心使命，始终坚持共产主义理想和社会主义信念，团结带领全国各族人民为争取民族独立、人民解放和实现国家富强、人民幸福而不懈奋斗，已经走过100年光辉历程。

9. **这是对党的百年奋斗的成功密码总结阐述和揭示最为系统的历史决议。**党的第三个历史决议无论是回顾辉煌历程、总结重大成就，还是概括历史意义和历史经验，以及展望"新时代的中国共产党"，都内在地包含了以下这样的理论逻辑、实践逻辑和历史逻辑：坚持唯物史观和正确党史观，从党的百年奋斗中看清楚过去我们为什么能够成功、弄明白未来我们怎样才能继续成功，从而更加坚定、更加自觉地践行初心使命，在新时代更好坚持和发展中国特色社会主义。

10. **这是对党的百年奋斗历程分时期阐述最为全面的历史决议。**纵览党的第三个历史决议，由一个主题贯穿始终、分外清晰：中国共产党团结带领中国人民所进行的一切奋斗、一切牺牲、一切创造，都是为中国人民谋幸福、为中华民族谋复兴。围绕这个主题，《决议》把党的百年奋斗历程细分为新民主主义革命、社会主义革命和建设、改革开放和社会主义现代化建设、中国特色社会主义新时代这四个历史时期。这样的百年中共党史"四分法"，是对以往关于我们党的历史分期习惯使用的革命、建设、改革三分法的丰富和发展。

11. **这是对不同历史时期我国社会主要矛盾决定党面临的主要任务阐述最为深刻的历史决议。**比如，《决议》指出，近代中国社会主要矛盾是帝国主义和中华民族的矛盾、封建主义和人民大众的矛盾。新民主主义革命时期，党面临的主要任务是，反对帝国主义、封建主义、官僚资本主义，争取民族独立、人民解放，为实现中华民族伟大复兴创造根本社会条件。又如，《决议》指出，党的八大根据我国社会主义改造基本完成后的形势，提出国内主要矛盾已经不再是工人阶级和资产阶级的矛盾，而是人民对于经济文化迅速发展的需要同当前经济文化不能满足人民需要的状况之间的矛盾，全国人民的主要任务是集中力量发展社会生产力，实现国家工业化，逐步满足人民日益增长的物质和文化需要。再如，《决议》指出，进入改革开放和社会主义现代化建设新时期，党明确我国社会的主要矛盾是人民日益增长的物质文化需要同落后的社会生产之间的矛盾，解决这个主要矛盾就是我们的中心任务。《决议》还指出，进入中国特色社会主义新时代，党明确新时代我国社会主要矛盾是人民日益增长的美好生活需要和不平衡不充分的发展之间的矛盾，党面临的主要任务是，实现第一个百年奋斗目标，开启实现第二个百年奋斗目标新征程，朝着实现中华民族伟大复兴的宏伟目标继续前进。

12. 这是对党在百年奋斗四个历史时期的伟大实践创造中实现的"四个伟大飞跃"阐述得最为集中的历史决议。党的第三个历史决议指出，新民主主义革命时期，党团结带领人民实现了中国从几千年封建专制政治向人民民主的伟大飞跃；社会主义革命和建设时期，实现了一穷二白、人口众多的东方大国大步迈进社会主义社会的伟大飞跃；改革开放和社会主义现代化建设新时期，党团结带领人民推进了中华民族从站起来到富起来的伟大飞跃；在中国特色社会主义新时代，中华民族迎来了从站起来、富起来到强起来的伟大飞跃。

13. 这是对党的百年奋斗的四个历史时期分别为实现中华民族伟大复兴作出的历史性贡献阐述得最为精辟的历史决议。党的第三个历史决议指出，新民主主义革命的伟大胜利，为实现中华民族伟大复兴创造了根本社会条件；社会主义革命和建设的伟大成就，为实现中华民族伟大复兴奠定根本政治前提和制度基础；改革开放和社会主义现代化建设的进行，为实现中华民族伟大复兴提供充满新的活力的体制保证和快速发展的物质条件；党的十八大以来，为实现中华民族伟大复兴提供了更为完善的制度保证、更为坚实的物质基础、更为主动的精神力量。

14. 这是对中国共产党和中国人民百年奋斗的四个历史时期向世界展示的庄严形象阐述最为丰富厚重的历史决议。党的第三个历史决议在习近平总书记2021年"七一"重要讲话基础上，用"四个庄严宣告"作为党在四个历史时期取得的伟大成就的结束语，既鼓舞人心又催人奋进。《决议》这样写道：新民主主义革命时期，中国共产党和中国人民以英勇顽强的奋斗向世界庄严宣告，中国人民从此站起来了，中华民族任人宰割、饱受欺凌的时代一去不复返了，中国发展从此开启了新纪元。社会主义革命和建设时期，中国共产党和中国人民以英勇顽强的奋斗向世界庄严宣告，中国人民不但善于破坏一个旧世界、也善于建设一个新世界，只有社会主义才能救中国，只有社会主义才能发展中国。改革开放和社会主义现代化建设新时期，中国共产党和中国人民以英勇顽强的奋斗向世界庄严宣告，改革开放是决定当代中国前途命运的关键一招，中国特色社会主义道路是指引中国发展繁荣的正确道路，中国大踏步赶上了时代。中国特色社会主义新时代，中国共产党和中国人民以英勇顽强的奋斗向世界庄严宣告，中华民族迎来了从站起来、富起来到强起来的伟大飞跃。

15. 这是对党在百年奋斗历程中始终难不住、压不垮的顽强意志和精神风貌的阐述最为生动感人的历史决议。 比如，党的第三个历史决议第一部分指出，党领导的人民军队在人民支持下，以一往无前的英雄气概同穷凶极恶的敌人进行殊死斗争，为夺取新民主主义革命胜利建立了历史功勋；《决议》第二部分指出，中国人民志愿军雄赳赳、气昂昂跨过鸭绿江，同朝鲜人民和军队并肩战斗，战胜武装到牙齿的强敌，打出了国威军威，打出了中国人民的精气神，赢得抗美援朝战争伟大胜利，捍卫了新中国安全，彰显了新中国大国地位；《决议》第三部分指出，面对风云变幻的国际形势，党毫不动摇坚持四项基本原则，坚决排除各种干扰，从容应对关系我国改革发展稳定全局的一系列风险考验；《决议》第四部分指出，面对来自外部的各种围堵、打压、捣乱、颠覆活动，必须发扬不信邪、不怕鬼的精神，同企图颠覆中国共产党领导和我国社会主义制度、企图迟滞甚至阻断中华民族伟大复兴进程的一切势力斗争到底，一味退让只能换来得寸进尺的霸凌，委曲求全只能招致更为屈辱的境况，等等。

16. 这是对党的百年奋斗历程中重大事件、重要会议、重要人物的评价最为公允的历史决议。 比如，党的第三个历史决议指出，以陈独秀为代表的右倾思想发展为右倾机会主义错误并在党的领导机关中占了统治地位，党和人民不能组织有效抵抗，致使大革命在强大的敌人突然袭击下遭到惨重失败。《决议》指出，由于王明"左"倾教条主义在党内的错误领导，中央革命根据地第五次反"围剿"失败，红军不得不进行战略转移。《决议》指出，张国焘在长征途中犯的是"分裂主义"错误。《决议》指出，林彪、江青两个反革命集团利用毛泽东同志的错误，进行了大量祸国殃民的罪恶活动，酿成十年内乱，使党、国家、人民遭到新中国成立以来最严重的挫折和损失，教训极其惨痛。《决议》指出，由于国际上反共反社会主义的敌对势力的支持和煽动，国际大气候和国内小气候导致 1989 年春夏之交我国发生严重政治风波。《决议》指出，党的十八大以来，党聚焦政治问题和经济问题交织的腐败案件，防止党内形成利益集团，查处周永康、薄熙来、孙政才、令计划等严重违纪违法案件。《决议》还指出，党坚决查处郭伯雄、徐才厚、房峰辉、张阳等严重违纪违法案件并彻底肃清其流毒影响，推动人民军队政治生态根本好转，等等。这些评价不但都同党的前两个历史决议相衔接，而且展示了我们党把伟大自我革命进行到底的坚强决心。

17. 这是对当下国际舆论斗争中的一些敏感话题回应最为有力的历史决议。比如，针对美西方千方百计垄断发展优势和国际舆论话语权的图谋，党的第三个历史决议强调，党领导人民成功走出中国式现代化道路，创造了人类文明新形态；针对美西方力推的所谓"普世价值"，《决议》提出，党弘扬和平、发展、公平、正义、民主、自由的全人类共同价值，引领人类进步潮流；针对美西方力推的所谓"选举民主"，《决议》提出，党发展全过程人民民主，保证人民当家作主；针对美西方鼓吹的"文明冲突论"，《决议》提出，党倡导促进人类文明交流互鉴；针对美西方妄图把我们党和人民割裂开来、把党性和人民性对立起来，以及针对美西方各自国内政治极化、社会分化、党争激化、贫富固化的突出矛盾，《决议》提出，必须把人民对美好生活的向往作为奋斗目标，始终牢记江山就是人民、人民就是江山，坚持发展为了人民、发展依靠人民、发展成果由人民共享，坚定不移走全体人民共同富裕道路；等等。

18. 这是对马克思主义中国化时代化的三大理论成果科学定位和阐述最为精准的历史决议。党的第三个历史决议指出，毛泽东思想是马克思列宁主义在中国的创造性运用和发展，是被实践证明了的关于中国革命和建设的正确的理论原则和经验总结，是马克思主义中国化的第一次历史性飞跃。中国特色社会主义理论体系的形成，实现了马克思主义中国化新的飞跃。习近平新时代中国特色社会主义思想是当代中国马克思主义、21 世纪马克思主义，是中华文化和中国精神的时代精华，实现了马克思主义中国化新的飞跃。

19. 这是对习近平新时代中国特色社会主义思想"十个明确"的科学内涵阐述得最为全面的历史决议。党的第三个历史决议在党的十九大报告总结概括的"八个明确"基础上，对习近平新时代中国特色社会主义思想的科学内涵作了同这一思想在实践中"不断发展"的实际相对应的、拓展了这一思想科学内涵的、更加完整的新概括，将其科学内涵进一步深化和拓展为覆盖面更为广泛的"十个明确"。

20. 这是对习近平新时代中国特色社会主义思想所回答的一系列重大时代课题阐述最为完整的历史决议。党的第三个历史决议在党的十九大报告概括的"新时代坚持和发展什么样的中国特色社会主义、怎样坚持和发展中国特色社会主义"这一个重大时代课题的基础上，将其深化和拓展为包括"建设什么样的社会主义现代化强国、怎样建设社会主义现代化强国，建设什么样的长期执政的马克思主义政党、怎样建设长期执政的马克思主义政党"在内的三个重大时代课题，为我们党作出习近平新时代中国特色社会主义思想"实现了马克思主义中国化新的飞跃"这一重大论断提供了科学依据。

21. **这是对"两个确立"的决定性意义阐述得最为透彻的历史决议。**党的第三个历史决议强调，党确立习近平同志党中央的核心、全党的核心地位，确立习近平新时代中国特色社会主义思想的指导地位，反映了全党全军全国各族人民的共同心愿，对新时代党和国家事业发展、对推进中华民族伟大复兴历史进程具有决定性意义。这个至关重要的决定性意义，不仅体现在《决议》第四部分关于党的十八大以来全部理论创新和实践创新的全面阐述上，而且体现在《决议》关于中国共产党百年奋斗的历史意义和历史经验的科学总结上，还体现在《决议》对于"新时代的中国共产党"高瞻远瞩的展望上。

22. **这是对新时代党和国家事业取得的历史性成就、发生的历史性变革阐述最为充分的历史决议。**党的第三个历史决议在党的十九大报告基础上，用"工笔画"的方式、从13个方面分领域、用"工笔画"浓墨重彩地总结了新时代党和国家事业取得的历史性成就、发生的历史性变革，重点总结了九年来在改革发展稳定、内政外交国防、治党治国治军等13个领域展现的我们党的原创性思想、变革性实践、突破性进展、标志性成果。涉及这方面的内容都极为丰富、极为厚重。

23. **这是对为什么要坚持党的全面领导、怎样坚持党的全面领导阐述最为深刻的历史决议。**党的第三个历史决议重申，党的领导是党和国家的根本所在、命脉所在，是全国各族人民的利益所系、命运所系。《决议》指出，党的十八大以来，为更好坚持党的全面领导，我们先后通过了关于新形势下党内政治生活的若干准则，出台了中央政治局加强和维护党中央集中统一领导的若干规定，健全了党的领导制度体系和党对重大工作的领导体制，保证了全党在政治立场、政治方向、政治原则、政治道路上同党中央保持高度一致，解决了一度存在的党的领导弱化、虚化、淡化、边缘化问题。

24. **这是对党的十八大以来全面从严治党的显著成效阐述得最为系统的历史决议。**习近平总书记一再强调，打铁必须自身硬，强调坚定不移推进全面从严治党。党的第三个历史决议从三个方面对其显著成效作了高度概括：一是从制定和落实中央八项规定破题，坚持从中央政治局做起、从领导干部抓起，以上率下改进工作作风；二是坚持思想建党和制度治党同向发力，提出和贯彻新时代党的组织路线，坚持纪严于法、执纪执法贯通，做到理想信念坚定、组织体系严密、纪律规矩严明；三是坚持不敢腐、不能腐、不想腐一体推进，惩治震慑、制度约束、提高觉悟一体发力，坚决打赢反腐败这场输不起也决不能输的重大政治斗争。

25. **这是对党的十八大以来经济工作重大战略、基本思路和内在逻辑阐述得最为全面的历史决议。**党的第三个历史决议强调，我国经济发展进入新常态，已由高速增长阶段转向高质量发展阶段，传统发展模式难以为继，必须贯彻新发展理念，实现高质量发展，这是党的十八大之后我们党全面领导经济工作的逻辑起点。由此出发，党加强了对经济工作的战略谋划和统一领导，完善了党领导经济工作体制机制；在继续坚持"两个毫不动摇"基础上，提出构建亲清政商关系；坚持实施创新驱动发展战略，加快建设创新型国家和世界科技强国；全面实施供给侧结构性改革，推进"三去一降一补"①；完善宏观经济治理，强化市场监管和反垄断规制，防止资本无序扩张；实施区域协调发展战略，推进以人为核心的新型城镇化，加快推进农业农村现代化；等等。

26. **这是对改革开放以来我们党时隔 35 年的两个最为重要的三中全会都具有划时代意义阐述得最为鲜明的历史决议。**党的第三个历史决议指出，党的十一届三中全会是划时代的，开启了改革开放和社会主义现代化建设新时期。党的十八届三中全会也是划时代的，实现改革由局部探索、破冰突围到系统集成、全面深化的转变，开创了我国改革开放新局面。《决议》分别从全面深化改革和全面扩大开放这两个角度对这两个划时代的党的三中全会作了充分说明，从而让人们更加深刻认识到"实践发展永无止境，解放思想永无止境，改革开放也永无止境，改革只有进行时、没有完成时，停顿和倒退没有出路"的深刻道理。

27. **这是从坚持中国特色社会主义政治发展道路的角度对"中国之治"阐述得最为深刻的历史决议。**党的第三个历史决议强调，必须坚持中国特色社会主义政治发展道路，坚定对中国特色社会主义政治制度的自信，警惕和防范西方所谓"宪政"、多党

---

① "三去一降一补"，即去产能、去库存、去杠杆、降成本、补短板五大任务。

轮流执政、"三权鼎立"等政治思潮的侵蚀影响。《决议》还在党的十九届四中全会《决定》基础上，深刻揭示了"中国之治"的制度密码：人民代表大会制度、中国共产党领导的多党合作和政治协商制度、基层民主自治制度和民族区域自治制度的完善，以及党和国家机构、宗教、统战和群团工作的改革，使中国特色社会主义政治制度优越性得到更好发挥，生动活泼、安定团结的政治局面得到巩固和发展。

28. 这是对法治固根本、稳预期、利长远的保障作用阐述得最为深刻的历史决议。党的第三个历史决议对党的十八大以来党在推动科学立法、严格执法、公正司法、全民守法方面的努力和成效作了大力度概括，强调法治兴则国家兴，法治衰则国家乱，必须坚持中国特色社会主义法治道路，贯彻中国特色社会主义法治理论，坚持依法治国、依法执政、依法行政共同推进，坚持法治国家、法治政府、法治社会一体建设，全面增强全社会尊法学法守法用法意识和能力；必须把体现人民利益、反映人民愿望、维护人民权益、增进人民福祉落实到全面依法治国各领域全过程，保障和促进社会公平正义，努力让人民群众在每一项法律制度、每一个执法决定、每一宗司法案件中都感受到公平正义。

29. 这是对党的十八大以来我国意识形态领域形势发生的全局性、根本性转变阐述最深入的历史决议。这集中体现在三个方面：一是以习近平同志为核心的党中央着力解决意识形态领域党的领导弱化问题，坚持通过立破并举、激浊扬清，旗帜鲜明反对和抵制各种错误观点；二是党坚持以社会主义核心价值观引领文化建设，注重用社会主义先进文化、革命文化、中华优秀传统文化培根铸魂；三是结合新的时代条件传承和弘扬好中华优秀传统文化。

30. **这是对我们党在新时代"让老百姓过上好日子"的新的努力和新的成效阐述得最为生动的历史决议。** 党的十八大以来，以习近平同志为核心的党中央秉持党的初心使命，突出强调并一再强调，人民对美好生活的向往就是我们的奋斗目标，增进民生福祉是我们坚持立党为公、执政为民的本质要求，让老百姓过上好日子是我们一切工作的出发点和落脚点，补齐民生保障短板、解决好人民群众急难愁盼问题是社会建设的紧迫任务。从党的第三个历史决议中可以看到，党中央既是这样说的，也是这样做的。这集中体现在坚决打赢脱贫攻坚战、有效应对突如其来的新冠疫情、与时俱进做好保障和改善民生的相关工作，以及推进文化事业和文化产业全面发展，繁荣文艺创作，完善公共文化服务体系，为人民提供了更多更好的精神食粮，坚持走生产发展、生活富裕、生态良好的文明发展道路，坚决查处一批破坏生态环境的重大典型案件，解决一批人民群众反映强烈的突出环境问题，着力建设更高水平的平安中国等方面。这是我们党和国家之所以能够在党的十八大之后续写社会长期稳定奇迹的关键所在。

31. **这是对绿水青山就是金山银山这一理念的实践效果阐述最为到位的历史决议。** 从党的第三个历史决议中可以看到，党的十八大以来，我们党针对资源环境约束趋紧、生态系统退化等问题越来越突出特别是各类环境污染、生态破坏呈高发态势，成为国土之伤、民生之痛的现实状况，坚持绿水青山就是金山银山的理念，坚持山水林田湖草沙一体化保护和系统治理，坚持走生产发展、生活富裕、生态良好的文明发展道路，通过党领导着力打赢污染防治攻坚战，深入实施大气、水、土壤污染防治三大行动计划，打好蓝天、碧水、净土保卫战，开展农村人居环境整治，全面禁止进口"洋垃圾"等一整套"组合拳"，有力缓解了资源环境约束趋紧、生态系统退化等问题，扭转了各类环境污染、生态破坏高发态势。特别是着力打赢污染防治攻坚战，并在此基础上提出碳达峰、碳中和的新目标，推动我国生态环境保护发生历史性、转折性、全局性变化。

32. 这是对人民军队在新时代实现的整体性革命性重塑阐述最为深刻的历史决议。 这集中体现在党的第三个历史决议对党提出新时代强军目标，确立新时代军事战略方针，全面加强练兵备战；毫不动摇坚持党对人民军队绝对领导的根本原则和制度，狠抓全面从严治军，推动人民军队政治生态根本好转；提出改革强军战略、科技强军战略、人才强军战略，领导开展新中国成立以来最为广泛、最为深刻的国防和军队改革，重构人民军队领导指挥体制、现代军事力量体系、军事政策制度，形成军委管总、战区主战、军种主建新格局的阐述上；等等。

33. 这是对我们党在总体国家安全观指引下更好统筹发展和安全阐述得最为突出、最到位的历史决议。 从党的第三个历史决议中可以看到，从改革开放以后我们党高度重视正确处理改革、发展、稳定三者关系，到党的十八大以后以习近平同志为核心的党中央反复强调要统筹抓好发展和安全这两件大事，把维护国家安全和社会安定作为党和国家的一项基础性工作来抓，体现了我们党一以贯之的强烈忧患意识和安全意识。正如习近平总书记强调指出的，国家安全是头等大事。党的十八大以来，以习近平同志为核心的党中央提出总体国家安全观，着力推进国家安全体系和能力建设，并把安全发展贯穿国家发展各领域全过程，使国家安全得到全面加强，经受住了来自政治、经济、意识形态、自然界等方面的风险挑战考验，为党和国家兴旺发达、长治久安提供了有力保证。

34. 这是对我们党坚持"一国两制"成功实践和推进祖国统一立场阐述最为鲜明的历史决议。从党的第三个历史决议中可以看到，香港、澳门回归祖国后，重新纳入国家治理体系，走上了同祖国内地优势互补、共同发展的宽广道路，"一国两制"实践取得举世公认的成功，但这并不意味着一切都是一帆风顺的。一个时期以来，由于受国内外各种复杂因素影响，"反中乱港"活动猖獗，香港局势一度出现严峻局面。以习近平同志为核心的党中央审时度势，采取了包括作出健全中央依照宪法和基本法对特别行政区行使全面管治权、完善特别行政区同宪法和基本法实施相关制度机制的重大决策，推动建立健全特别行政区维护国家安全的法律性制度和执行机制、制定《中华人民共和国香港特别行政区维护国家安全法》、完善香港特别行政区选举制度等在内的一系列标本兼治的举措，推动香港局势实现由乱到治的重大转折，为推进依法治港治澳、促进"一国两制"实践行稳致远打下了坚实基础。《决议》还明确宣示，解决台湾问题、实现祖国完全统一，不仅是党矢志不渝的历史任务，是全体中华儿女的共同愿望，而且是实现中华民族伟大复兴的必然要求；强调祖国完全统一的时和势始终在我们这一边，祖国完全统一一定能够实现。这正是我们作为中国人的志气、骨气、底气之所在！

35. 这是对我们党统筹国内国际两个大局、开展中国特色大国外交的努力和成效阐述最为精彩精当的历史决议。党的十八大以来，特别是自 2016 年美国前后两任总统上台以来，百年变局和世纪疫情交织叠加，世界进入动荡变革期，各种不稳定性不确定性显著上升。从党的第三个历史决议中可以看到，面对世界怎么了、我们怎么办的时代之问，中国共产党和中国政府积极构建和不断完善中国特色大国外交的三大支柱：一是推动建设新型国际关系；二是推动构建人类命运共同体；三是弘扬和平、发展、公平、正义、民主、自由的全人类共同价值。经过持续努力，中国特色大国外交全面推进，特别是构建人类命运共同体成为引领时代潮流和人类前进方向的鲜明旗帜，我国外交在世界变局中开创新局、在世界乱局中化危为机，我国国际影响力、感召力、塑造力显著提升。

36. 这是对中国共产党百年奋斗历史意义阐述最为集中的历史决议。党的第三个历史决议指出，党的百年奋斗从根本上改变了中国人民的前途命运、开辟了实现中华民族伟大复兴的正确道路、展示了马克思主义的强大生命力、深刻影响了世界历史进程、锻造了走在时代前列的中国共产党。这五条高站位、大力度的概括，集中阐述了党对中国人民、对中华民族、对马克思主义、对人类进步事业、对马克思主义政党建设所作的历史性贡献，既立足中华大地，又放眼人类未来，体现了中国共产党和中国人民、中华民族的关系，体现了中国共产党和马克思主义、世界社会主义、人类社会发展的关系，贯通了中国共产党百年奋斗的历史逻辑、理论逻辑、实践逻辑。

37. 这是对中国人民之所以能够焕发出前所未有的历史主动精神、历史创造精神阐述最为透彻的历史决议。党的第三个历史决议指出，近代以后，中国人民深受三座大山压迫，被西方列强辱为"东亚病夫"。而在进入中国特色社会主义新时代的今天，中国人民更加自信、自立、自强，极大增强了志气、骨气、底气，在历史进程中积累的强大能量充分爆发出来，焕发出前所未有的历史主动精神、历史创造精神，正在信心百倍书写着新时代中国发展的伟大历史。《决议》还指出，这种历史主动精神、历史创造精神主要源自：100年来，党领导人民经过波澜壮阔的伟大斗争，中国人民彻底摆脱了被欺负、被压迫、被奴役的命运，成为国家、社会和自己命运的主人，全过程人民民主不断发展，14亿多人口实现全面小康，中国人民对美好生活的向往不断变为现实。

38. 这是对党在百年奋斗历程中成功开辟的正确道路阐述最为深入的历史决议。正如党的第三个历史决议指出的，100年来，党领导人民不懈奋斗、不断进取，成功开辟了实现中华民族伟大复兴的正确道路。这既包括党在新民主主义革命时期开辟的农村包围城市、武装夺取政权的正确革命道路，也包括党在社会主义革命和建设时期走出的社会主义改造道路和适合我国国情的工业化道路；既包括党在改革开放和社会主义现代化建设新时期开辟的中国特色社会主义道路，也包括党在中国特色社会主义新时代领导人民成功走出的中国式现代化道路。把这些道路综合起来，就是"实现中华民族伟大复兴的正确道路"。这些道路的探索形成，不仅鼓舞了全世界被压迫民族和被压迫人民争取解放的斗争，而且拓展了发展中国家走向现代化的途径，给世界上那些既希望加快发展又希望保持自身独立性的国家和民族提供了全新选择。

39. 这是对"中国共产党为什么能，中国特色社会主义为什么好，归根到底是因为马克思主义行"这一科学论断阐述最为深刻的历史决议。正如党的第三个历史决议指出的，这一方面是因为，我们党坚持把马克思主义写在自己的旗帜上，不断推进马克思主义中国化时代化，用博大胸怀吸收人类创造的一切优秀文明成果，用马克思主义中国化的科学理论引领伟大实践；另一方面是因为，马克思主义中国化时代化不断取得成功，使马克思主义以崭新形象出现在世界上，使世界范围内社会主义和资本主义两种意识形态、两种社会制度的历史演进及其较量发生了有利于社会主义的重大转变。如果说前者证明了马克思主义没有辜负中国，后者则证明了中国没有辜负马克思主义，而这就是习近平总书记精辟指出的："马克思主义之所以行，就在于党不断推进马克思主义中国化时代化并用以指导实践。这次全会决议对百年奋斗历程中党不断推进马克思主义中国化时代化作了全面总结。注重分析研究和总结党在百年奋斗历程中对马克思主义的中国化时代化，是贯穿全会决议的一个重要内容，我们一定要深入学习、全面领会。"①

40. 这是对我们"党既为中国人民谋幸福、为中华民族谋复兴，也为人类谋进步、为世界谋大同"这一重大论断阐述最为精确的历史决议。党的第三个历史决议在党的十九大报告关于"中国共产党是为中国人民谋幸福的政党，也是为人类进步事业而奋

---

① 《习近平谈治国理政》第四卷，外文出版社 2022 年版，第 29 页。

斗的政党"这一论述基础上进一步指出，党既为中国人民谋幸福、为中华民族谋复兴，也为人类谋进步、为世界谋大同，以自强不息的奋斗深刻改变了世界发展的趋势和格局。对于我们党提出这一重要论断的深远意义，可以从习近平总书记的如下论述中获得答案："在新的赶考之路上，我们能否继续交出优异答卷，关键在于有没有坚定的历史自信。一百年来，我们党致力于为中国人民谋幸福、为中华民族谋复兴，致力于为人类谋进步、为世界谋大同，天下为公，人间正道，这是我们党具有历史自信的最大底气，是我们党在中国执政并长期执政的历史自信，也是我们党团结带领人民继续前进的历史自信。"①

41. 这是对我们党如何锻造成为世界第一大执政党阐述最为集中的历史决议。党的第三个历史决议在习近平总书记 2021 年"七一"重要讲话关于"党成立时只有 50 多名党员，今天已经成为拥有 9500 多万名党员、领导着 14 亿多人口大国、具有重大全球影响力的世界第一大执政党"的论述基础上，进一步阐述了我们党是如何锻造成为世界第一大执政党的：一是坚持性质宗旨，坚持理想信念，坚守初心使命；二是在生死斗争和艰苦奋斗中经受住各种风险考验、付出巨大牺牲，锤炼出鲜明政治品格，形成了以伟大建党精神为源头的精神谱系；三是勇于自我革命，始终保持了我们党的先进性和纯洁性。

42. 这是对中国共产党百年奋斗历史经验阐述最为全面的历史决议。党的第三个历史决议以深厚的历史智慧，以如椽的历史

---

①《习近平谈治国理政》第四卷，外文出版社 2022 年版，第 545—546 页。

巨笔，用"十个坚持"深刻概括总结了中国共产党百年奋斗的历史经验。这十条经验涵盖了作为毛泽东思想活的灵魂的实事求是、群众路线、独立自主；涵盖了我们党在新民主主义革命中创造的三大法宝：统一战线、武装斗争、党的建设；涵盖了整风运动中概括的党的三大作风：理论联系实际、密切联系群众、批评和自我批评；涵盖了习近平总书记提出的"四个伟大"：伟大斗争、伟大工程、伟大事业、伟大梦想；涵盖了党领导的伟大自我革命和伟大社会革命；涵盖了习近平总书记倡导的家国情怀和天下情怀。正如习近平总书记精辟概括的那样：这十条历史经验是系统完整、相互贯通的有机整体，揭示了党和人民事业不断成功的根本保证、党始终立于不败之地的力量源泉、党始终掌握历史主动的根本原因、党永葆先进性和纯洁性与始终走在时代前列的根本途径，并要求全党同志必须倍加珍惜、长期坚持，并在新时代实践中不断丰富和发展。①

43. 这是对我们党的性质和宗旨阐述得最为鲜明的历史决议。正如党的第三个历史决议指出的，党代表中国最广大人民根本利益，没有任何自己特殊的利益，从来不代表任何利益集团、任何权势团体、任何特权阶层的利益，这是党立于不败之地的根本所在。只要我们始终做到这一点，任何想把中国共产党同中国人民分割开来、对立起来的企图就永远不会得逞。

44. 这是对我们党能够不断进行理论创新的实践之源阐述得最为明确的历史决议。正如党的第三个历史决议指出的，党之所

---

① 参见习近平：《关于〈中共中央关于党的百年奋斗重大成就和历史经验的决议〉的说明》，《人民日报》2021 年 11 月 17 日。

以能够领导人民在一次次求索、一次次挫折、一次次开拓中完成中国其他各种政治力量不可能完成的艰巨任务，根本在于坚持解放思想、实事求是、与时俱进、求真务实，坚持把马克思主义基本原理同中国具体实际相结合、同中华优秀传统文化相结合，坚持实践是检验真理的唯一标准，坚持一切从实际出发，及时回答时代之问、人民之问，不断推进马克思主义中国化时代化。正如习近平总书记指出的那样：当代中国的伟大社会变革，不是简单延续我国历史文化的母版，不是简单套用马克思主义经典作家设想的模板，不是其他国家社会主义实践的再版，也不是国外现代化发展的翻版。只要我们勇于结合新的实践不断推进理论创新、善于用新的理论指导新的实践，就一定能够让马克思主义在中国大地上展现出更强大、更有说服力的真理力量。

45. 这是对党能否坚持独立自主、走自己的路直接关系中国发展进步的命运阐述最为透彻的历史决议。 正如党的第三个历史决议指出的，人类历史上没有一个民族、一个国家可以通过依赖外部力量、照搬外国模式、跟在他人后面亦步亦趋实现强大和振兴。那样做的结果，不是必然遭遇失败，就是必然成为他人的附庸。所以，必须坚持独立自主开拓前进道路，坚持把国家和民族发展放在自己力量的基点上，坚持中国的事情必须由中国人民自己作主张、自己来处理。只有这样，才能够把中国发展进步的命运始终牢牢掌握在自己手中。

46. 这是对如何以全球视野、世界胸怀正确认识和处理好中国同外部世界关系阐述最为鲜明的历史决议。 党的第三个历史决议把"胸怀天下"总结概括为党百年奋斗的一条重要历史经验，这是前所未有的。坚持胸怀天下，其实质就是坚持"大道之行，天下为公"，坚持从人类发展大潮流、世界变化大格局、中国发展大历史正确认识和处理同外部世界的关系，始终站在历史正确的一边、站在人类进步的一边，并同世界各国人民一道，推动历史车轮向着光明的前途前进。

47. 这是对我们党的百年奋斗史同时也是一部斗争史阐述最为集中的历史决议。 正如党的第三个历史决议指出的，党和人民取得的一切成就，不是天上掉下来的，不是别人恩赐的，而是通过不断斗争取得的。通读《决议》全篇可以发现，我们党的百年奋斗史，既是党在内忧外患中诞生、在历经磨难中成长、在攻坚克难中壮大的历史，也是党为了人民、国家、民族，为了理想信念，无论敌人如何强大、道路如何艰险、挑战如何严峻，总是绝不畏惧、绝不退缩，不怕牺牲、百折不挠的历史。学习贯彻《决议》精神，就要坚持发扬斗争精神、增强斗争本领，在下好先手棋、打好主动仗中，战胜前进道路上一切可以预见和难以预见的风险挑战。

48. 这是对我们党在百年奋斗中同步加强党内外大团结阐述最为深入的历史决议。 党的第三个历史决议在强调"党的领导是全面的、系统的、整体的，保证党的团结统一是党的生命；党中央集中统一领导是党的领导的最高原则，加强和维护党中央集中统一领导是全党共同的政治责任"的同时，强调建立最广泛的统一战线，是党克敌制胜的重要法宝，也是党执政兴国的重要法宝，必须不断巩固和发展各民族大团结、全国人民大团结、全体中华儿女大团结，铸牢中华民族共同体意识，形成海内外全体中华儿女心往一处想、劲往一处使的生动局面，汇聚起实现中华民族伟大复兴的磅礴伟力。

49. 这是对我们党在始终坚持真理、修正错误中不断进行自我革命阐述最具穿透性的历史决议。正如党的第三个历史决议指出的，先进的马克思主义政党不是天生的，而是在不断自我革命中淬炼而成的。党历经百年沧桑更加充满活力，其奥秘就在于始终坚持真理、修正错误。党的伟大不在于不犯错误，而在于从不讳疾忌医，积极开展批评和自我批评，敢于直面问题，勇于自我革命。在我们党的百年奋斗史上，从大革命失败到王明"左"倾错误造成的失败，再到"文化大革命"十年内乱，可以说是几度绝处逢生、几度柳暗花明。正是在这样的千锤百炼中，我们党才能从不够成熟到坚定成熟、从不够有力到坚强有力，从而愈益强大和成熟起来。

50. 这是对我们党在新的赶考之路上如何继续考出好成绩的答案阐述得最为深邃的历史决议。党的第三个历史决议向新时代的中国共产党人发出了团结带领中国人民踏上实现第二个百年奋斗目标新的赶考之路的号召："我们一定要继续考出好成绩，在新时代新征程上展现新气象新作为。"为此，《决议》提出"五个必须"的要求：全党必须清醒认识到，中华民族伟大复兴绝不是轻轻松松、敲锣打鼓就能实现的；必须坚持党的基本理论、基本路线、基本方略，立足新发展阶段、贯彻新发展理念、构建新发展格局、推动高质量发展，协同推进人民富裕、国家强盛、中国美丽；全党必须永远保持同人民群众的血肉联系，不断实现好、维护好、发展好最广大人民根本利益；全党必须铭记生于忧患、死于安乐，常怀远虑、居安思危，继续推进新时代党的建设新的伟大工程；全党必须抓好后继有人这个根本大计。

51. 这是对新时代的中国共产党是什么、要干什么这个根本问题阐述得最为明确的历史决议。 党的第三个历史决议要求全党牢记中国共产党是什么、要干什么这个根本问题，把握历史发展大势，坚定理想信念，牢记初心使命，始终谦虚谨慎、不骄不躁、艰苦奋斗，从伟大胜利中激发奋进力量，从弯路挫折中吸取历史教训，不为任何风险所惧，不为任何干扰所惑，决不在根本性问题上出现颠覆性错误，以咬定青山不放松的执着奋力实现既定目标，以行百里者半九十的清醒不懈推进中华民族伟大复兴。

52. 这是对新时代怎样抓好后继有人这个根本大计阐述最为集中的历史决议。 我们党在百年奋斗的各个历史阶段中一以贯之地高度重视和抓好后继有人这个根本大计，而对此阐述最为集中的是党的第三个历史决议。《决议》提出了"三个源源不断"的要求和举措：一是源源不断培养选拔德才兼备、忠诚干净担当的高素质专业化干部特别是优秀年轻干部；二是源源不断把各方面先进分子特别是优秀青年吸收到党内来；三是源源不断培养造就爱国奉献、勇于创新的优秀人才。

党的三个历史决议同党的七大、十二大和二十大交相辉映

（2022 年 1 月 23 日）

中国共产党百年奋斗史上，经由党的三次中央全会先后科学制定并审议通过的党的三个历史决议，都是在与之相对应的重大历史关头作出的，并且在这三个历史决议通过和颁布之后，又都分别迎来了党的七大、十二大和二十大。或问党的百年奋斗史的发展和演进轨迹何以如此惊人的相似？作者在本文中拟跨越时空，集中探讨和研究一下这个问题。

一、我们党百年奋斗史上经由党的三次中央全会先后制定并审议通过的三个历史决议各自出于何种战略考虑

在中国共产党百年奋斗历程中，先后制定了《关于若干历史问题的决议》、《关于建国以来党的若干历史问题的决议》和《中共中央关于党的百年奋斗重大成就和历史经验的决议》。这三个历史决议所产生的历史条件、时代背景、致力解决的问题、确定的路线方针政策和任务虽然有所不同，但都是在重大历史关头作出的，都是在与其对应的历史阶段上由理论上、政治上趋于成熟的党的领袖领导和主持下作出的，并且都对推动党和人民事业的发展起到了不可或缺、不可替代的作用。

党的第一个历史决议是在延安时期的 1945 年作出的。在争取抗日战争最后胜利的重大历史关头，1945 年 4 月，党的扩大的六届七中全会审议通过了由毛泽东同志亲自领导和主持制定的《关于若干历史问题的决议》。中国共产党百年党史上的这第一个历史决议，对建党以后特别是从党的扩大的六届四中全会到遵义会议前这一段党的历史及其经验教训进行了深刻总结，并对若干重大历史问题作出了科学结论，使全党特别是党的高级干部对中国革命基本问题的认识达到了高度一致，增强了全党团结，并为党的七大胜利召开创造了充分条件，有力促进了中国革命事业的发展。

在党的第一个历史决议形成过程中，毛泽东、任弼时、张闻天、胡乔木等同志都直接参与了该决议的起草和修改，党的许多高级干部都对这个决议的起草和修改提出了宝贵意见，"凝聚了以毛主席为首的党中央的集体智慧"。毛泽东同志曾说，"在二三十年后来看，这个决议还是功大过小，那就很好了"[1]。历史已经证明，这份《决议》既是"中国共产党史的大纲"、"最好的教科书"，也是"诊治思想疾病的良药"，对于统一全党认识，加强全党团结，发挥了不可替代的作用，产生了极为深远的历史影响。

博古在党的扩大的六届七中全会上的发言中说："这个决议是在原则上很严格，而态度对我们犯错误的人是很温和的。我了解这是给我们留有余地。治病救人，必须我们病人自己有觉悟，有决心和信心。我们要从头学起，从头做起，愿意接受这个决议作为改造自己的起点。"[2]

---

① 《毛泽东文集》第三卷，人民出版社 1996 年版，第 282 页。
② 胡乔木：《胡乔木回忆毛泽东》（增订本），人民出版社 2014 年版，第 322 页。

当时，王明在请任弼时同志转交毛泽东同志和党的扩大的六届七中全会的声明书中，对历史决议和党对第三次"左"倾错误路线所犯错误的分析和估计表示"完全同意和拥护"①。这个《决议》在 1945 年 8 月 9 日召开的党的七届一中全会第二次会议上获得一致通过。

党的第二个历史决议是在进入改革开放和社会主义现代化建设新时期之初的 1981 年作出的。1981 年党的十一届六中全会审议通过了由邓小平同志亲自领导和主持的《关于建国以来党的若干历史问题的决议》。中国共产党百年党史上的这第二个历史决议，回顾了自中国共产党成立到新中国成立以前党的历史，总结了社会主义革命和建设的历史经验，对一些重大事件、重要会议和重要人物作出了评价，特别是正确评价了毛泽东同志和毛泽东思想的历史地位，分清了是非，纠正了"左"右两方面的错误观点，统一了全党思想，对推动全党团结一致向前看、更好推进改革开放和社会主义现代化建设产生了重大影响。

邓小平同志在以马克思主义政治家的远见卓识和历史担当亲自领导和主持党的第二个历史决议的起草过程中强调，"对过去的问题有一个统一的认识，作一个结束"，"必须现在解决，不能由后代来解决"。他先后十多次召集起草组开会，对《决议》的指导思想、框架结构及科学评价毛泽东同志和毛泽东思想等重大问题给予很多重要指示，并发表一系列重要论述。当时，邓小平同志指出："这个决议要举毛泽东思想的伟大旗帜，实事求是地、

① 胡乔木:《胡乔木回忆毛泽东》(增订本)，人民出版社 2014 年版，第 321 页。

恰如其分地评价'文化大革命',评价毛泽东同志的功过是非,使这个决议起到像一九四五年那次历史决议所起的作用,就是总结经验,统一思想,团结一致向前看。"①

党的第二个历史决议是我们党在社会主义建设的历史转折时期形成的极其重要的历史文献。《决议》对新中国成立以来党的重大历史问题特别是"文化大革命"、毛泽东同志的历史地位及功过是非、毛泽东思想的基本内容与指导意义作了科学总结和评价,充分肯定了党的十一届三中全会以来逐步确立的适合中国国情的建设社会主义现代化国家的正确道路,进一步指明了中国社会主义事业和党的工作继续前进的方向,"标志着党在指导思想上的拨乱反正胜利完成",在党的历史上具有深远意义和重大影响。

当时,陈云同志说:"一定要在我们这一代人还在的时候,把毛主席的功过敲定,一锤子敲定。一点一点讲清楚。这样,党的思想才会统一,人民的思想才会统一。如果我们不这样做,将来就可能出赫鲁晓夫,把毛主席真正打倒,不但会把毛主席否定,而且会把我们这些作含笼统决议的人加以否定。因此,必须对这个问题讲得很透彻。"②

当时,胡乔木同志说,当然不能说毛泽东同志没有受封建主义历史的影响,但是"文化大革命"究竟不是只用封建主义影响所能解释的。毛泽东同志犯了错误,但他确是(至少主要是)作为一个马克思主义者犯错误的。他在"文化大革命"问题上基本

---

① 《邓小平文选》第二卷,人民出版社 1994 年版,第 307 页。
② 《胡乔木谈中共党史》,人民出版社 1999 年版,第 75 页。

上离开了马克思主义，但不能因此就说他不是一个伟大的马克思主义者。①

当时，胡乔木同志还说，决议稿全文对党在历史上的成绩讲得较充分，对错误讲得较简要，这首先是符合客观实际，其次也是考虑到当前党内外国内外形势。我们对错误所作出的自我批评早已超过世界上任何一个党，再作得过多就必然走向反面。决议稿并未隐瞒或掩饰任何重大错误，只是有些问题没有说得完备，有些次要的问题没有提罢了。这也就是"宜粗不宜细"。

党的第三个历史决议是在中国特色社会主义进入新时代之后的 2021 年作出的。2021 年 11 月，党的十九届六中全会审议通过了由习近平总书记亲自主持制定的《决议》。以习近平同志为核心的党中央认为，现在距离第一个历史决议制定已经过去了 76 年，距离第二个历史决议制定也过去了 40 年。40 年来，党和国家事业大大向前发展了，党的理论和实践也大大向前发展了。站在新的历史起点上，回顾过去，展望未来，全面总结党的百年奋斗重大成就和历史经验特别是改革开放 40 多年来的重大成就和历史经验，既有客观需要，也具备主观条件。

党中央认为，在党成立 100 周年的重要历史时刻，在党和人民胜利实现第一个百年奋斗目标、全面建成小康社会，正在向着全面建成社会主义现代化强国的第二个百年奋斗目标迈进的重大历史关头，全面总结党的百年奋斗重大成就和历史经验，对推动全党进一步统一思想、统一意志、统一行动，团结带领全国各族

---

① 参见《胡乔木文集》第二卷，人民出版社 2012 年版，第 167 页。

人民夺取新时代中国特色社会主义新的伟大胜利，具有重大现实意义和深远历史意义。

党的十九届六中全会确定以上的主题，制定和通过中国共产党百年党史上的第三个历史决议是出于"三个需要"，即这是在建党百年历史条件下开启全面建设社会主义现代化国家新征程、在新时代坚持和发展中国特色社会主义的需要；是增强政治意识、大局意识、核心意识、看齐意识，坚定道路自信、理论自信、制度自信、文化自信，做到坚决维护习近平总书记党中央的核心、全党的核心地位，坚决维护党中央权威和集中统一领导，确保全党步调一致向前进的需要；是推进党的自我革命、提高全党斗争本领和应对风险挑战能力、永葆党的生机活力、团结带领全党全国各族人民为实现中华民族伟大复兴中国梦而继续奋斗的需要。

二、为什么党的三个历史决议都恰好分别是在党的七大、十二大和二十大召开之前制定并通过

中国共产党百年奋斗史上的三个历史决议不仅都是在重大历史关头作出并审议通过的，而且又分别是在党的七大、十二大和即将召开的党的二十大之前作出并审议通过的。其中，第一个历史决议本来是准备提交党的七大讨论并通过的，后来才由毛泽东同志决定提交党的扩大的六届七中全会讨论通过；第二个历史决议也是按领导和主持起草工作的邓小平同志的指示，"力求在十二大前的中央全会上通过这个决议"；第三个历史决议也是在党的二十大之前制定并通过的。在党的百年奋斗史上如此雷同的党内政治现象接连出现了三次，其中必有政治上的重要权衡和考

量。实事求是地科学地探寻并揭示党中央几届领导集体，特别是先后领导和主持这三个历史决议起草工作的毛泽东同志、邓小平同志、习近平同志对这个问题的战略谋划、政治考量和领导艺术，并非是多余的、无足轻重的。

毛泽东同志曾经这样解释为什么党的第一个历史决议要由原来准备提交党的七大讨论并通过改为由党的扩大的六届七中全会讨论并审议通过的问题。

1945年4月20日，毛泽东同志在党的扩大的六届七中全会上所作的《对〈关于若干历史问题的决议〉草案的说明》中指出，这个决议有两个问题：做不做？如何做？不做就是怕犯错误。看趋势是要做，但决议现在还有缺点，还需要修改，所以今天也只要求基本通过。我想决议的基本思想是不错的，党内的小资产阶级思想需要纠正，使革命不受损失。至于各个历史问题的叙述是否完全正确，那就不一定了。我们现在只能准备在二三十年后来看，这个决议还是功大过小，那就很好了。如何做？交七大还是交七中全会讨论通过？原来是准备交七大的，后来决定交七中全会。这是一个政策性的问题，不是随便决定的，因为这样可以避免大会把重心放在历史问题上。①

1945年4月21日，毛泽东同志在党的七大预备会上所作的《中国共产党第七次全国代表大会的工作方针》的报告中又说："同志们提议将这个问题交七中全会处理，不提交大会，使得大会成为团结的大会，胜利的大会。这个意见很好，这是为全党、

---

① 参见《毛泽东文集》第三卷，人民出版社1996年版，第282—283页。

为全国的人民、为党的将来着想的。"①

毛泽东同志在《对〈关于若干历史问题的决议〉草案的说明》中还指出，这个决议不但是领导机关内部的，而且是全党性质的，同全国人民有关联的，对全党与全民负责的。哪些政策或者其中的哪些部分是正确的或不正确的，如果讲得合乎事实，在观念形态上再现了24年的历史，就对今后的斗争有利益，对今后党和人民有利益。②

从以上这些引文中人们可以看到：中国共产党百年奋斗史上的第一个历史决议，究竟是交由党的七大还是党的扩大的六届七中全会讨论通过？这不是随便决定的，因为这是一个政策性问题，不但是领导机关内部的，而且是全党性质的，同全国人民有关联的，对全党与全民负责的，归根到底是为全党、为全国人民、为党的将来着想的，所以需要统筹考虑、全盘考虑、非常郑重地考虑。从避免党的第七次全国代表大会把关注的重点、讨论的重心放在历史问题上来考虑，当然还是交由党的扩大的六届七中全会去讨论和审议通过这个历史决议更为妥当。同时，党中央还决定：在党的七大基本通过若干历史问题的决议之后、在选举产生了新的中央委员会之后，再拿去精雕细刻。总之是要全力"避免党的第七次全国代表大会把重心放在历史问题上"，把党的第一个历史决议提交党的扩大的六届七中全会去讨论和通过，这样做，"就对今后的斗争有利益，对今后党和人民有利益"。

---

① 《毛泽东文集》第三卷，人民出版社1996年版，第295页。
② 参见《毛泽东文集》第三卷，人民出版社1996年版，第282页。

邓小平同志当年也是运用与毛泽东同志同样的政治智慧、同样的政治考虑来领导和主持党的第二个历史决议的起草工作和《决议》审议通过问题的。

　　早在党的十一届三中全会胜利闭幕之后不久，邓小平同志就在党中央领导层提出：搞一个关于建国以后若干历史问题的决议，是党内外普遍的要求，我们必须现在解决，晚了不行。1979 年 10 月下旬，邓小平同志就在党中央最高决策层面提出，起草建国以来党的历史问题的决议，现在着手，明年六中全会通过。有了国庆讲话（即叶剑英同志在庆祝中华人民共和国成立 30 周年大会上的讲话），历史决议就好写了。以讲话为纲要，考虑具体化、深化。①

　　1980 年 8 月 22 日，邓小平同志又指出，现在正准备搞一个关于若干历史问题的决议，主要是把建国以后 30 年的历史清理一下。力求在十二大前的中央全会上通过这个决议，对过去的问题有一个统一的认识，作一个结束。十二大就讲新话，讲向前看的话。②

　　1980 年 3 月至 1981 年 6 月，邓小平同志在领导和主持党的第二个历史决议起草过程中明确提出，通过这个决议对过去的事情作个基本的总结。还是过去的话，这个总结宜粗不宜细。总结过去是为了引导大家团结一致向前看。争取在决议通过以后，党

---

① 参见中共中央文献研究室编：《邓小平年谱》第四卷，中央文献出版社 2020 年版，第 574 页。

② 参见中共中央文献研究室编：《邓小平年谱》第四卷，中央文献出版社 2020 年版，第 668 页。

内、人民中间思想得到明确，认识得到一致，历史上重大问题的议论到此基本结束。当然，议论过去，将来也难以完全避免，但只是在讨论当前工作的时候，联系着谈谈过去有关的事情。现在要一心一意搞四化，团结一致向前看。做到这点不那么容易。决议要力求做好，能使大家的认识一致，不再发生大的分歧。这样，即使谈到历史，大家也会觉得没有什么不同意见可说了，要说也只是谈谈对决议内容、对过去经验教训的体会。①

1981年3月9日，邓小平同志再次更加明确地提出，对历史问题的评价，有了统一的认识，就可以集中力量向前看。②

从以上的多条引证中人们可以看到，邓小平同志在领导和主持起草党的第二个历史决议时，从一开始就秉持要在党的十二大召开之前的党的十一届六中全会上，审议通过这个《决议》。他明确要求：关于建国之后党的若干历史问题的决议起草和通过，在时间上"宜早不宜迟"，在内容上"宜粗不宜细"。

邓小平同志之所以反复强调要在党的十一届六中全会通过这个历史决议，就是要以此引导全党对建国以后历史上重大问题的议论到此为止，"作一个结束"，"十二大就讲新话，讲向前看的话"。这样做，归根结底是要引导全党同志"一心一意搞四化、团结一致向前看"，"集中力量向前看"，就是为了"使这个决议起到像一九四五年那次历史决议所起的作用，就是总结经验，统一思想，团结一致向前看"。

---

① 参见《邓小平文选》第二卷，人民出版社1994年版，第292—293页。

② 参见中共中央文献研究室编：《邓小平年谱》第五卷，中央文献出版社2020年版，第17页。

习近平总书记在领导和主持党的第三个历史决议的起草工作和《决议》的审议和通过问题时，也明确提出，要把"回头望"同"向前进""开新局"有机统一起来。

2021 年以习近平同志为核心的党中央决定，统筹部署、重点抓好同党的百年华诞庆祝活动密切相关的三件大事，即在全党开展党史学习教育、隆重举行庆祝中国共产党成立 100 周年大会、筹备召开主题为重点研究全面总结党的百年奋斗重大成就和历史经验的党的十九届六中全会，并且把对这三件大事的统筹部署，同 2022 年下半年召开党的二十大有机结合起来，在全党全国全社会形成以史为鉴、开创未来，埋头苦干、勇毅前行，引导全党进一步坚定信心，聚焦党和国家正在做的事情，以更昂扬的姿态迈进新征程、建功新时代的浓厚氛围。在党的十九届六中全会通过党的第三个历史决议的同时，对做好召开党的二十大的思想理论准备、组织准备等工作，提出明确要求。习近平总书记还强调，要以迎接和开好党的二十大为主线，把庆祝建党百年激发的爱党爱国爱社会主义的热情传递下去，把全社会的精气神进一步振奋起来，攻坚克难、开拓奋进，以更优异的成绩迎接党的二十大召开。

三、关于党的七大、十二大和即将在 2022 年下半年召开的二十大是如何和势将如何有力促进党和人民事业发展的

对于这个问题，曾先后参与党的第一个和第二个历史决议起草工作的胡乔木同志的回答，无疑是最具权威性也最有说服力的。

胡乔木同志在 1991 年 6 月 25 日发表的《中国共产党怎样发展了马克思主义》的著名论文中曾这样写道:"一九四五年四月,党的六届七中全会通过了《关于若干历史问题的决议》,空前地统一了全党的认识,为党的第七次全国代表大会的胜利举行准备了充分的条件,而七大的圆满成功又为后来的人民解放战争的巨大胜利奠定了思想、政治、组织的基础。"胡乔木同志在这篇著名论文中还写道:"在一九八一年六月十一届六中全会上通过了《关于建国以来党的若干历史问题的决议》,又一次空前地统一了全党的认识,从思想上、政治上、组织上保证了十年来的建设和改革开放事业的顺利发展。"①

对于党的七大,胡乔木同志在《中国共产党的三十年》一书中,曾更加具体地这样写道:1945 年 4 月 23 日,中国共产党在延安举行了第七次全国代表大会。在七大上,中国共产党表现了空前的团结一致。这个团结一致,根本上是 1935 年 1 月党的遵义会议以来中国革命在党中央正确领导下的胜利发展所形成的。1942 年全党的整风运动,在第七次大会之前在党的干部中展开的关于党的历史经验的讨论,党的扩大的六届七中全会所通过的《关于若干历史问题的决议》,对于加强党内的团结,都发挥了重要的积极的作用。在中国共产党第七次全国代表大会以后,八路军、新四军和华南游击队对于日本侵略者的反攻得到了迅速的发展。8 月 8 日,苏联对日宣战,使中国抗日战争立即进入最后阶段。苏联红军迅速歼灭了日寇的关东军,解放了东北。八路军一

---

① 《胡乔木文集》第二卷,人民出版社 2012 年版,第 320—321 页。

部和东北抗日联军配合苏联红军，积极消灭日伪军，解放了日伪军所占领的大量的中小城市，8月15日，日本宣布无条件投降。对抗日战争的胜利，党的第三个历史决议也这样写道："这是近代以来中国人民反抗外敌入侵第一次取得完全胜利的民族解放斗争，也是世界反法西斯战争胜利的重要组成部分。"

胡乔木同志在《中国共产党的三十年》这本书中还写道：在解放战争时期，面对国民党反动派悍然发动的全面内战，党领导人民由积极防御转向战略进攻，接连打赢了辽沈、淮海、平津三大战役和渡江战役，消灭国民党反动派800万军队，推翻了国民党反动政府，推翻了帝国主义、封建主义、官僚资本主义三座大山。党领导的人民军队在人民支持下，以一往无前的英雄气概同穷凶极恶的敌人进行殊死斗争，为夺取新民主主义革命胜利指明了正确方向。

以上就是党的百年奋斗史上的第一个历史决议怎样"有力促进了中国革命事业发展"的生动写照。《关于建国以来党的若干历史问题的决议》在结尾处对此是这样评价的：1945年党的六届七中全会一致通过的《关于若干历史问题的决议》，曾经统一了全党的认识，加强了全党的团结，促进了人民革命事业的迅猛前进和伟大胜利。十一届六中全会相信，这次全会一致通过的《关于建国以来党的若干历史问题的决议》，必将起到同样的历史作用。

以后的历史发展表明，实际情况正是这样。对此，胡乔木同志在《十二大的重要成就》的讲话中，也曾经作过系统分析。他说，十二大是七大以来最重要的大会，这是因为七大以后我们党就得到了民主革命的伟大胜利，跟它相比较，十二大以后我们也要迎接社会主义建设的伟大胜利。十二大同七大一样，都是经过挫折，总结了教训，提出了正确的纲领。这些纲领都是逐渐积累成功的经验形成的。虽然没有像七大以前那样集中全党的干部整风，但是从（十一届）三中全会到（十一届）六中全会一直到召开十二大，这几年同延安整风起了同样的作用，所以十二大同七大一样是经过充分准备的。十二大提出来的奋斗目标，都是从（十一届）三中全会以后逐渐积累起来的，组织上从（十一届）三中全会以来也作了充分的准备，就这些方面说，十二大同七大有类似的地方。十二大同七大比较起来，也有一些不同的地方。十二大是在经过十年内乱，是在（党）掌握了全国政权的条件下又发生了十年内乱，遗留的后果比王明"左"倾路线的四年更加严重，但是另外一方面，党的力量更加强大了，并没有出现像遵义会议那个时候那样大的困难。所以虽然经过十年内乱，党还是能够很快地恢复过来，党的经验和领导更加成熟了。

胡乔木同志的这篇重要讲话，还就为什么说十二大以后是建国以来最好的时期之一，作出了全面系统的分析。当时他在这篇重要讲话中一共列举了十个方面的理由。

第一，党的领导权是掌握在真正的马克思主义者手中。领导权改变了，领导人领导的方法，所进行的领导工作发生了根本的改变。这些改变，有许多是恢复到建国初期，有许多超过了建国初期。

第二，我们把全党的工作中心转到了社会主义现代化建设这个轨道上来。这个转变可以说是付出了多年沉痛的代价换来的成果。这就是说，通过革命，从此走上了正确的、健康的社会主义建设的发展道路。

第三，为着发展社会主义建设，我们党在对待教育、科学、文化、知识分子这些问题上面，纠正了长期的"左"倾，为把工作重点转到经济建设这方面来创造了必要的条件。

第四，我们的军队转到了革命化、正规化、现代化的轨道。把在十年内乱期间所受到的流毒摆脱了，或者逐步地摆脱了。

第五，我们在政治方面的建设所取得的成就也是非常巨大的。我们不仅恢复了公检法的机构和工作，恢复了人大和政协的正常的活动，统一战线工作、民族工作，都有了非常显著的发展。特别是我们的国家开始走上真正的社会主义法制的道路，这对于我们国家的长治久安有非常重大的意义。

第六，平反了大量的冤假错案。从（十一届）三中全会以来，党内平反了90万件。到去年（1981年）年底改正了错划的右派54万人，原来在1957年总共划了55万人。摘掉了地主、富农帽子的有278万人，没有摘帽子的还有5万人。把原为小商小贩、手工业者错划为资本家的改正过来有70万人。宽大释放了国民党县团以下党、政、军、特4237人。这些问题的妥善解决，就使得全国人民政治生活、政治空气大为稳定，人民内部矛盾大为缓和。

第七，我们再说党，党现在有3900万人。由于从（十一届）三中全会以后，党的领导、党的作风、党的纪律各方面都有了非常大的进步，所以党的干部在这六年中间的进步是不能低估的。新党员的质量是比较高的。因为这几年中间发展的党员是很少的，有很多要求入党的人没有能够入党，就是这样，在"文化大革命"结束以后到1981年底，入党的人已经占14%。六年中间达到这样的数字。我们可以想象，在十二大以后，新入党的人会更加增加，而且他们的质量会更高。

第八，经济发展方面。（十一届）三中全会以来，从1979年到1981年每年工农业总产值增长的数字是6.7%，在这中间，解决了2600万人就业，国民收入增加了877亿元。根据计委粗略的计算，大概是这样：农民增加收入582亿元，职工增加收入200亿元，企业使用的纯收入增加了200亿元，总共982亿元。农民、职工和企业所增加的收入大于新增加的国民收入。整个说来，人民的生活是大大好转了，无论是工人，或者农民，是大大地得到了休养生息。城乡居民储蓄到8月末已经达到624亿元。这是我们的社会，我们的政治，整个的国家得到稳定的非常重要的因素。

第九，（十一届）三中全会以来的经济政策。经济政策最大的变化莫过于农业方面的生产责任制。对这个政策，党内现在大多数同志都拥护了，因为实际的效果很明显，群众的绝大多数都拥护。在工业方面，在一部分商业方面，也开始实行了责任制，打破了过去把所有城市人口包下来、吃大锅饭的办法、铁饭碗的办法。无论是地方或企业，或者是个人的积极性都增加了。

第十，关于对外开放政策。从（十一届）三中全会以来，我们说几个数字：到1982年6月底为止的统计，国家借用外资累计使用额94.6亿美元；吸收国外直接投资10亿美元。这样弥补了我们国家建设资金的不足，促进了能源、交通的建设，使得有些被停建缓建的项目得以继续建设，引进了比较先进的技术设备和管理办法。我们的出口贸易在这几年中间得到了很快的发展，很大的增加。出口采取了多种形式，像进口加工、来料加工、来料装配、合作生产以及技术出口、劳务出口等等。对外签订的承包工程和劳务合作合同，到今年（1982年）6月底累计已经有600多项，总金额达到9.4亿美元，目前派出的工程技术人员和职工有2.5万名，到达30多个国家和地区。

我们刚才讲了十个方面的成绩。在三年多不到四年的时间里，得到这样大的成绩，这不单与"文化大革命"的十年不能相比，就是与"文化大革命"以前十年也不能相比，只有建国以后的七年可以比较。[①]

同党的第一个历史决议通过之后的当年就迎来了党的七大、党的第二个历史决议通过之后的次年就迎来了党的十二大一样，在党的第三个历史决议通过之后的次年，即2022年，我们党就将迎来二十大。这是全党全国各族人民政治生活中的一件大事。开好党的二十大，对我们党团结带领全国各族人民全面建设社会主义现代化国家、实现第二个百年奋斗目标具有重大意义。

习近平总书记对做好召开党的二十大的思想理论准备、组织准备等工作，提出明确要求。在中共中央政治局于2021年12月27日至28日召开的党史学习教育专题民主生活会上，习近平总书记指出，召开中国共产党第二十次全国代表大会，是中央政治局明年工作的首要政治任务。中央政治局的同志要以强烈的政治责任感和历史使命感，认真履行职责，做好各方面工作。

党的第三个历史决议在序言中要求全党，要"从党的百年奋

---

① 参见《胡乔木文集》第二卷，人民出版社2012年版，第209—221页。

斗中看清楚过去我们为什么能够成功、弄明白未来我们怎样才能继续成功"。《决议》结尾部分又满怀自信地说："我们坚信，在过去一百年赢得了伟大胜利和荣光的中国共产党和中国人民，必将在新时代新征程上赢得更加伟大的胜利和荣光！"

我们可以很确定、很有把握地说，在党的第三个历史决议精神指引下，全党全军全国各族人民必将在以习近平同志为核心的党中央坚强领导下，全面贯彻习近平新时代中国特色社会主义思想，把空前凝聚振奋的党心军心民心，汇聚成实现中华民族伟大复兴的磅礴力量，大力弘扬伟大建党精神，切实做到勿忘昨天的苦难辉煌，无愧今天的使命担当，不负明天的伟大梦想，以史为鉴、开创未来，埋头苦干、勇毅前行，为实现党的第二个百年奋斗目标、实现中华民族伟大复兴的中国梦而不懈奋斗，真正做到迈进新征程、建功新时代。

党的三个历史决议同党在三个历史阶段依次实现的"两个确立"

（2022 年 1 月 25 日）

党的十九届六中全会审议通过的党的第三个历史决议强调："党确立习近平同志党中央的核心、全党的核心地位，确立习近平新时代中国特色社会主义思想的指导地位，反映了全党全军全国各族人民共同心愿，对新时代党和国家事业发展、对推进中华民族伟大复兴历史进程具有决定性意义。"

这次全会决议突出强调党的十八大以后，我们党对习近平同志领导地位和习近平新时代中国特色社会主义思想指导地位这"两个确立"，对于新时代党和国家事业发展、对于推进中华民族伟大复兴历史进程具有决定性意义，是基于百年党史给了我们全党同志的一个极其重要的启示，这就是：坚决维护党中央的核心、全党的核心是党在重大时刻凝聚共识、果断抉择的关键，是党团结统一、胜利前进的重要保证。党中央如此强调、如此突出新时代我们党这"两个确立"的决定性意义，就是要教育引导广大党员、干部和人民群众充分认识有党的坚强领导核心的领航掌舵、有党的科学理论的正确指引，这两条都是关乎党和国家前途命运、关乎党和人民事业兴衰成败的根本性问题。同时，如果把百年党史贯通起来看，"两个确立"虽然凸显于新时代，但"两个确立"

又不仅限于新时代。事实上，我们党百年奋斗史上的三个历史决议无一不印证着"两个确立"的决定性意义、决定性作用，无一不致力于维护和巩固"两个确立"。可以说，坚持"两个确立"，维护"两个确立"，这也是党的百年奋斗史上的一条极其重要的历史经验、历史规律。

一、党的第一个历史决议与我们党在
新民主主义革命时期的"两个确立"

1944—1945年，张闻天同志在被党中央授权修改党的第一个历史决议稿时，曾特意增写了这样一段话：尤其值得我们骄傲的，是十年内战更使我们党马列主义的理论与中国的实际结合起来了。以毛泽东同志为代表的马列主义理论与中国实际统一的思想，在内战中有了极大的发展，给中国共产党指出了正确的方向。而毛泽东同志终于在内战最后时期确立了他在中央的领导。这领导，无疑的，将保证中国共产党在以后的完全胜利。[1]

张闻天同志当时增写的这段话指的是：1935年1月，中央政治局在长征途中举行的遵义会议，事实上确立了毛泽东同志在党中央和红军的领导地位，开始确立以毛泽东同志为主要代表的马克思主义正确路线在党中央的领导地位，开始形成以毛泽东同志为核心的党的第一代中央领导集体，开启了党独立自主解决中国革命实际问题的新阶段，在最危急关头挽救了党、挽救了红军、挽救了中国革命，并且使党在这以后能够战胜张国焘的分裂主义，

---

[1] 参见中共中央党史研究室张闻天选集传记组编：《张闻天年谱》（修订本）下卷，中共党史出版社2010年版，第490页。

胜利完成长征，打开中国革命新局面。这在党的历史上是一个生死攸关的转折点。

这就是我们党在新民主主义革命时期，几经曲折和反复，对毛泽东同志在党中央领导核心地位在事实上的确立。正是因为有了党在新民主主义革命时期这至关重要的"第一个确立"，才有了遵义会议之后，中央红军在毛泽东同志指挥下，四渡赤水迂回穿插于敌军重兵之间，使中央红军摆脱几十万国民党军队的围追堵截，粉碎了蒋介石围歼红军于黔滇边境的计划，取得了战略转移中具有决定性意义的胜利。这一胜利，是在改换了中央军事领导之后取得的，充分显示了毛泽东同志的高超军事指挥艺术。

正是因为有了党在新民主主义革命时期的这至关重要的"第一个确立"，才有了全面抗战时期，党实行正确的抗日民族统一战线政策，坚持全面抗战路线，提出和实施持久战的战略总方针和一整套人民战争的战略战术，开辟了广大敌后战场和抗日根据地，领导八路军、新四军、东北抗日联军和其他人民抗日武装英勇作战，成为全民族抗战的中流砥柱，直到取得中国人民抗日战争最后胜利。这是近代以来中国人民反抗外敌入侵第一次取得完全胜利的民族解放斗争，也是世界反法西斯战争胜利的重要组成部分。

正是因为有了党在新民主主义革命时期的这至关重要的"第一个确立"，才有了党成功地实施和推进的党的建设伟大工程，提出着重从思想上建党的原则，坚持民主集中制，坚持理论联系实际、密切联系群众、批评和自我批评这三大优良作风，形成统一战线、武装斗争、党的建设这三大法宝，才努力建设起全国范围的、广大群众性的、思想上政治上组织上完全巩固的马克思主义政党。

正是因为有了党在新民主主义革命时期的这至关重要的"第一个确立",才有了党从1942年开始在全党进行的整风运动,这场马克思主义思想教育运动收到巨大成效。党在整风运动中讨论制定的《关于若干历史问题的决议》,使全党对中国革命基本问题的认识达到一致。党的七大为建立新民主主义的新中国制定了正确的路线方针政策,使全党在思想上政治上组织上达到空前统一和团结。

在遵义会议事实上实现了对毛泽东同志的"第一个确立"十年之后,1945年4月至6月,在延安召开的党的七大,把毛泽东思想确立为我们党的指导思想并写入党章,这就是党在新民主主义革命时期对毛泽东思想至关重要的"第二个确立"。刘少奇同志在党的七大所作的《关于修改党章的报告》中指出:"毛泽东思想,就是马克思列宁主义的理论与中国革命的实践之统一的思想,就是中国的共产主义,中国的马克思主义。"刘少奇同志在这个报告中还第一次科学概括了毛泽东思想的主要内容,这就是:关于现代世界情况及中国国情的分析,关于新民主主义的理论与政策,关于解放农民的理论与政策,关于革命统一战线的理论与政策,关于革命战争的理论与政策,关于革命根据地的理论与政策,关于建设新民主主义共和国的理论与政策,关于建设党的理论与政策,关于文化的理论与政策等。

党的七大把毛泽东思想确立为党的指导思想,这是近代中国历史和人民革命斗争发展的必然选择。毛泽东思想是我们党在领导人民艰苦奋斗的基础上,通过总结正反两方面经验,在实践中逐步形成的。它是中国共产党集体智慧的结晶，它独创性地丰富和发展了马克思主义，实现了马克思主义中国化的第一次历史性飞跃，而毛泽东同志就是马克思主义中国化的伟大开拓者。

到了党的七大，正是因为有了党在新民主主义革命时期这至关重要的"第二个确立"，才成功地实现了党的七大以后全党同志在毛泽东思想指引下的高度团结一致，从而夺取了抗日战争的最后胜利和新民主主义革命在全国的胜利。经过 28 年武装斗争的浴血奋斗，党领导人民，在各民主党派和无党派民主人士积极合作下，于 1949 年 10 月 1 日宣告成立中华人民共和国，实现民族独立、人民解放，彻底结束了旧中国半殖民地半封建社会的历史，彻底结束了极少数剥削者统治广大劳动人民的历史，彻底结束了旧中国一盘散沙的局面，彻底废除了列强强加给中国的不平等条约和帝国主义在中国的一切特权，实现了中国从几千年封建专制政治向人民民主的伟大飞跃，也极大改变了世界政治格局，鼓舞了全世界被压迫民族和被压迫人民争取解放的斗争。

进入社会主义革命和建设时期，毛泽东同志及时提出，要把马克思列宁主义基本原理同中国具体实际进行"第二次结合"。以毛泽东同志为主要代表的中国共产党人，结合新的实际丰富和发展了毛泽东思想。特别是提出了关于社会主义建设的一系列重要思想，包括社会主义社会是一个很长的历史阶段，严格区分和正确处理敌我矛盾和人民内部矛盾，正确处理我国社会主义建设的十大关系，在党与民主党派的关系上实行"长期共存、互相监督"的方针，在科学文化工作中实行"百花齐放、百家争鸣"的方针等。这些独创性理论成果至今仍有重要指导意义。

我们党对确立毛泽东同志的领导核心地位和确立毛泽东思想在全党的指导地位这"两个确立"的历史贡献和历史作用的评价，就是习近平总书记所指出的："毛泽东同志毕生最突出最伟大的贡献，就是领导我们党和人民找到了新民主主义革命的正确道路，完成了反帝反封建的任务，建立了中华人民共和国，确立了社会主义基本制度，取得了社会主义建设的基础性成就，并为我们探索建设中国特色社会主义的道路积累了经验和提供了条件，为我们党和人民事业胜利发展、为中华民族阔步赶上时代发展潮流创造了根本前提，奠定了坚实的理论和实践基础。"[①]

二、党的第二个历史决议与我们党在改革开放和社会主义现代化建设新时期的"两个确立"

从新中国成立到"文化大革命"结束，是我们党领导人民艰辛探索社会主义革命和建设道路的重要时期。"文化大革命"结束后，在党和国家面临何去何从的重大历史关头，党深刻认识到，只有实行改革开放才是唯一出路，否则我们的现代化事业和社会主义事业就会被葬送。1978 年 12 月召开的党的十一届三中全会，果断结束了"以阶级斗争为纲"，成功实现党和国家工作中心战略转移，开启了改革开放和社会主义现代化建设新时期，实现了新中国成立以来党的历史上具有深远意义的伟大转折。党当时作出彻底否定"文化大革命"的重大决策。在党的十一届三中全会前的中央工作会议上就"两个凡是"问题作了自我批评的华国锋同志，

---

① 习近平:《论中国共产党历史》，中央文献出版社 2021 年版，第 54—55 页。

在十一届三中全会结束后，虽然仍担任党中央主席，但就体现党的正确指导思想以及决定改革开放和社会主义现代化建设的重大方针政策来说，邓小平同志当时在实际上已经成为党的中央领导集体的核心。邓小平同志 1978 年 12 月 13 日在中央工作会议闭幕会上所作的《解放思想，实事求是，团结一致向前看》的重要讲话，实际上成为党的十一届三中全会的主题报告，并成为开辟新时期新道路的宣言书。我们党也正因为如此而有了在改革开放和社会主义现代化建设新时期对党的领导核心邓小平同志的"第一个确立"。这至关重要的"第一个确立"，其决定性意义和决定性作用很快就在领导全党开辟新时期新道路的伟大实践中显现出来。

党的十一届三中全会之后，党果断结束了"以阶级斗争为纲"，实现了党和国家工作中心战略转移，开启了改革开放和社会主义现代化建设新时期。但是，在解放思想、拨乱反正过程中也出现了某种程度的思想混乱状况。比如，一方面有的人对党的十一届三中全会以来党中央新的路线方针政策表现出不理解甚至抵触情况；另一方面也有少数人对"解放思想"加以曲解，肆意夸大党和毛泽东同志所犯的错误，企图否定党的领导，否定社会主义制度，否定毛泽东同志和毛泽东思想。在这样的情况下，邓小平同志接连采取了几项很有现实针对性的重要举措。

其一是 1979 年 3 月，邓小平同志在党的理论工作务虚会上发表了《坚持四项基本原则》的重要讲话，旗帜鲜明地提出，必须在思想上政治上坚持社会主义道路，坚持无产阶级专政（后来表述为坚持人民民主专政），坚持共产党的领导，坚持马列主义、毛泽东思想这四项基本原则。强调"这是实现四个现代化的根本前提"，"如果动摇了这四项基本原则中的任何一项，那就动摇了整个社会主义事业"。同时，他还提出一个重要思想："现在搞建设，也要适合中国情况，走出一条中国式的现代化道路。"

其二是在组织起草和修改叶剑英同志在庆祝中华人民共和国成立三十周年大会讲话稿过程中，邓小平同志明确指出，这个讲话稿"要讲我们有了正面经验，也有了反面经验，两方面的经验经过总结，教育了我们人民，教育了我们党"。邓小平同志还说："历史上成功的经验是宝贵财富，错误的经验、失败的经验也是宝贵财富。这样来制定方针政策，就能统一全党思想，达到新的团结。这样的基础是最可靠的。"①

其三是邓小平同志意识到：在那时，要顺利实行改革开放，推动全面拨乱反正，必须对新中国成立以来中国共产党的重大历史问题作出结论，以统一全党和全国人民的思想，团结一致向前看。1979 年 11 月，也就是在党的十一届三中全会闭幕还不到一年，在邓小平同志亲自主持下，成立了《关于建国以来党的若干历史问题的决议》起草小组。在差不多近一年半的时间里，邓小平同志先后十多次召集起草组负责人开会，对党的第二个历史决议起草工作发表了一系列重要指示。

比如，他指出，起草建国以来党的历史问题决议，现在着手，明年六中全会讨论通过。有了国庆讲话，历史决议就好写了。以讲话为纲要，考虑具体化、深化。②

---

① 《邓小平文选》第三卷，人民出版社 1993 年版，第 234—235 页。

② 参见中共中央文献研究室编：《邓小平年谱》第四卷，中央文献出版社 2020 年版，第 574 页。

比如，他指出，现在正在准备搞一个关于若干历史问题的决议，主要是把建国后 30 年的历史清理一下。力求在十二大前的中央全会上通过这个历史决议，对过去的问题有一个统一的认识，作一个结束。十二大就讲新话，讲向前看的话。①

比如，他还明确指出，总的来说，这个决议是个好决议，现在这个稿子是个好稿子。我们原来设想，这个决议要举毛泽东思想的伟大旗帜，实事求是地、恰如其分地评价"文化大革命"，评价毛泽东同志的功过是非，使这个决议起到像 1945 年那次历史决议所起的作用，就是总结经验，统一思想，团结一致向前看。②

当时协助邓小平同志负责起草党的第二个历史决议的胡乔木同志，也在《关于〈历史决议〉的几点说明》中表示，关于"文化大革命"的原因，毛泽东同志固然应负主要责任，但马克思主义者对待这样重大的问题不能不着重分析历史背景，而不应着重个人责任，尤其不应着重个人品格。我认为决议稿的分析是马克思主义的，这一分析超过了 1945 年历史问题决议的水平（即指第一个历史问题决议把主观主义盲动主义等都简单地归因于小资产阶级）。"文化大革命"的发生有其国内历史原因，也有国际原因，包括马列的一些不明确的被误解的论点和国际共产主义运动传统的影响，指出这些原因，才是客观的，信实的，公允的，全面的。否则即无法解释，何以一个伟大的马克思主义者忽然会犯如此严重的错误。胡乔木同志当时还指出，当然不能说毛泽东同

---

① 参见中共中央文献研究室编：《邓小平年谱》第四卷，中央文献出版社 2020 年版，第 668 页。

② 参见《邓小平文选》第二卷，人民出版社 1994 年版，第 307 页。

志没有受封建主义历史的影响，但是"文化大革命"究竟不是只用封建主义影响所能解释的。毛泽东同志犯了错误，但他确是（至少主要是）作为一个马克思主义者犯错误的。他在"文化大革命"问题上基本上离开了马克思主义，但不能因此就说他不是一个伟大的马克思主义者。[①]

由邓小平同志主持起草的第二个历史决议在科学总结和正确评价新中国成立以来党的若干重大历史问题特别是"文化大革命"、毛泽东同志的历史地位及功过是非、毛泽东思想基本内容与指导意义方面，所达到的诸多的高水平还表明：在制定党的第二个历史决议所处的那个历史阶段上，我们党对毛泽东同志和毛泽东思想的"两个确立"，实际上同时也起到了对毛泽东同志和毛泽东思想的"两个维护"的重要历史作用，即既科学地维护了毛泽东同志的历史地位，又科学地维护了毛泽东思想的科学体系及其指导意义。正因为这样，我们党百年党史上的第三个历史决议明确指出："党制定《关于建国以来党的若干历史问题的决议》，标志着党在指导思想上的拨乱反正胜利完成。"习近平总书记在《关于〈中共中央关于党的百年奋斗重大成就和历史经验的决议〉的说明》中也明确指出，1981 年，党的十一届六中全会通过了《关于建国以来党的若干历史问题的决议》，回顾了新中国成立以前党的历史，总结了社会主义革命和建设的历史经验，对一些重大事件和重要人物作出了评价，特别是正确评价了毛泽东同志和毛泽东思想，分清了是非，纠正了"左"右两方面的错误观点，

---

① 参见《胡乔木文集》第二卷，人民出版社 2012 年版，第 166—167 页。

统一了全党思想，对推动党团结一致向前看、更好推进改革开放和社会主义现代化建设产生了重大影响。

我们党在改革开放和社会主义现代化建设新时期对邓小平同志的"第二个确立"，即确立邓小平理论为党的指导思想，历经从1978年党的十一届三中全会到1981年党的十一届六中全会、1982年党的十二大、1987年党的十三大、1992年党的十四大、1997年党的十五大总共19年时间，共经历了五部曲。

第一部曲是，1981年党的十一届六中全会通过的《关于建国以来党的若干历史问题的决议》，对党的十一届三中全会以来逐步确立的适合我国情况的社会主义现代化建设正确道路的主要点，从十个方面作出了凝练和概括，实质上是初步提出了由邓小平同志首先提出的在中国建设什么样的社会主义、怎样建设社会主义这一重大理论和实践问题。这就使我们党百年奋斗史上的第二个历史决议既正确解决了科学评价毛泽东同志的历史地位和毛泽东思想的科学体系，又根据新的实际和新的发展要求实行改革开放、确立中国社会主义现代化建设正确道路这两个相互联系的重大历史课题。

第二部曲是，1982年9月1日，在党的十二大开幕式上，邓小平同志在开幕词中响亮地提出："把马克思主义的普遍真理同我国的具体实际结合起来，走自己的道路，建设有中国特色的社会主义。"由邓小平同志提出的"建设有中国特色的社会主义"这一崭新命题，不仅创造性地回答了进入改革开放新时期走什么样的道路这一全党和全国各族人民最为关心的重大理论和实践问题，成为指引我国在改革开放和社会主义现代化建设新时期的伟大旗帜，而且成功地开创了中国特色社会主义，成功地提出了中国共产党在新时期全部理论和全部实践的鲜明主题。

第三部曲是，1987年10月召开的党的十三大，系统阐述了由邓小平同志首次提出的社会主义初级阶段理论、明确概括了党在社会主义初级阶段的基本路线，还在首次概括提出了根据邓小平同志重要思想制定的中国社会主义现代化建设"三步走"发展战略的基础上，高度评价了党的十一届三中全会以来开辟建设有中国特色社会主义的社会主义道路在马克思主义中国化历史进程中的伟大意义。这次大会还指出，中国共产党成立60多年来，在马克思主义与我国实际相结合的过程中，有两次历史性飞跃。第一次飞跃，发生在新民主主义革命时期，中国共产党人经过反复探索，在总结成功和失败经验的基础上，找到了有中国特色的革命道路，把革命引向胜利。第二次飞跃，发生在党的十一届三中全会以后，中国共产党人在总结新中国成立以后30多年来正反两方面经验的基础上，在研究国际经验和世界形势的基础上，开始找到一条建设有中国特色的社会主义的道路，开辟了社会主义建设的新阶段。党的十三大报告还从我国社会主义建设的阶段、任务、动力、条件、布局和国际环境等方面，对改革开放和现代化建设实践中形成和发展起来的一系列科学理论观点作了深刻归纳和概括，从而使我们党在新时期建设有中国特色的社会主义理论有了一个更为清晰的轮廓。

第四部曲是，1992年10月召开的党的十四大，根据邓小平同志1992年1月至2月先后到武昌、深圳、珠海、上海等地视察发表的一系列具有战略指导意义的重要思想，作出了三项具有深远意义的决策。一是抓住机遇，加快发展；二是明确我国经济体制改革的目标是建立社会主义市场经济体制；三是确立邓小平建设有中国特色社会主义理论在全党的指导地位。党的十四大报告从发展道路、发展阶段、根本任务、发展动力、外部条件、政治保证、战略步骤、党的领导和依靠力量以及祖国统一等九个方面，对建设有中国特色社会主义理论的主要内容作了科学概括，指出这个理论第一次比较系统地初步回答了中国这样的经济文化比较落后的国家如何建设社会主义、如何巩固和发展社会主义的一系列基本问题，用新的思想、观点，继承和发展了马克思主义。

在邓小平同志南方谈话和党的十四大精神推动下，中国的改革开放进入新阶段、扬起新风帆。全国上下积极性空前高涨，经济快速发展。世界的目光也重新聚焦中国，来华投资的热潮再度兴起。以邓小平同志南方谈话和党的十四大为标志，我国改革开放和社会主义现代化建设事业进入新的发展阶段。

第五部曲是，1997年9月召开的党的十五大，把邓小平理论同马克思列宁主义、毛泽东思想一道，作为党的指导思想写入了《中国共产党章程》。这是我们党经过近20年改革开放和社会主义现代化建设的成功实践作出的历史性决策。这一决策充分表明了在中国改革开放和社会主义现代化建设总设计师邓小平同志逝世以后，在全世界都在关注中国共产党能否沿着邓小平同志开创的中国特色社会主义道路继续走下去的时候，全党把邓小平同志开创的中国特色社会主义全面推向前进的决心和信念，也反映了全国人民的共识和心愿。

党的十五大报告指出，邓小平理论是在和平与发展成为时代主题的历史条件下，在我国改革开放和现代化建设的实践中，在总结我国社会主义胜利和挫折的历史经验并借鉴其他社会主义国家兴衰成败历史经验的基础上，逐步形成和发展起来的。它抓住什么是社会主义、怎样建设社会主义的一系列基本问题，指导党制定了社会主义初级阶段的基本路线。它是贯通哲学、政治经济学、科学社会主义等领域，涵盖经济、政治、科技、教育、文化、民族、军事、外交、统一战线、党的建设等方面比较完备的科学体系，又是需要从各方面进一步丰富发展的科学体系。

党的十五大报告还对邓小平理论的历史地位和指导意义作了深刻论述。报告指出，邓小平理论开拓了马克思主义的新境界，是当代中国的马克思主义，是马克思主义在中国发展的新阶段。邓小平理论是中国特色社会主义理论体系的开创之作。党的十五大报告也指出，马克思列宁主义同中国实际相结合有两次历史性飞跃，产生了两大理论成果。第一次飞跃的理论成果是被实践证明了的关于中国革命和建设的正确的理论原则和经验总结，它的主要创立者是毛泽东，我们党把它称为毛泽东思想。第二次飞跃的理论成果是建设有中国特色社会主义理论，它的主要创立者是邓小平，我们党把它称为邓小平理论。这两大理论成果都是党和人民实践经验和集体智慧的结晶。

需要指出的是：党的十五大报告还指出，旗帜问题至关紧要。旗帜就是方向，旗帜就是形象。报告中首次使用"邓小平理论"这个概念，并把这一理论作为指引我们党继续前进的旗帜。报告强调："坚持十一届三中全会以来的路线不动摇，就是高举邓小平理论的旗帜不动摇。""在社会主义改革开放和现代化建设的新时期，在跨越世纪的新征途上，一定要高举邓小平理论的伟大旗帜，用邓小平理论来指导我们整个事业和各项工作。"

2021年11月，由习近平总书记主持制定的党的第三个历史决议，是这样评价党的第二个历史决议和党在改革开放和社会主义现代化建设新时期把邓小平理论确立为我们党的指导思想的决定性意义的：为了推进改革开放，党重新确立马克思主义的思想路线、政治路线、组织路线，彻底否定"两个凡是"的错误方针，正确评价毛泽东同志的历史地位和毛泽东思想的科学体系。党明确我国社会的主要矛盾是人民日益增长的物质文化需要同落后的社会生产之间的矛盾，解决这个主要矛盾就是我们的中心任务，提出小康社会目标。党在各方面工作中恢复并制定一系列正确政策，调整国民经济。党领导全面开展思想、政治、组织等领域拨乱反正，大规模平反冤假错案和调整社会关系。党制定《关于建国以来党的若干历史问题的决议》，标志着党在指导思想上的拨乱反正胜利完成。

党的第三个历史决议指出，开创改革开放和社会主义现代化建设新局面，必须以理论创新引领事业发展。邓小平同志指出，一个党，一个国家，一个民族，如果一切从本本出发，思想僵化，迷信盛行，那它就不能前进，它的生机就停止了，就要亡党亡国。党领导和支持开展真理标准问题大讨论，从新的实践和时代特征出发坚持和发展马克思主义，科学回答了建设中国特色社会主义的发展道路、发展阶段、根本任务、发展动力、发展战略、政治保证、祖国统一、外交和国际战略、领导力量和依靠力量等一系列基本问题，形成中国特色社会主义理论体系，实现了马克思主义中国化新的飞跃。

第三个历史决议还指出，中国共产党和中国人民以英勇顽强的奋斗向世界庄严宣告，改革开放是决定当代中国前途命运的关键一招，中国特色社会主义道路是指引中国发展繁荣的正确道路，中国大踏步赶上了时代。

我们党对确立邓小平同志的领导核心地位和邓小平理论的指导地位这"两个确立"重大历史贡献和历史作用的评价，就是习近平总书记指出的："邓小平同志对党和人民的贡献，是历史性的，也是世界性的。正是由于有邓小平同志的卓越领导，正是由于有邓小平同志大力倡导和全力推进的改革开放，中国特色社会主义才能欣欣向荣，中国人民才能过上小康生活，中华民族和中华人民共和国才能以新的姿态屹立于世界东方。邓小平同志的贡献，不仅改变了中国人民的历史命运，而且改变了世界的历史进程。邓小平同志赢得了中国人民衷心爱戴，也赢得了世界人民广泛尊敬。像我们党的其他老一辈革命家一样，邓小平同志之所以能够为祖国和人民建立彪炳史册的功勋，就在于他看清了世界和中国的发展大势，深刻了解中国人民和中华民族的深沉愿望，把握住中国发展的历史规律，紧紧依靠党和人民建立了前所未有的历史性伟业。正如江泽民同志、胡锦涛同志指出的那样：如果没有邓小平同志，中国人民就不可能有今天的新生活，中国就不可能有今天改革开放的新局面和社会主义现代化的光明前景。"[1]

---

① 习近平:《在纪念邓小平同志诞辰110周年座谈会上的讲话》，人民出版社2014年版，第7—8页。

三、党的第三个历史决议与党在
中国特色社会主义新时代的"两个确立"

我们党在中国特色社会主义新时代的"两个确立",即确立习近平同志党中央的核心、全党的核心地位,确立习近平新时代中国特色社会主义思想的指导地位,同党的第一个历史决议所对应的新民主主义革命时期的"两个确立",即确立毛泽东同志在全党的领导核心地位和毛泽东思想在全党的指导地位相比,同党的第二个历史决议和党的十五大报告所对应的改革开放和社会主义现代化建设新时期的"两个确立",即确立邓小平同志在全党的领导核心地位和邓小平理论在全党的指导地位相比,有新时代的新特点。这就是:从党的十八大和十九大以来,对习近平总书记的"两个确立"先后经历了以下至关重要四部曲。

第一部曲是,党的十八大以来,以习近平同志为核心的党中央,以巨大的政治勇气和责任担当,提出一系列新理念新思想新战略,出台一系列重大方针政策,推出一系列重大举措,推进一系列重大工作,战胜一系列重大风险挑战,解决了许多长期想解决而没有解决的难题,办成了许多过去想办而没有办成的大事,推动党和国家事业取得历史性成就、发生历史性变革,推动中国特色社会主义进入新时代。

在新时代治国理政的实践中,习近平总书记作为党、国家和军队的最高领导人,展现出坚定的信仰信念、鲜明的人民立场、非凡的政治智慧、顽强的意志品质、强烈的历史担当、高超的政治艺术,赢得全党全军全国各族人民衷心拥护,受到国际社会高度赞誉。习近平总书记审时度势地把握时代大趋势，回答实践新要求，顺应人民新期待，提出了一系列重大思想理念，进一步丰富和发展了我们党的科学理论，为在新的历史起点上实现新的奋斗目标提供了基本遵循。在具有许多新的历史特点的伟大斗争实践中，习近平总书记事实上已经成为党中央的核心、全党的核心。

早在 2016 年 10 月党的十八届六中全会召开之前，党内党外就已形成一种普遍共识和强烈呼声，这就是：在新形势下，为更好地维护党中央权威和集中统一领导，必须尽快明确和维护习近平总书记在党中央的核心、全党的核心地位。这是全党全军全国各族人民的共同愿望，也是推进党的十八大以后全面从严治党、提高党的创造力、凝聚力、战斗力的迫切要求，是保持党和国家事业发展正确方向的根本保证。经过充分酝酿，2016 年 10 月，党的十八届六中全会首次明确了习近平总书记党中央的核心、全党的核心地位，并在全会通过的文件和全会公报中，首次正式提出了"以习近平同志为核心的党中央"。

第二部曲是，2017 年召开的党的十九大，郑重地把习近平总书记党中央的核心、全党的核心地位写入了修改后的《中国共产党章程》。确立习近平总书记的核心地位，既是实践的选择、历史的选择，也是全党的选择、人民的选择。习近平总书记成为新时代中国共产党的党中央的核心、全党的核心，是众望所归、名副其实的。坚决维护习近平总书记的核心地位，坚决维护党中央权威和集中统一领导，是党的十八大以后突出加强党的政治建设取得的重大政治成果和宝贵经验，是全党在革命性锻造中形成的共同意志，对更好凝聚党和人民力量，推进中国特色社会主义伟大事业和民族复兴大业，具有重大而深远的意义。同时，这也是党的十九大通过的党章（修正案）作出的一个重大历史贡献。

党的十九大作出的另一个重大贡献，就是郑重地提出习近平新时代中国特色社会主义思想，把这一思想确立为党必须长期坚持的指导思想并写进修改后的党章之中，实现了党的指导思想的又一次与时俱进。

党的十八大以来，以习近平同志为核心的党中央从理论和实践的结合上系统回答了新时代坚持和发展什么样的中国特色社会主义、怎样坚持和发展中国特色社会主义，包括新时代坚持和发展中国特色社会主义的总目标、总任务、总体布局、战略布局和发展方向、发展方式、发展动力、战略步骤、外部条件、政治保证等基本问题，同时根据新的实践对经济、政治、法治、科技、文化、教育、民生、民族、宗教、社会、生态文明、国家安全、国防和军队、"一国两制"和祖国统一、统一战线、外交、党的建设等各方面作出理论分析和政策指导，创立了习近平新时代中国特色社会主义思想。

习近平总书记在党的十九大报告中，用"八个明确"和"十四个坚持"全面阐述了新时代中国特色社会主义思想的科学内涵和实践要求。党的十九大报告指出，习近平新时代中国特色社会主义思想，是对马克思列宁主义、毛泽东思想、邓小平理论、"三个代表"重要思想、科学发展观的继承和发展，是马克思主义中国化最新成果，是党和人民实践经验和集体智慧的结晶，是中国特色社会主义理论体系的重要组成部分，是全党全国人民为实现中华民族伟大复兴而奋斗的行动指南，必须长期坚持并不断发展。

第三部曲是，2018 年 3 月，十三届全国人大一次会议通过的《中华人民共和国宪法（修正案）》，把习近平新时代中国特色社会主义思想郑重而庄严地载入宪法。这不但是继党的十九大确立习近平新时代中国特色社会主义思想的指导地位、实现了党的指导思想的与时俱进之后，实现了我们国家指导思想的与时俱进，而且充分反映了全国各族人民的共同意志和全社会的共同意愿。

习近平同志是习近平新时代中国特色社会主义思想的主要创立者，他以马克思主义政治家、思想家、战略家的非凡勇气、卓越政治智慧、强烈使命担当，提出一系列具有开创性意义的新理念新思想新战略，为这一思想的创立发挥了决定性作用、作出了决定性贡献。

第四部曲是，2021 年 11 月，党的十九届六中全会通过的党的第三个历史决议，在对习近平新时代中国特色社会主义思想的历史贡献、历史地位和科学内涵作出进一步的科学概括和拓展性的深入阐述基础上，阐明了我们党在新时代的"两个确立"的极端重要性。这就是："党确立习近平同志党中央的核心、全党的核心地位，确立习近平新时代中国特色社会主义思想的指导地位，反映了全党全军全国各族人民共同心愿，对新时代党和国家事业发展、对推进中华民族伟大复兴历史进程具有决定性意义。"

我们党对习近平同志和习近平新时代中国特色社会主义思想的这"两个确立"，以及这"两个确立"对新时代党和国家事业发展、对推进中华民族伟大复兴历史进程所具有的决定性意义，主要体现在：党的十八大以来，面对中华民族伟大复兴战略全局和世界百年未有之大变局，面对美国等西方国家处心积虑的遏制打压和极限施压，面对远未结束的"新的赶考"，我们党、我们国家之所以能够继往开来、守正创新，就是因为有习近平总书记领航掌舵，有习近平新时代中国特色社会主义思想指引航向。习近平总书记以马克思主义政治家、思想家、战略家的非凡勇气、卓越政治智慧、强烈使命担当，以"我将无我，不负人民"的赤子情怀，带领全党全国人民攻坚克难、砥砺前行，推动党和国家事业取得历史性成就、发生历史性变革，使中华民族迎来了从站起来、富起来到强起来的伟大飞跃。

党的十九届六中全会通过的党的第三个历史决议，之所以突出强调"两个确立"对新时代党和国家事业发展、对推进中华民族伟大复兴具有决定性意义，就是要教育引导广大党员、干部和群众充分认识到，我们党成立100年来，走过了从不够成熟到坚定成熟、从不够有力到坚强有力的发展过程。在中国特色社会主义新时代，我们党拥有习近平总书记这样坚定成熟、坚强有力的领导核心，这是关乎党和国家前途命运、关乎党和人民事业前途命运的根本性问题，也是党之大幸、国之大幸、民之大幸。全党全军全国各族人民坚决拥戴核心、维护核心、捍卫核心，始终在政治立场、政治方向、政治原则、政治道路上同以习近平同志为核心的党中央保持高度一致，这既是中华民族伟大复兴进入不可逆转的历史进程的题中应有之义，也是在新时代新征程上面对具有许多新的历史特点的伟大斗争，确保中国共产党不犯颠覆性错误、确保中国社会主义现代化建设航船能够劈波斩浪、顺利抵达光辉彼岸的根本政治保证。在这个问题上树立高度的政治自觉、高度的政治自信，是全党同志的共同政治责任。

习近平总书记十论"新的赶考之路"

（2022 年 1 月 18 日）

党的十九届六中全会通过的党的第三个历史决议，是以习近平同志为核心的党中央在团结带领全党全国各族人民踏上实现第二个百年奋斗目标新的赶考之路这一庄严时刻作出的。《决议》向新时代的中国共产党人发出了这样的伟大号召、吹响了这样的时代号角："我们一定要继续考出好成绩，在新时代新征程上展现新气象新作为。"精准把握"新的赶考之路"这一重大概念的时代背景、丰富内涵和现实针对性、长远指导性，对于深刻理解和全面贯彻好党的第三个历史决议精神是至关重要的。

一、党的十八大以来，习近平总书记已连续十次
强调党面临的"赶考"远未结束、全党必须
走好"新的赶考之路"

从党的十八大到党的十九届六中全会期间我们党的主流媒体的公开报道中可以看到，习近平总书记在这九年时间里，对这一问题的相关论述，前后达十次之多。在迎来建党 100 周年的喜庆日子里，简要罗列并深刻领会习近平总书记十论"新的赶考之路"所提出的一系列重要思想、重要观点、重大举措，对于全党全军全国各族人民勿忘昨天的苦难辉煌，无愧今天的使命担当，不负

明天的伟大梦想，以史为鉴、开创未来，埋头苦干、勇毅前行，为实现党的第二个百年奋斗目标、实现中华民族伟大复兴的中国梦而奋斗，是完全必要的、非常及时的。

第一次论"新的赶考之路"是 2013 年 7 月 11 日，习近平总书记在西柏坡党的九月会议旧址主持召开县乡村干部、老党员和群众代表座谈会时谈到的。他指出，当年党中央离开西柏坡时，毛泽东同志说是"进京赶考"。60 多年过去了，我们取得了巨大进步，中国人民站起来了，富起来了，但我们面临的挑战和问题依然严峻复杂，应该说，党面临的"赶考"远未结束。习近平总书记强调，全党同志要不断学习领会"两个务必"的深邃思想，始终做到谦虚谨慎、艰苦奋斗、实事求是、一心为民，继续把人民对我们党的"考试"、把我们党正在经受和将要经受各种考验的"考试"考好，使我们的党永远不变质、我们的红色江山永远不变色。

第二次论"新的赶考之路"是 2016 年 7 月 1 日，习近平总书记在庆祝中国共产党成立 95 周年大会上的讲话中谈到的。他指出，1949 年 3 月 23 日上午，党中央从西柏坡动身前往北京时，毛泽东同志说："今天是进京赶考的日子。"60 多年的实践证明，我们党在这场历史性考试中取得了优异成绩。同时，这场考试还没有结束，还在继续。今天，我们党团结带领人民所做的一切工作，就是这场考试的继续。

第三次论"新的赶考之路"是 2019 年 9 月 12 日，习近平总书记在视察北京香山革命纪念地时谈到的。他指出，我们缅怀这段历史，就是要继承和发扬老一辈革命家谦虚谨慎、不骄不躁、艰苦奋斗的优良作风，始终保持奋发有为的进取精神，永葆党的先进性和纯洁性，以"赶考"的清醒和坚定答好新时代的答卷。

第四次论"新的赶考之路"是 2020 年 1 月 8 日，习近平总书记在"不忘初心、牢记使命"主题教育总结大会上的讲话中谈到的。他指出，今年是决胜全面建成小康社会、打赢精准脱贫攻坚战、实现"十三五"规划收官之年。各级领导机关和领导干部要带头增强"四个意识"、坚定"四个自信"、做到"两个维护"，团结带领各族人民勇于战胜前进道路上的各种艰难险阻，以"赶考"的心态向党和人民交出一份满意的答卷。

第五次论"新的赶考之路"是 2021 年 1 月 22 日，习近平总书记在十九届中央纪委五次全会上的讲话中谈到的。他指出，各级领导干部特别是主要负责同志必须切实担负起管党治党政治责任，始终保持"赶考"的清醒，保持对"腐蚀"、"围猎"的警觉，把严的主基调长期坚持下去，以系统施治、标本兼治的理念正风肃纪反腐，不断增强党自我净化、自我完善、自我革新、自我提高能力，跳出治乱兴衰的历史周期率，引领和保障中国特色社会主义巍巍巨轮行稳致远。

第六次论"新的赶考之路"是 2021 年 2 月 20 日，习近平总书记在党史学习教育动员大会上的讲话中谈到的。他指出，在全党开展党史学习教育，就是要教育引导全党在开启新征程的关键时刻，继续发扬彻底的革命精神，坚持全面从严治党永远在路上，保持"赶考"的清醒，以新时代党的自我革命引领新的伟大社会革命。

第七次论"新的赶考之路"是 2021 年 7 月 1 日，习近平总书记在庆祝中国共产党成立 100 周年大会上的讲话中谈到的。他指出，过去 100 年，中国共产党向人民、向历史交出了一份优异的答卷。现在，中国共产党团结带领中国人民又踏上了实现第二个百年奋斗目标新的赶考之路。

第八次论"新的赶考之路"是 2021 年 8 月 31 日，习近平总书记在中央政治局会议确定党的十九届六中全会召开有关事项时谈到的。他指出，不忘初心，方得始终。中国共产党立志于中华民族千秋伟业，百年恰是风华正茂。过去 100 年，党向人民、向历史交出了一份优异的答卷。现在，党团结带领中国人民又踏上了实现第二个百年奋斗目标的新的赶考之路。时代是出卷人，我们是答卷人，人民是阅卷人，我们一定要继续考出一个好成绩，在新时代新征程上展现新气象新作为。

第九次论"新的赶考之路"是 2021 年 9 月 14 日，习近平总书记在陕西榆林考察同郝家桥村的乡亲们告别时谈到的。他语重心长地说，到这里来我学到了很多东西，有很多体会，可以说满载而归。看到了中国共产党是怎么走过来的，从井冈山走到陕北，从陕北到西柏坡，再走到北京，一路上赶考。看到了新中国成立 70 多年、建党 100 年，中华民族翻天覆地的巨变。我们要继续把这条路走好。走好路，就要不忘来路。看看过去的沟沟坎坎，我们是从这里走过来的，其作始也简，其将毕也必巨。

第十次论"新的赶考之路"是 2021 年 12 月 27 日至 28 日，习近平总书记在中共中央政治局党史学习教育专题民主生活会上的讲话中谈到的。他强调，在新的赶考之路上，我们能否继续交出优异答卷，关键在于有没有坚定的历史自信。100 年来，我们党致力于为中国人民谋幸福、为中华民族谋复兴，致力于为人类谋进步、为世界谋大同，天下为公，人间正道，这是我们党具有历史自信的最大底气，是我们党在中国执政并长期执政的历史自信，也是我们党团结带领人民继续前进的历史自信。今天，我们完全可以说，中国共产党没有辜负历史和人民的选择。

从以上的系统梳理和简要罗列中可以看到，贯穿习近平总书记十论中国共产党人"新的赶考之路"的内在逻辑：其思考的起点，就是当年毛泽东同志在新民主主义革命即将取得伟大胜利、我们党即将夺取全国政权之际提出的"进京赶考"这一重大命题；其基本结论，就是我们党在这场历史性考试中虽然已经取得了优异成绩，没有辜负历史和人民的选择，但这场考试远未结束，必须以走好"新的赶考之路"的清醒和坚定答好新时代的新答卷；其思考的落脚点和着力点，就是现在我们党团结带领全国各族人民又踏上了实现第二个百年奋斗目标的新的赶考之路，我们一定要继续考出一个好成绩。

一切过往，皆为序章。雄关漫道真如铁，而今迈步从头越。回顾过去的九年，我们可以看到，以习近平同志为核心的党中央团结带领全党全国各族人民奋力开创中国特色社会主义新时代的过程，就是始终保持"赶考"的清醒、坚持以"赶考"的心态，出台一系列重大方针政策，推出一系列重大举措，推进一系列重大工作，战胜一系列重大风险挑战，解决了许多长期想解决而没有解决的难题，办成了许多过去想办而没有办成的大事，推动党和国家事业取得历史性成就、发生历史性变革，向人民和历史交出一份满意答卷的过程。展望未来，我们可以预期，在新时代"新的赶考之路"上，以习近平同志为核心的党中央必将团结带领全党全国各族人民继续以咬定青山不放松的执着奋力实现既定目标，以行百里者半九十的清醒不懈推进中华民族伟大复兴，继续向人民、向历史交出一份优异答卷。

总之，在以往成功实践的基础上，面临形势环境的复杂性、严峻性、肩负任务繁重性和艰巨性世所罕见、史所罕见的中国共产党，如何接续做好、持续做好新的进京"赶考"这篇大文章、继续发扬伟大建党精神，走好"新的赶考之路"，继续交出优异答卷，是我们在当下和今后一个时期，深入研读和把握党的第三个历史决议精髓要义的一个不可或缺的独特视角。它可以帮助我们加深对党的第三个历史决议总结概括的"十个明确"、新时代党和国家事业取得的"十三个方面重大成就"、我们党百年奋斗具有的历史意义和取得的历史经验、新时代的中国共产党肩负的历史使命等一系列重要内容的精深领会理解和全面贯彻落实。

二、从历史和现实、理论和实践的结合上，精准把握
"新的赶考之路"这一重大概念所展示的新时代的
中国共产党人从理论到实践的鲜明时代特点

习近平总书记在新时代深刻提炼和概括的"新的赶考之路"这一重大概念和时代课题，具有丰富的思想和理论内涵。深入思考并深刻领会习近平总书记关于这一重大概念和时代课题的一系列重要论述，我们可以从中领会和感悟到新时代的中国共产党人面对习近平总书记指出的"时代是出卷人"、"人民是阅卷人"、"我们是答卷人"，一定要继续考出好成绩、在新时代新征程上展现新气象新作为的以下四个鲜明时代特点。

——"新的赶考之路"这一重大概念和时代课题展示出当代

中国共产党人坚定的历史自信。正如习近平总书记精辟指出的："在新的赶考之路上，我们能否继续交出优异答卷，关键在于有没有坚定的历史自信。"而这样的历史自信，首先源自于我们党团结带领全国各族人民，以百年奋斗深刻改变了近代以后中华民族发展的方向和进程，深刻改变了中国人民和中华民族的前途和命运，深刻改变了世界发展的趋势和格局。在这个过程中，我们党领导人民不仅创造了世所罕见的经济快速发展和社会长期稳定的"两大奇迹"，而且成功走出了中国式现代化新道路，创造了人类文明新形态，破解了人类社会发展的诸多难题。在这样的奋斗、成就和贡献面前，即便是那些一贯戴着有色眼镜看中国的西方政客和西方媒体，也不能无视中国共产党的强大领导力、影响力和塑造力。

值得注意的是，在开启全面建设社会主义现代化国家新征程之际，习近平总书记就告诫全党全国各族人民：我们的任务是全面建设社会主义现代化国家，当然我们建设的现代化必须是具有中国特色、符合中国实际的，是人口规模巨大的现代化，是全体人民共同富裕的现代化，是物质文明和精神文明相协调的现代化，是人与自然和谐共生的现代化，是走和平发展道路的现代化。习近平总书记还特别强调："这是我国现代化建设必须坚持的方向，要在我国发展的方针政策、战略战术、政策举措、工作部署中得到体现，推动全党全国各族人民共同为之努力。"习近平总书记之所以把上述这五个方面概括确立为"我国现代化建设必须坚持的方向"，就是要在全面建设社会主义现代化国家的全新探索和实践中，坚决摒弃西方以资本为中心的现代化、两极分化的现代化、物质主义膨胀的现代化、对外扩张掠夺的现代化的老路，坚持在守正创新中开拓前进，努力使当代中国共产党人成功走出的中国式现代化新道路、创造的人类文明新形态不断焕发出新的蓬勃生机和时代活力。

在2021年底召开的中央经济工作会议上，习近平总书记明确指出，"进入新发展阶段，我国发展内外环境发生深刻变化，面临许多新的重大问题"，要正确认识和把握实现共同富裕的战略目标和实践途径，要正确认识和把握资本的特性和行为规律，要正确认识和把握初级产品供给保障，要正确认识和把握防范化解重大风险，要正确认识和把握碳达峰碳中和。① 这"五个正确认识和把握"都是涉及我国现代化建设全局的重大理论和实践问题，也是影响人类社会发展稳定和前途命运的重大战略问题。没有坚定的历史自信和历史主动，是不可能解决好这些问题的。正如党的第三个历史决议指出的那样："人类历史上没有一个民族、一个国家可以通过依赖外部力量、照搬外国模式、跟在他人后面亦步亦趋实现强大和振兴。那样做的结果，不是必然遭遇失败，就是必然成为他人的附庸。"反之，只要我们始终坚持独立自主、自力更生，既虚心学习借鉴国外的有益经验，又坚定民族自尊心和自信心，不信邪、不怕压，就一定能够在新的赶考之路上，不断拓展发展中国家走向现代化的途径，并为人类探索更好社会制度提供中国智慧和中国方案。

——"新的赶考之路"这一重大概念和时代课题展示出当代

---

① 参见《中央经济工作会议在北京举行》，《人民日报》2021年12月11日。

中国共产党人强烈的责任担当。我们党的历史发展是连续性和阶段性的统一，一个时期有一个时期的历史使命和任务，一代人有一代人的历史担当和责任，但贯穿其中始终不变的思想红线是中国共产党人的初心使命和理想信念。党的第三个历史决议开宗明义指出："中国共产党自一九二一年成立以来，始终把为中国人民谋幸福、为中华民族谋复兴作为自己的初心使命，始终坚持共产主义理想和社会主义信念，团结带领全国各族人民为争取民族独立、人民解放和实现国家富强、人民幸福而不懈奋斗，已经走过一百年光辉历程。"可以说，党的初心使命和理想信念就是中国共产党百年奋斗的逻辑起点和内生动力，它为中国共产党在百年奋斗中经受千锤百炼而愈益强大和成熟提供了不竭动能。我们要把握党的第三个历史决议的精髓要义，就需要充分认识、自觉把握初心使命和理想信念在整个全会《决议》中所起的纲举目张的重大作用。

习近平总书记曾就此作过深刻阐释："我们党在不同历史时期有不同奋斗目标和工作任务，但这些目标和任务总体上都服从服务于为中国人民谋幸福、为中华民族谋复兴。"这可以从党的第三个历史决议关于党在百年奋斗的四个不同历史时期主要任务的表述中得到充分印证。比如，新民主主义革命时期，党面临的主要任务是，反对帝国主义、封建主义、官僚资本主义，争取民族独立、人民解放，为实现中华民族伟大复兴创造根本社会条件。社会主义革命和建设时期，党面临的主要任务是，实现从新民主主义到社会主义的转变，进行社会主义革命，推进社会主义建设，为实现中华民族伟大复兴奠定根本政治前提和制度基础。改革开放和社会主义现代化建设新时期，党面临的主要任务是，继续探索中国建设社会主义的正确道路，解放和发展社会生产力，使人民摆脱贫困、尽快富裕起来，为实现中华民族伟大复兴提供充满新的活力的体制保证和快速发展的物质条件。党的十八大以来，中国特色社会主义进入新时代。党面临的主要任务是，实现第一个百年奋斗目标，开启实现第二个百年奋斗目标新征程，朝着实现中华民族伟大复兴的宏伟目标继续前进。可以说，过去的100年，不论形势和任务如何变化，不管遇到什么样的惊涛骇浪，我们党都始终把握历史主动、锚定既定的奋斗目标，朝着正确方向坚定前行。这就是我们党能够团结带领全党全国各族人民不断战胜各种艰难险阻、不断夺取新的胜利的关键所在。

正如毛泽东同志曾经说过的那样："剧是必须从序幕开始的，但序幕还不是高潮。"[①] 今天，我们比历史上任何时期都更接近、更有信心和能力实现中华民族伟大复兴的目标。在新时代新的赶考之路上，全党需要继续保持战略定力、锚定党和国家既定的奋斗目标，牢记"国之大者"，在实现中华民族伟大复兴的历史进程中跑好属于我们这代人的这一棒，并且跑出一个好成绩，为后来的接棒者创造更好的历史前提、历史条件。

——"新的赶考之路"这一重大概念和时代课题展示出当代中国共产党人强烈的忧患意识。正如习近平总书记一再强调的，中华民族伟大复兴绝不是轻轻松松、敲锣打鼓就能实现的，前进道路上仍然存在可以预料和难以预料的各种风险挑战，还有许

①《毛泽东选集》第四卷，人民出版社1991年版，第1438页。

多"雪山""草地"需要我们跨越，还有许多"娄山关""腊子口"需要继续征服。从郑重地向全党同志提出新的"赶考"的时代课题，到反复强调"跳出历史周期率"的自我警醒，再到以新时代党的伟大自我革命引领新的伟大社会革命、以党的伟大社会革命促进党的伟大自我革命的自觉实践都充分表明，中国共产党人的忧患意识既是一种忧党、忧国、忧民的意识，也是一种面对难题时"杜其萌""绝其根"的强大治理能力。

当前，百年变局和世纪疫情交织叠加，世界进入动荡变革期，种种不稳定性不确定性显著上升。可以预期，我们在"新的赶考之路"上，必定会面临这样那样的风险挑战，甚至会遇到难以想象的惊涛骇浪；各种"黑天鹅""灰犀牛"事件也将会不断发生。为此，习近平总书记不仅提出了"三个一以贯之"的重要思想，强调坚持和发展中国特色社会主义要一以贯之，推进党的建设新的伟大工程要一以贯之，增强忧患意识、防范风险挑战要一以贯之；而且在 2021 年底召开的中央经济工作会议上语重心长地告诫全党同志："我是经常地敲警钟。我敲警钟是为了让大家警惕起来，居安要思危。无论国际风云如何变幻，我们都要坚定不移做好自己的事情。"在此重要时刻和重大考验面前，全党必须同以习近平同志为核心的党中央保持思想上政治上行动上的"同频共振"，保持越是艰险越向前的英雄气概，保持"斗罢艰险又出发"的一腔豪迈。敢于斗争、善于斗争，逢山开道、遇水架桥，做到难不住、压不垮，推动中国特色社会主义事业航船劈波斩浪、一往无前。

那么，我们怎样才能在"新的赶考之路"上真正做到党中央和习近平总书记所要求的难不住、压不垮呢？关键还是要毫不动摇地坚持和改善党的领导，毫不动摇地把党建设得更加坚强有力，特别是要增强"四个意识"、坚定"四个自信"，不断把坚决捍卫"两个确立"的思想自觉转化为始终做到"两个维护"的行动自觉，坚决维护党的核心和党中央权威。百年党史给予我们的一个重要启示就是，坚决维护党中央的核心、全党的核心是党在重大时刻凝聚共识、果断抉择的关键，是党团结统一、胜利前进的重要保证。党的十八大以来，党和国家事业之所以能够取得历史性成就、发生历史性变革，最根本的原因就在于有习近平总书记作为党中央的核心、全党的核心领航掌舵，有习近平新时代中国特色社会主义思想的科学指引。在新时代"新的赶考之路"上，只要我们毫不动摇坚持党的领导、毫不动摇维护党的核心和党中央权威，把全体人民紧紧团结在党的周围，就一定能够战胜一切艰难险阻，乘风破浪、勇往直前、行稳致远。

——"新的赶考之路"这一重大概念和时代课题展示出当代中国共产党人顽强的斗争精神。正如习近平总书记一再指出的那样："我们党在内忧外患中诞生、在历经磨难中成长、在攻坚克难中壮大，锤炼了不畏强敌、不惧风险、敢于斗争、敢于胜利的风骨和品质。为了肩负历史重任，为了党和人民事业，无论敌人如何强大、道路如何艰险、挑战如何严峻，党总是绝不畏惧、绝不退缩，不怕牺牲、百折不挠。"①改革开放以来，我们党之所以能够成功应对一系列重大风险挑战、克服无数艰难险阻，能够坚定有力地应变局、平风波、战洪水、防非典、抗地震、化危机、战

---

① 习近平：《以史为鉴、开创未来　埋头苦干、勇毅前行》，《求是》2022年第1期。

疫情，一个至关重要的原因就在这里。

建党100年来，我们党既始终依靠斗争创造历史，又始终依靠斗争赢得未来。正如党的第三个历史决议指出的那样：敢于斗争、敢于胜利，是党和人民不可战胜的强大精神力量。党和人民取得的一切成就，不是从天上掉下来的，不是别人恩赐的，而是通过不断斗争取得的。可以预期，在新时代新征程上，斗争将未有穷期；在新的赶考之路上，我们面临的各种斗争不是短期的而是长期的，必将伴随着从现在起到本世纪中叶实现党的第二个百年奋斗目标全过程。比如，中美关系既是当今世界最重要的双边关系、最复杂的大国关系，也是影响我国发展和安全最重要的因素。中美战略博弈既是复兴大国同霸权国家的发展水平、国家实力之争，也是社会主义和资本主义两条道路、两种制度之争，还是多边与单边、全球化与封闭化、人类命运共同体与全球霸权这两种国际秩序观之争。可以预期，中美之间的这场世纪博弈、战略博弈将比历史上任何一次大国竞争都更加尖锐复杂，并且势将贯穿全面建设社会主义现代化国家全过程。在这种情况下，唯有主动迎战、坚决斗争才有生路和出路，才能赢得尊严、求得发展。正因为如此，党的第三个历史决议才要求全党："面对来自外部的各种围堵、打压、捣乱、颠覆活动，必须发扬不信邪、不怕鬼的精神，同企图颠覆中国共产党领导和我国社会主义制度、企图迟滞甚至阻断中华民族伟大复兴进程的一切势力斗争到底，一味退让只能换来得寸进尺的霸凌，委曲求全只能招致更为屈辱的境况。"现在回过头去看，我们可以更加清晰地感悟到：2012年，习近平同志在主持起草党的十八大报告时，高瞻远瞩地提出报告中要写入"发展中国特色社会主义是一项长期的艰巨的历史任务，必须准备进行具有许多新的历史特点的伟大斗争"这一重大论断的思想敏锐性和战略前瞻性。我们从中还可以领悟和见证习近平总书记的政治智慧、历史主动和斗争艺术，领悟和见证习近平总书记关于"战略问题是一个政党、一个国家的根本性问题。战略上判断得准确，战略上谋划得科学，战略上赢得主动，党和人民事业就大有希望"①的思想是何等精辟和精到！

三、以史为鉴，开创未来，在新时代新征程上意气风发走好"新的赶考之路"

"新的赶考之路"，政治方向明确而坚定，战略安排清晰而周密。这就是我们党要团结带领全党全国各族人民向着全面建成社会主义现代化强国的第二个百年奋斗目标坚定迈进，在中国特色社会主义道路上排除万难实现中华民族伟大复兴的中国梦。我们要走好新时代"新的赶考之路"，就需要用党的十九届六中全会精神统一思想、凝聚共识、坚定信心、增强斗志，进一步做到学史明理、学史增信、学史崇德、学史力行，达到学党史、悟思想、办实事、开新局的目的。特别是要把党的第三个历史决议总结提出的党的百年奋斗历史经验的"十个坚持"，同习近平总书记在庆祝中国共产党成立 100 周年大会上的讲话中提出的"九个必须"结合起来，一体学习理解、一体贯彻落实。

"十个坚持"，就是坚持党的领导、坚持人民至上、坚持理论

---

① 习近平：《在纪念邓小平同志诞辰 110 周年座谈会上的讲话》，人民出版社 2014 年版，第 19 页。

创新、坚持独立自主、坚持中国道路、坚持胸怀天下、坚持开拓创新、坚持敢于斗争、坚持统一战线、坚持自我革命。"九个必须"，就是必须坚持中国共产党坚强领导、必须团结带领中国人民不断为美好生活而奋斗、必须继续推进马克思主义中国化、必须坚持和发展中国特色社会主义、必须加快国防和军队现代化、必须不断推动构建人类命运共同体、必须进行具有许多新的历史特点的伟大斗争、必须加强中华儿女大团结、必须不断推进党的建设新的伟大工程。以习近平同志为核心的党中央总结党的百年奋斗历史经验的这"十个坚持"和"九个必须"既有交叉又有互补，既是我们党经过长期实践积累的宝贵经验，也是我们党在"新的赶考之路"上不断夺取新的胜利的"定海神针"和"重要法宝"。需要把这"十个坚持"和"九个必须"的历史经验，作为正确判断形势、科学预见未来、把握历史主动的重要思想武器；作为想问题、作决策、办事情的重要遵循，善于从历史经验中增强赢得主动、赢得优势、赢得未来的定力、魄力、能力；作为判断重大政治是非的重要依据，在方向性、原则性问题上同以习近平同志为核心的党中央自觉对标对表；作为加强党性修养的重要指引，善于运用贯穿其中的马克思主义立场、观点、方法改造主观世界和客观世界。

比如，在新时代"新的赶考之路"上，需要始终坚持以新时代党的伟大自我革命引领新的伟大社会革命。正如党的第三个历史决议指出的："勇于自我革命是中国共产党区别于其他政党的显著标志。自我革命精神是党永葆青春活力的强大支撑。先进的马克思主义政党不是天生的，而是在不断自我革命中淬炼而成的。"

党的自我革命也因此成为继加强人民监督的基础上，我们党能够跳出"其兴也浡焉，其亡也忽焉"的治乱兴衰历史周期率的第二个答案。党的十八大以来，我们党以前所未有的勇气和定力推进全面从严治党，打出了一整套自我革命的"组合拳"，形成了一整套实现党自我净化、自我完善、自我革新、自我提高的制度规范体系。实践证明，我们党完全能够在依靠人民监督的同时，依靠自我监督实现刀刃向内、自剜腐肉，而不必搞西方多党轮流执政和"三权鼎立"那一套。在此基础上，我们党以巨大的政治勇气和智慧，统筹推进"五位一体"总体布局，协调推进"四个全面"战略布局，并且把统揽"四个伟大"同实现"两个一百年"奋斗目标有机结合起来，这不仅使我们党在革命性锻造中更加坚强，而且使我们党领导的各项事业在革命性重塑中焕发出新的强大生机和活力。在"新的赶考之路"上，我们需要牢记作风建设永远在路上、党风廉政建设永远在路上、全面从严治党永远在路上，牢记改革开放永远在路上，坚持以新时代党的伟大自我革命引领新的伟大社会革命，不断向着全面建成社会主义现代化强国的奋斗目标进军。

又如，在新时代"新的赶考之路"上，始终牢记我们党的性质和宗旨，永远保持党同人民群众的血肉联系。正如习近平总书记指出的："中国共产党始终代表最广大人民根本利益，与人民休戚与共、生死相依，没有任何自己特殊的利益，从来不代表任何利益集团、任何权势团体、任何特权阶层的利益。"① "只要我们党

---

① 习近平：《在庆祝中国共产党成立 100 周年大会上的讲话》，人民出版社 2021 年版，第 11—12 页。

始终站在时代潮流最前列、站在攻坚克难最前沿、站在最广大人民之中,就必将永远立于不败之地!"①习近平总书记之所以突出强调这一点,既是回应一些别有用心的人想把我们党同人民割裂开来、对立起来的企图,也是提醒全党在为谁执政、为谁用权、为谁谋利这个根本问题上头脑必须特别清醒、立场必须特别坚定。我们需要始终站稳人民立场,坚持人民主体地位,尊重人民首创精神,践行以人民为中心的发展思想,维护社会公平正义,着力解决发展不平衡不充分问题和人民群众急难愁盼问题,不断实现好、维护好、发展好最广大人民根本利益,团结带领全党全国各族人民不断为美好生活而奋斗。

再如,在新时代"新的赶考之路"上,始终把握历史发展规律和大势,掌握党和国家事业发展的历史主动。正如习近平总书记指出的:"历史发展有其规律,但人在其中不是完全消极被动的。只要把握住历史发展规律和大势,抓住历史变革时机,顺势而为,奋发有为,我们就能够更好前进。马克思、恩格斯早在170多年前就科学揭示了社会主义必然代替资本主义的历史规律。这是人类社会发展不可逆转的总趋势,但需要经历一个很长的历史过程。在这个过程中,我们要立足现实,把握好每个阶段的历史大势,做好当下的事情。"②那么,什么是当下中国最重要的事情呢?就是习近平总书记指出的"必须在历史前进的逻辑中前进,在时代

---

① 习近平:《在二〇二一年春节团拜会上的讲话》,《人民日报》2021年2月11日。

② 习近平:《在党史学习教育动员大会上的讲话》,人民出版社2021年版,第13页。

发展的潮流中发展"①。就是要胸怀"国之大者",即胸怀国内和国际两个大局,抓好发展和安全这两件大事,坚持以经济建设为中心同以人民为中心的发展思想相结合,坚持立足新发展阶段、贯彻新发展理念同构建新发展格局相统一,坚持推动高质量发展、创造高品质生活同实施高效能治理相统筹,坚持实现高水平自立自强同实行高水平对外开放相一致,坚持促进全体人民共同富裕同发展全过程人民民主相协调,坚持通过全国人民共同奋斗把"蛋糕"做大做好同通过合理制度安排把"蛋糕"切好分好相契合,坚持把减污同降碳相衔接,坚持反"四风"、反腐败、反特权同反垄断、反不正当竞争、防止资本无序扩张相促进。在具体实施中,需要坚持系统观念,加强统筹协调,把政治和经济、宏观和微观、战略和战术结合起来,把坚决反对简单化、乱作为同坚决反对不担当、不作为结合起来,做到在谋划时统揽大局、在操作中细致精当,确保工作的系统性、预见性、创造性。

总之,坚决贯彻落实党的第三个历史决议精神,坚定不移走好新时代"新的赶考之路",真可谓"路漫漫其修远兮,吾将上下而求索"。在党的第三个历史决议精神指引下,"方向已经指明,道路已经开通"。我们需要牢记党的初心使命,坚定历史自信、筑牢历史记忆、借鉴历史经验、把握历史规律、发挥历史主动,在迈进新征程、建功新时代的伟大实践中再创历史伟业!

---

① 习近平:《让开放的春风温暖世界——在第四届中国国际进口博览会开幕式上的主旨演讲》(2021年11月4日),《人民日报》2021年11月5日。

党的三个历史决议都展现出
主持起草者的政治智慧

（2022 年 1 月 28 日）

习近平总书记在阐释党的第三个历史决议为什么要聚焦总结党的百年奋斗重大成就和历史经验时指出，党的十九届六中全会决议要把着力点放在总结党的百年奋斗重大成就和历史经验上，以推动全党增长智慧、增进团结、增加信心、增强斗志。

习近平总书记说的增长智慧主要是指政治智慧，而这种政治智慧不仅体现在从政治上总结我们党的历史的三个历史决议各自的文本和字里行间，也生动感人地体现在毛泽东同志、邓小平同志、习近平同志这三位处于不同历史阶段的党的核心、人民领袖、军队统帅，在主持这三个历史决议起草过程中的指导思想、指导艺术之中。

从党的第一个历史决议的成功起草看毛泽东同志首创的
关于惩前毖后、治病救人方针所展现的政治智慧

1945 年 4 月，党的扩大的六届七中全会审议通过的《关于若干历史问题的决议》，是我们党的历史上的第一个历史决议，这个决议对建党以后特别是对党的扩大的六届四中全会至遵义会议之前这一段党的历史及其经验教训进行了科学总结。

主持党的第一个历史决议起草工作的是毛泽东同志。他当时指出，这个决议不但是领导机关内部的，而且是全党性质的，同全国人民有关联的，对全党与全民负责的，哪些政策或者其中的哪些部分是正确的或者不正确的，如果讲得合乎事实，在观念形态上再现了 24 年的历史，就对今后的斗争有利益，对今后党和人民有利益。[①]

据中共中央文献研究室编写的《毛泽东传》一书介绍，《关于若干历史问题的决议》最早的草案稿，是由任弼时同志在 1944 年 5 月写成的，题目是《检讨关于四中全会到遵义会议期间中央领导路线问题的决定（草案）》。它是依据 1941 年秋天毛泽东同志亲自起草的《关于四中全会以来中央领导路线问题结论草案》撰写的，其主体部分的内容同毛泽东同志亲自起草的"结论草案"基本相同。

毛泽东同志撰写的这个"结论草案"，是基于 1941 年 9 月 10 日至 10 月 22 日时断时续开了一个多月的中共中央政治局扩大会议（又称九月会议）的讨论情况撰写的。这次会议集中的讨论有五次，重点是检讨党在十年内战后期的领导路线问题。在第一天的讨论会上，毛泽东同志作了反对主观主义和宗派主义的报告。他一开始就说：党内有这样的历史传统：不切实际，按心里想的去办，这就是主观主义。他指出："过去我们的党很长时期为主观主义所统治，立三路线和苏维埃运动后期的'左'倾机会主义都是主观主义。苏维埃运动后期的主观主义表现更严重，它的形态

---

① 参见《毛泽东文集》第三卷，人民出版社 1996 年版，第 282 页。

更完备，统治时间更长久，结果更悲惨。"这是因为他们自称为"国际路线"，穿上马克思主义的外衣，其实是假马克思主义。他说："遵义会议，实际上变更了一条政治路线。过去的路线在遵义会议后，在政治上、军事上、组织上都不能起作用了，但在思想上主观主义的遗毒仍然存在。"他指出：六中全会打击了主观主义，但仍没有引起一般的注意。主观主义已不占统治的地位，但还相当地存在着。毛泽东同志分析，主观主义的来源主要是党内"左"的传统，苏联的德波林等的影响，以及中国广大小资产阶级的影响。他强调：克服主观主义要从政治局同志做起，研究马恩列斯的思想方法论，"以思想、政治、政策、军事、组织五项为政治局的根本业务"。毛泽东同志还强调，"掌握思想教育是我们第一等的业务"。[①]

在这次九月会议上，张闻天、博古、王稼祥等28人次先后发了言，谈了在党中央内部开展反对主观主义和宗派主义的斗争有着极大的意义。许多人以自我批评精神认真检讨了自己在历史上所犯的错误。这次九月会议，特别是毛泽东同志在第一天会议上所作的反对主观主义和宗派主义的报告，不但为此后在全党全面开展的整风运动确定了基调，而且也在党的领导层内对党在十年内战后期的领导路线问题上取得了大体一致的意见。

毛泽东同志在起草这份结论草案之前，还写了题为《关于一九三一年九月到一九三五年一月期间中央路线的批判》的长篇文章，从思想上、政治上、组织上以及策略方面逐一批判了王明

---

① 中共中央文献研究室编：《毛泽东传》第二册，中央文献出版社2013年版，第641页。

"左"倾错误路线统治时期的九篇有代表性的文献。此次九月会议之后,毛泽东同志便集中力量领导党的高级干部的整风学习。

1943年9月7日至10月6日,毛泽东同志又主持召开作为1941年9月会议继续和发展的中共中央政治局会议。这次会议从9月7日至9日连续开了三天,王明称病没有参加。博古、林伯渠、叶剑英、朱德等同志在这次会议上的发言中,严肃批评了全民族抗战以来王明的错误路线。博古在发言中又作了进一步的自我批评。他说:武汉时期有两条路线,一条是毛泽东为首的党的正确路线——布尔什维克路线;一条是王明在武汉时期的错误路线——孟什维克的新陈独秀主义。这条路线,只看见国民党抗战的一面,忘记了它反动的一面;对八路军,不敢大胆深入敌后,不敢大胆扩充,华中、华南失去许多机会;对根据地,不建立政权,一切要合国民党的法;对国民党不敢批评;对抗战,强调运动战,忽视游击战,对持久战的基本观点是不同意的。毛泽东同志在会上针对王明把错误的责任都推给博古即席插话说:内战时期的错误路线,第一个是王明,第二个是博古。王明是这个路线理论的创造者与支持者,博古等是执行者与发挥者。

10月6日,毛泽东同志在历时近一个月的这次中央政治局会议的最后一次会上,作了学习党的路线的发言。在最后作小结时,毛泽东同志又讲了两点意见。第一,团结问题。他说:我们是要团结的,但办法是要大家觉悟起来,犯路线错误的、犯个别错误的同志觉悟起来,弄清路线的是非,才能真正团结。真正要团结就要展开批评,掩盖分歧的人就是不要团结。第二,党内斗争的方法。他说:这次要避免党的历史上的错误斗争方法。"过去党内斗争没有解决思想问题"，"现在的斗争还是继续整风的精神，惩前毖后，治病救人"。①

此后，党内领导层批判王明的范围逐渐扩大。同年 10 月 14 日，毛泽东同志在西北局高干会议上作报告时指出：我们党已有 22 年三次革命的经验，不能再允许王明路线占领导地位了。从 11 月 13 日至 27 日，中共中央政治局继续举行会议，集中批判王明在十年内战期间和抗战初期的错误。11 月 13 日，毛泽东同志在会上发言，系统地回顾了党的扩大的六届四中全会以来党内斗争的历史，着重批判了王明、博古等："他们顶着国际和马列招牌，欺骗全党，全党要从这个骗局中解放出来。如果没有很好的步骤和方法是很危险的。"遵义会议"只集中弄清军事路线，因为中央在长征中，军事领导是中心问题。当时军事领导的解决差不多等于政治路线的解决。组织上不久也取消了博古的中央书记而以洛甫代之，因为当时只有如此才能团结我们内部"。他又讲道：1937 年 12 月会议时，王明回国，进攻中央路线，"而我是孤立的。当时，我别的都承认，只有持久战、游击战、统战原则下的独立自主等原则问题，我是坚持到底的"。他强调：一定学会使用分析的方法，分析具体问题。"综合是分析的结果，分析是综合的手段。统一的东西必须经过分析，发现问题，暴露问题，分析问题，才能有正确的结论。"他说："教条宗派分化出来的人是应当欢迎的。遵义会议不是稼祥、洛甫分化出来是开不成的。他们二人不管过去怎样，但是做了对党有利的事。"他在结束发言时又说："我们的

---

① 中共中央文献研究室编：《毛泽东传》第二册，中央文献出版社 2013 年版，第 671 页。

目的是揭发路线错误，又要保护同志，不要离开这个方向。"①

中央其他许多领导同志也在这次会上回顾了党内斗争的历史，并在总结历史经验的同时，作了认真的自我批评。但王明始终没有到会。12月下旬，毛泽东同志为中共中央书记处起草了向一些中央局和中央分局发出的关于研究王明、博古宗派主义机会主义错误的指示，要求他们很慎重地组织这一研究，每一中央分局在所属地区组织100人到200人左右的高级干部学习和研究两条路线的有关文件。毛泽东同志强调："此种研究的性质是整风的深入与高级阶段，其目的是使干部提高认识与增进统一团结，并为将来讨论七大决议作思想准备。"

经过1943年9月以后的持续学习和对错误路线的深入批判，党的高级干部们对党的历史上的路线是非已能看清。但对党史中的一些重要问题还存在严重争议，主要是：王明、博古等属于党内问题还是党外问题？临时中央和五中全会是合法的还是非法的？怎样处理思想要弄清和结论要宽大的关系？对党的六大如何评价？党内的宗派是否还存在？对这些问题，毛泽东同志非常重视。因为历史经验告诉他，这些问题如果处理不好，党还会重复过去犯过的错误，党内也不可能实现真正的团结与统一。

1944年2月24日，中央书记处会议就上述有争议的问题进行了讨论，并取得了一致意见。3月5日，毛泽东同志在政治局会议上介绍了中央书记处会议讨论后的意见，并且明确指出：一、党内党外问题。在去年党的路线学习中，有部分同志怀疑王明、

---

① 中共中央文献研究室编：《毛泽东传》第二册，中央文献出版社2013年版，第672—673页。

博古同志是党外问题，现在确定是党内错误问题。二、合法与非法问题。过去有的同志认为临时中央和五中全会是非法的。现在查到临时中央有共产国际来电批准过，五中全会也经过国际批准，所以是合法的，但选举手续不完备。四中全会是合法的，但政治路线的内容是不好的。三、思想弄清与结论宽大问题。自整风以来，我们的方针就是"治病救人"。我们要强调产生错误的社会原因，不要强调个人责任。因此，作组织结论可宽大些。现在要宣传解释这个方针，使同志们了解实行这个方针的必要。思想要弄清，结论要宽大，对党才有利。对抗战时期的问题也许不在七大上作结论，七大只作四中全会至遵义会议这一段历史的结论。四、不要反对一切。对四中全会至遵义会议这一段历史，也不要否定一切。当时我和博古一起工作，有共同点，都要打蒋介石，分歧点就是如何打蒋介石，就是策略上的分歧。如果把过去一切都否定，就是一种偏向。五、对六大的估计。六大基本上是正确的。六、党内宗派问题。经过遵义会议和六中全会，党内没有宗派了，现在比较严重的问题是山头主义。①

毛泽东同志的这些充满政治智慧的意见得到政治局会议的赞同。4月12日和5月2日，毛泽东同志先后在中共中央西北局高干会和中央党校作学习和时局问题的报告时，进一步阐明了经中央政治局通过的这些意见。他在4月12日的报告中说："这次处理历史问题，不应着重于一些个别同志的责任方面，而应着重于当时环境的分析，当时错误的内容，当时错误的社会根源、历史

---

① 参见中共中央文献研究室编：《毛泽东传》第二册，中央文献出版社 2013 年版，第 674—675 页。

根源和思想根源，实行惩前毖后、治病救人的方针，借以达到既要弄清思想又要团结同志这样两个目的。对于人的处理问题取慎重态度，既不含糊敷衍，又不损害同志，这是我们的党兴旺发达的标志之一。"

"对于任何问题应取分析态度，不要否定一切。""我们许多同志缺乏分析的头脑，对于复杂事物，不愿作反复深入的分析研究，而爱作绝对肯定或绝对否定的简单结论。我们报纸上分析文章的缺乏，党内分析习惯的还没有完全养成，都表示这个毛病的存在。今后应该改善这种状况。"①

毛泽东同志的这个讲话，对全党的团结和巩固起了重要作用。当时参加会议的邓力群同志回忆："一批人解脱了，许多人心服了，大家心里的石头都落了地。"②

在当时全党团结统一的氛围下，中共中央认为起草党的历史决议的时机成熟了。1944 年 5 月，任弼时同志写成了最早的"决议"草案稿。这个稿子的主题内容与毛泽东同志 1941 年秋天亲自起草的《关于四中全会以来中央领导路线问题结论草案》基本相同，同时又反映了中央政治局 1943 年 9 月会议以来的新认识。稿子写成后分别送中央政治局委员征求意见，并由政治局秘书胡乔木同志作了比较大的修改。任弼时又在胡乔木的修改稿上作过三次修改，其中把王明路线的错误概括成七点提纲式的意见，题目也改为《关于四中全会到遵义会议期间中央领导路线问题的决

---

① 中共中央文献研究室编:《毛泽东传》第二册，中央文献出版社 2013 年版，第 675 页。

② 邓力群:《回忆延安整风》,《党的文献》1992 年第 2 期。

定（草案）》。接着，又由胡乔木同志写了一个稿子。中央指定由张闻天同志对历史决议稿作了认真的修改和补充。

1945年春天，一直十分关心这个历史决议起草工作的毛泽东同志，在经过张闻天修改后的稿子上开始进行亲自修改。他前后作了七次修改。在第一次修改中，毛泽东同志将题目改定为《关于若干历史问题的决议》，并且增写了新的内容，如"团结全党同志如同一个和睦的家庭一样，如同一块坚固的钢铁一样，为着获得抗日战争的胜利与中国人民的解放而奋斗"，就是在这次修改时写上的。在第二次修改中，毛泽东同志强调了党的六大的正确方面；批评四中全会在过分地打击犯立三路线错误的同志、错误地打击所谓犯调和路线错误的同志后，还错误地打击了当时所谓"右派"中的绝大多数同志，并对受打击的被诬为"右派"的何孟雄、林育南、李求实等同志作了肯定的评价；毛泽东同志在修改"历史决议"时还指出，遵义会议纠正了当时具有决定意义的军事上和组织上的"左"倾错误，确立了中央新的领导，这是中国党内最有历史意义的转变。毛泽东同志这次的修改稿在经过编号后发给40多位同志。此后，在3月26日的"历史决议"稿子上作了些文字增删，在4月7日和8日又先后修改三次。这以后又修改了一次。在4月7日的修改稿上，毛泽东同志在"历史决议"的起始部分增写了后来正式通过的党的第一个历史决议第一部分开头的那一大段话。

在党的第一个历史决议起草过程中，党的高级干部们进行了多次讨论，提出许多重要的修改意见。其中，很多意见都被吸收到历史决议中去。4月20日，任弼时同志主持召开党的扩大的六届七中全会，这是历时将近一年的扩大的六届七中全会的最后一次会议。会议讨论通过了《关于若干历史问题的决议》。

由于毛泽东同志、任弼时同志在会前做了大量细致的准备工作，所以党的扩大的六届七中全会进行得很顺利。博古等同志在发言中真诚地表示拥护这个决议，并向那些曾经受过错误路线迫害的同志道歉。王明在请任弼时同志阅转毛泽东同志和党的扩大的六届七中全会的声明书中，对历史决议和它对第三次"左"倾路线所犯严重错误的分析和估计也表示"完全同意和拥护"①。

党的扩大的六届七中全会一致决定：原则上通过《关于若干历史问题的决议》，个别意见委托给七大以后的中央去采纳或修改。这个决议在 1945 年 8 月 9 日召开的七届一中全会第二次会议上获得一致通过。

毛泽东同志亲自主持起草的党的第一个历史决议深刻总结了我们党的历史经验，特别是对党的扩大的六届四中全会至遵义会议期间中央的领导路线问题作出正式结论。经历了几年的整风，使党内的思想取得了一致，使提倡"实事求是"、反对"主观主义"成为中国共产党的优良传统，并且使毛泽东同志一再强调并已深入人心、深得人心的"惩前毖后、治病救人"的方针，成为正确处理党内矛盾和正确区别、正确处理人民内部矛盾和敌我矛盾的原则。胡乔木同志在 1991 年 6 月 25 日发表的《中国共产党怎样发展了马克思主义》的长篇论文中曾这样写道："一九四二年，毛泽东总结历史上的经验教训，为了教育团结在第三次'左'

---

① 中共中央文献研究室编：《毛泽东传》第二册，中央文献出版社 2013 年版，第 681 页。

倾路线中犯了错误的绝大部分同志，提出了'惩前毖后，治病救人'的方针，也叫做'团结——批评——团结'的方针，思想教育从严，组织处理从宽，从而达到了团结全党的目的。一九四五年四月，党的六届七中全会通过了《关于若干历史问题的决议》，空前地统一了全党的认识，为党的第七次全国代表大会的胜利举行准备了充分的条件，而七大的圆满成功又为后来的人民解放战争的巨大胜利奠定了思想、政治、组织的基础。随后，党又扩大了应用这个方针的范围，在处理领导与群众的关系，处理军民关系、官兵关系，几部分军队、几部分干部之间的关系方面，都得到了很大的成功。全国解放以后，毛泽东又把这个方针应用到对民主党派和工商界方面来，并在一九五七年二月根据这个方针作了《关于正确处理人民内部矛盾的问题》的报告，对正确区分和处理两类不同性质的矛盾（人民内部矛盾和敌我矛盾）的原则和方法加以系统的说明。"[①]胡乔木同志还指出，实践证明，这个方针、原则是中国共产党对马克思主义的党的建设理论和政治理论的重要贡献之一。

从党的第二个历史决议的成功起草看邓小平同志关于正确评价毛泽东同志历史地位和毛泽东思想科学体系的政治智慧

党的第二个历史决议即《关于建国以来党的若干历史问题的决议》，是由 1981 年召开的党的十一届六中全会审议通过的。

[①]《胡乔木文集》第二卷，人民出版社 2012 年版，第 320—321 页。

习近平总书记在谈到党的第二个历史决议时说:"进入改革开放新时期,邓小平同志说:'历史上成功的经验是宝贵财富,错误的经验、失败的经验也是宝贵财富。这样来制定方针政策,就能统一全党思想,达到新的团结。这样的基础是最可靠的。'"习近平总书记还说:这个历史决议"回顾了新中国成立以前党的历史,总结了社会主义革命和建设的历史经验,对一些重大事件和重要人物作出了评价,特别是正确评价了毛泽东同志和毛泽东思想,分清了是非,纠正了'左'右两方面的错误观点,统一了全党思想,对推动党团结一致向前看、更好推进改革开放和社会主义现代化建设产生了重大影响"①。

主持党的第二个历史决议起草工作的邓小平同志,以马克思主义政治家的远见卓识和历史担当,敏锐认识到全面总结新中国成立以来党的历史的极端重要性。他当时明确指出:搞一个关于若干历史问题的决议,这是党内外的普遍要求。②他说:"这个决议,过去也有同志提出,是不是不急于搞?不行,都在等。从国内来说,党内党外都在等,你不拿出一个东西来,重大的问题就没有一个统一的看法。国际上也在等。人们看中国,怀疑我们安定团结的局面,其中也包括这个文件拿得出来拿不出来,早拿出来晚拿出来。所以,不能再晚了,晚了不利。"③他还说:过去的问题已经结束了,需要作个总结,不走这一步不行。这涉及对毛

① 《中国共产党第十九届中央委员会第六次全体会议文件汇编》,人民出版社2021年版,第108—109页。

② 参见中共中央文献研究室编:《邓小平思想年编(1975—1997)》,中央文献出版社2011年版,第341页。

③ 《邓小平文选》第二卷,人民出版社1994年版,第305—306页。

泽东同志的一生如何评价问题，我们必须现在解决，不能由后代来解决，因为他们不了解整个历史。[①] 当时，陈云同志也提出："一定要在我们这一代人还在的时候，把毛主席的功过敲定，一锤子敲定。一点一点讲清楚……如果我们不这样做，将来就可能出赫鲁晓夫，把毛主席真正打倒，不但会把毛主席否定，而且会把我们这些作含糊笼统决议的人加以否定。因此，必须对这个问题讲得很透彻。"[②]

1979 年 11 月，《关于建国以来党的若干历史问题的决议》起草小组成立。在接下来的两年里，邓小平同志先后十多次召集起草组开会，对起草工作发表了许多重要指示。他提出决议要体现三条总的要求，或者说总的原则、总的指导思想：第一，确立毛泽东同志的历史地位，坚持和发展毛泽东思想，这是最核心的一条；第二，对建国以来历史上的大事，哪些是正确的，哪些是错误的，要进行实事求是的分析，包括一些负责同志的功过是非，要作出公正的评价；第三，对过去的事情作个基本的总结，这个总结宜粗不宜细，总结过去是为了引导大家团结一致向前看。对毛泽东同志的功过评价，要实事求是，恰如其分。毛泽东思想这个旗帜丢不得，丢掉了这个旗帜实际上就否定了我们党的光辉历史。他还强调，毛主席多次从危机中把党和国家挽救过来。没有毛主席，至少我们中国人民还要在黑暗中摸索更长的时间。

在党的第二个历史决议起草过程中，邓小平同志多次强调：

---

① 参见中共中央文献研究室编：《邓小平年谱》第四卷，中央文献出版社 2020 年版，第 695 页。

②《胡乔木谈中共党史》，人民出版社 1999 年版，第 75 页。

决议最核心的一条是确立毛泽东同志的历史地位，坚持和发展毛泽东思想，这是国际国内很大的政治问题。他说："对毛泽东同志的评价，对毛泽东思想的阐述，不是仅仅涉及毛泽东同志个人的问题，这同我们党、我们国家的整个历史是分不开的。要看到这个全局。决议稿中阐述毛泽东思想这一部分不能不要，这不只是个理论问题，尤其是个政治问题，是国际国内的很大的政治问题。如果不写或写不好这个部分，整个决议就不如不做。"① 邓小平同志还指出：对于错误，包括毛泽东同志的错误，一定要毫不含糊地进行批评，但是一定要实事求是，分析各种不同的情况，不能把所有的问题都归结到个人品质上。毛泽东同志不是孤立的个人，他直到去世，一直是我们党的领袖。对于毛泽东同志的错误，不能写过头。写过头，给毛泽东同志抹黑，也就是给我们党、我们国家抹黑。这是违背历史事实的。②

邓小平同志还特别强调：许多人，特别是青年人，看"文化大革命"那一段多一些，而没有看到整个历史；看了十年，而没有看到整个59年的党史，没有看到毛泽东同志的整个贡献。③

陈云同志当时也提出："《决议》要按照小平同志的意见，确立毛泽东同志的历史地位，坚持和发展毛泽东思想。要达到这个目的，使大家通过阅读《决议》很清楚地认识这个问题，就需要写上党成立以来六十年中间毛泽东同志的贡献，毛泽东思想的贡

---

① 中共中央文献研究室编：《邓小平年谱》第四卷，中央文献出版社2020年版，第684页。

② 参见《邓小平文选》第二卷，人民出版社1994年版，第301—302页。

③ 参见中共中央文献研究室编：《邓小平年谱》第四卷，中央文献出版社2020年版，第695页。

献。"^①对党的第二个历史决议，陈云同志建议，增写回顾建国以前28年历史的段落。有了党的整个历史，解放前解放后的历史，把毛泽东同志在60年中间重要关头的作用写清楚，那么，毛泽东同志的功绩、贡献就会概括得更全面，确立毛泽东同志的历史地位，坚持和发展毛泽东思想，也就有了全面的根据；说毛泽东同志功绩是第一位的，错误是第二位的，说毛泽东思想指引我们取得了胜利，就更能说服人了。陈云同志还说：从遵义会议到抗日战争胜利，毛泽东同志的一个无可比拟的功绩，是培养了一代人，包括我们在内的以及"三八式"的一大批干部。现在这些人在全国各个岗位上都担负着重大的责任。这是一件极大的事情。^②

经过一年多数易其稿的起草工作和广泛征求意见，1981年6月，党的十一届六中全会审议通过了《关于建国以来党的若干历史问题的决议》。该决议从根本上否定了"文化大革命"和"无产阶级专政下继续革命"的错误理论，对一些重大历史事件和重要历史人物作出了实事求是的评价，科学总结了新中国成立以来社会主义革命和建设的历史经验。该决议指出，中国共产党在中华人民共和国成立以后的历史，总的说来，是我们党在马克思列宁主义、毛泽东思想指导下，领导全国各族人民进行社会主义革命和社会主义建设并取得巨大成就的历史。

党的第二个历史决议实事求是地评价了毛泽东同志的历史地位，充分肯定毛泽东思想作为党的长期坚持的指导思想的伟大意义。该决议指出，毛泽东同志是伟大的马克思主义者，是伟大的

①《陈云文选》第三卷，人民出版社1995年版，第283—284页。

② 参见《陈云文选》第三卷，人民出版社1995年版，第284页。

无产阶级革命家、战略家和理论家。他的功绩是第一位的，错误是第二位的。党的第二个历史决议在第一部分"建国以前二十八年历史的回顾"中，充分展示了毛泽东同志从新民主主义革命时期，到社会主义革命和建设时期的伟大历史成就。毛泽东同志是马克思主义中国化的伟大开拓者，是近代以来中国伟大的爱国者和民族英雄，是党的第一代中央领导集体的核心，是领导中国人民彻底改变自己命运和国家面貌的一代伟人。毛泽东同志为中国新民主主义革命的胜利、社会主义革命的成功、社会主义建设的全面展开，为实现中华民族独立和振兴、中国人民解放和幸福，作出了彪炳史册的贡献。毛泽东同志毕生最突出最伟大的贡献，就是领导我们党和人民找到了新民主主义革命的正确道路，完成了反帝反封建的任务，建立了中华人民共和国，确立了社会主义基本制度，取得了社会主义建设的基础性成就，并为我们探索建设中国特色社会主义的道路积累了经验和提供了条件，为我们党和人民事业胜利发展、为中华民族阔步赶上时代发展潮流创造了根本前提，奠定了坚实的理论和实践基础。[1]

党的第二个历史决议将毛泽东同志晚年的错误同毛泽东思想加以区别，指出毛泽东思想是马克思列宁主义在中国的运用和发展，是被实践证明了的关于中国革命的正确的理论原则和经验总结，是中国共产党集体智慧的结晶。该决议在党的七大基础上，对毛泽东思想多方面的原创性内容和活的灵魂——实事求是、群众路线、独立自主作了第二次科学概括，强调毛泽东思想是我们

---

① 参见中共中央文献研究室编:《十八大以来重要文献选编》(上)，中央文献出版社 2014 年版，第 691 页。

党的宝贵的精神财富，它将长期指导我们的行动，必须坚持毛泽东思想，以符合实际的新原理、新结论丰富和发展我们党的理论。

先后为党的第一个和第二个历史决议的起草工作作出重要贡献的胡乔木同志说："在中国革命的历史上，至少从一九二七年到一九五七年这三十年胜利的历史，跟毛泽东思想是不可分的。我们现在没有理由丢掉把我们带到胜利的道路上的这样一个精神武器。有的同志说，就讲马克思主义就行了。应当说，如果就讲马克思主义，中国革命就胜利不了。我们可以看这一段时期毛主席的著作（当然不只是他的著作，还有一些与他同时代的革命前辈的著作），我们可以看到，这些东西能不能用马克思的著作来代替，用列宁的著作来代替，用斯大林的著作来代替，用什么共产国际的文件来代替？不可能的。毛主席这三十年的著作，确实是灌溉了我们的党，确实是培育了我们的党，确实把我们党广大的干部带上了马克思列宁主义的道路上去。所以，这些著作是决不能丢掉的，这种财富是决不能丢的。"① 胡乔木同志说：我们现在写若干历史问题决议，对毛主席的批判是够严厉的了。以为今天把毛主席搞得愈臭愈好，这究竟会达到一种什么样的效果？究竟能够适合于什么人的利益？的确要认真思考一下。

胡乔木同志还说："我们当然要实事求是，同时也不能不顾全大局。所以，我们还是认为，要坚持毛泽东思想，也用毛泽东思想的科学体系这个提法（关于这个名词将来怎么样解释得更妥当些，我们还有时间来研究）。毛泽东思想里面不包括他的错误，

---

① 《胡乔木文集》第二卷，人民出版社 2012 年版，第 156 页。

我觉得，这不算什么奇怪的事情。这个'思想'不是个动词。毛泽东思想，并不是说毛泽东同志在那里思想，他想什么东西，就把他记录下来。不是这样，这是个名词。所谓毛泽东思想，就是毛泽东的学说。他既然成为一种学说，那么，当然它是有逻辑性的，不然怎么能成为学说呢？不合逻辑的东西，当然不能放到这个学说里面。历史上无论哪一个大学者，都不会把不能成为学说，也不能把不成为学说因素的东西，放在他的选集里面，也不会把那些成分当作是他的学说的一部分。所以，我想，这个问题，在我看，可以不必进行那么样严重的、长期的争论，这会涣散我们党的团结。"①

胡乔木同志还说："决议稿全文对党在历史上的成绩讲得较充分，对错误讲得较简要，这首先是符合客观实际，其次也是考虑到当前党内外国内外的形势。我们对错误所作的自我批评早已超过世界上任何一个党，再作得过多就必然走向反面。决议稿并未隐瞒或掩饰任何重大错误，只是有些问题没有说得完备，有些次要的问题没有提罢了。这也就是'宜粗不宜细'。"②

党的第二个历史决议的形成表明，中国共产党对自己包括对领袖人物的失误和错误都采取郑重的态度，就是坚持真理、修正错误，敢于承认、正确分析，坚决纠正，从而使失误和错误连同党的成功经验一起成为党的宝贵的历史教科书。同时，这也充分体现了主持党的第二个历史决议起草的邓小平同志高超的政治智慧。

---

① 《胡乔木文集》第二卷，人民出版社 2012 年版，第 157 页。
② 《胡乔木文集》第二卷，人民出版社 2012 年版，第 168 页。

对此，党的第三代中央领导集体的核心江泽民同志曾在毛泽东同志诞辰100周年纪念大会上的讲话中作了这样的评价："正确地评价毛泽东同志的历史功过、确立毛泽东思想的历史地位，关系到怎样看待党和国家过去几十年奋斗的成就，关系到党的团结、国家的安定，也关系到党和国家未来的发展道路。这是毛泽东同志逝世以后我们党遇到的一个全局性的、紧迫的、至关重要的问题。邓小平同志在领导我们党和国家摆脱'文化大革命'造成的深重灾难、进行指导思想上的拨乱反正中，用极大的精力来解决如何正确评价毛泽东同志和毛泽东思想的问题。他指出，没有毛主席，至少我们中国人民还要在黑暗中摸索更长的时间。毛泽东思想是一个科学体系，必须完整地准确地理解和运用毛泽东思想，来指导我们全党全军全国人民，把我们党的事业、社会主义的事业推向前进。他率先抵制和批评了'两个凡是'的错误方针，支持在全党全国范围开展实践是检验真理唯一标准的讨论，领导全党冲破'左'的思想束缚。邓小平同志指出，毛泽东同志的功绩是第一位的，他晚年的错误是第二位的，他的错误是由于违反了他自己正确的东西，他的错误是一个伟大的革命家、一个伟大的马克思主义者所犯的错误。邓小平同志坚决地批评了借口毛泽东同志晚年的错误从根本上否定毛泽东同志、否定毛泽东思想的错误倾向。他说，正是因为我们遵循毛泽东思想，才取得了中国革命的伟大胜利；毛泽东思想这个旗帜丢不得，不坚持毛泽东思想，我们要犯历史性的大错误；确立毛泽东同志的历史地位，坚持和发展毛泽东思想，这是最核心的一条，不仅今天，而且今后，我们都要高举毛泽东思想的旗帜。邓小平同志的这些重要观点，成为由他亲自主持起草并在党的十一届六中全会通过的《关于建国以来党的若干历史问题的决议》的基本思想。这个决议坚持马克思主义，实事求是地、客观公正地总结党的历史经验和评价党的领袖人物，再一次证明，我们党是在政治上、理论上成熟的坚强的马克思主义政党。决议排除了'左'的和右的干扰，统一了全党的思想，加强了全党的团结，激励着全党同志和全国人民满怀信心地去开辟未来。"①

江泽民同志的上述重要评价，是对邓小平同志在推动解放思想、改革开放和拨乱反正时期的大智大勇，特别是在主持起草党的第二个历史决议时所展现的成熟的大国大党领袖政治智慧、远见卓识的准确评价，充分表达了全党和全国各族人民的共同意志、共同心声。

从党的第三个历史决议的成功起草看习近平同志
关于引导全党通过以坚持历史自信
坚定"四个自信"的政治智慧

党的第三个历史决议，是在中国共产党成立 100 周年的重要历史时刻，在党和人民胜利实现第一个百年奋斗目标、全面建成小康社会，正在向着全面建成社会主义现代化强国的第二个百年奋斗目标迈进的重大历史关头制定的，也是在距离第一个历史决议制定已经过去了 76 年、距离第二个历史决议也已过去了 40 年、党和国家事业大大向前发展了、党的理论和实践也已大大向前发

① 《江泽民文选》第一卷，人民出版社 2006 年版，第 347—348 页。

展了的基础上制定的。我们党自建党以来已经走过了由不够成熟到坚定成熟、由不够有力到坚强有力的百年历史进程之后所制定的党的第三个历史决议，更加全面、更加充分地体现了主持起草这个决议的党的领袖的政治智慧。

主持党的第三个历史决议起草工作的习近平总书记，在亲自谋篇布局、亲自领导党的第三个历史决议起草的全过程中，先后主持召开了三次文件起草组全体会议、三次中央政治局常委会议、二次中央政治局会议，对为什么要总结百年党史、怎样总结百年党史、如何起草好党的第三个历史决议，作出非常明确的指示和指导，从政治上对第三个历史决议作出了准确定位，指明了这次中央全会《决议》起草的方向目标、基本原则、科学方法、工作基调。

关于制定党的第三个历史决议的总体要求和具体要求。习近平总书记指出："党中央认为，党的百年奋斗历程波澜壮阔，时间跨度长，涉及范围广，需要研究的问题多。总的是要按照总结历史、把握规律、坚定信心、走向未来的要求，把党走过的光辉历程总结好，把党团结带领人民取得的辉煌成就总结好，把党推进革命、建设、改革的宝贵经验总结好，把党的十八大以来党和国家事业砥砺奋进的理论和实践总结好。具体来说，就是要深入研究党领导人民进行革命、建设、改革的百年历程，全面总结党从胜利走向胜利的伟大历史进程、为国家和民族建立的伟大历史功绩；深入研究党坚持把马克思主义基本原理同中国具体实际相结合、同中华优秀传统文化相结合，不断推进马克思主义中国化的百年历程，深化对新时代党的创新理论的理解和掌握；深入研究党不断维护党的团结、维护党中央权威和集中统一领导的百年历程，深刻领悟加强党的政治建设这个马克思主义政党的鲜明特征和政治优势；深入研究党为中国人民谋幸福、为中华民族谋复兴的百年历程，深刻认识党同人民生死相依、休戚与共的血肉联系，更好为人民谋幸福、依靠人民创造历史伟业；深入研究党加强自身建设、推进自我革命的百年历程，增强全面从严治党永远在路上的坚定和执着，确保党在新时代坚持和发展中国特色社会主义的历史进程中始终成为坚强领导核心；深入研究历史发展规律和大势，始终掌握新时代新征程党和国家事业发展的历史主动，增强锚定既定奋斗目标、意气风发走向未来的勇气和力量。"①

关于制定党的第三个历史决议的科学方法。习近平总书记指出："党中央认为，总结党的百年奋斗重大成就和历史经验，要坚持辩证唯物主义和历史唯物主义的方法论，用具体历史的、客观全面的、联系发展的观点来看待党的历史。要坚持正确党史观、树立大历史观，准确把握党的历史发展的主题主线、主流本质，正确对待党在前进道路上经历的失误和曲折，从成功中吸取经验，从失误中吸取教训，不断开辟走向胜利的道路。要旗帜鲜明反对历史虚无主义，加强思想引导和理论辨析，澄清对党史上一些重大历史问题的模糊认识和片面理解，更好正本清源。"②

关于起草党的第三个历史决议的指导原则。习近平总书记指

---

①《中共中央关于党的百年奋斗重大成就和历史经验的决议》，人民出版社2021年版，第78—79页。

②《中共中央关于党的百年奋斗重大成就和历史经验的决议》，人民出版社2021年版，第79—80页。

出，对这次全会《决议》起草，党中央明确要求着重把握好以下几点。

第一，聚焦总结党的百年奋斗重大成就和历史经验。我们党已先后制定了两个历史决议。从建党到改革开放之初，党的历史上的重大是非问题，这两个历史决议基本都解决了，其基本论述和结论至今仍然适用。改革开放以来，尽管党的工作中也出现过一些问题，但总体上讲党和国家事业发展是顺利的，前进方向是正确的，取得的成就是举世瞩目的。基于此，这次全会《决议》要把着力点放在总结党的百年奋斗重大成就和历史经验上，以推动全党增长智慧、增进团结、增加信心、增强斗志。

第二，突出中国特色社会主义新时代这个重点。这次全会《决议》重点总结新时代党和国家事业取得的历史性成就、发生的历史性变革和积累的新鲜经验，主要考虑是，对党在新民主主义革命时期、社会主义革命和建设时期、党的十一届三中全会到党的十一届六中全会期间的历史，前两个历史决议已经作过系统总结；对改革开放和社会主义现代化建设新时期的成就和经验，党的十一届三中全会召开20周年、30周年时党中央都进行了认真总结，我在庆祝改革开放40周年大会上发表讲话，也作了系统总结。因此，对党的十八大之前的历史时期，这次全会《决议》要在已有总结和结论的基础上进行概述。突出中国特色社会主义新时代这个重点，有利于引导全党进一步坚定信心，聚焦我们正在做的事情，以更加昂扬的姿态迈进新征程、建功新时代。

第三，对重大事件、重要会议、重要人物的评价注重同党中央已有结论相衔接。关于党的十八大之前党的历史上的重大事件、重要会议、重要人物，前两个历史决议、党的一系列重要文献都有过大量论述，都郑重作过结论。这次全会《决议》坚持这些基本论述和结论。党的十八大以来，我在庆祝中国共产党成立95周年大会、庆祝中国人民解放军建军90周年大会、庆祝中华人民共和国成立70周年大会特别是庆祝中国共产党成立100周年大会等重要会议上，对党的历史都作过总结和论述，体现了党中央对党的百年奋斗的新认识。这次全会《决议》要体现这些新认识。①

上述习近平总书记和以他为核心的党中央关于制定党的第三个历史决议的总体要求和具体要求以及科学方法、关于起草党的第三个历史决议的指导原则，充分体现了习近平总书记和以他为核心的党中央，在总结党的百年奋斗重大成就和历史经验上，科学把握和处理好了以下四个重要关系：一是处理好历史连续性和历史阶段性的关系；二是处理好全面总结和突出重点的关系；三是处理好总结成就和分析失误的关系；四是处理好已有经验和最新认识的关系。其中，习近平总书记提出的关于起草党的第三个历史决议的三条指导原则，同1981年邓小平同志主持制定党的第二个历史决议时提出的三条总的要求、总的原则一样，都体现了极高的政治智慧，为我们党的第三个历史决议的起草提供了根本政治遵循，有效增强了党的第三个历史决议的政治性、思想性、协调性、准确性，切实做到了各部分内容的有机衔接和与党的前两个历史决议的相对平衡，做到了观点精准、表述精确，经得起

---

① 参见《中共中央关于党的百年奋斗重大成就和历史经验的决议》，人民出版社2021年版，第80—81页。

历史的检验、人民的检验。

在讨论党的第三个历史决议征求意见稿时，全国各地区各部门党组织一致认为，党的第三个历史决议稿最鲜明的特点是，尊重历史，反映了党的百年奋斗的初心使命，符合历史事实；决议稿对重大事件、重要会议、重要人物的论述和评价，体现了党的十八大以来党中央关于党的历史的新认识。各地区和各部门各方面党组织还一致认为，决议稿同党的前两个历史决议既一脉相承又与时俱进，必将激励全党在新时代新征程上争取更大荣光。

习近平总书记和以他为核心的党中央在领导和主持党的第三个历史决议起草过程中所体现的政治智慧，还生动地体现在鲜明地提出和强调，要以坚定的历史自信引导广大党员、干部和人民群众增强"四个自信"。

在党的十九届六中全会第二次全体会议上，习近平总书记说："党的十八大以来，我多次就学习总结党史讲过意见，特别是在庆祝中国共产党成立九十五周年大会、庆祝中国共产党成立一百周年大会、党史学习教育动员大会等重要场合集中讲过，目的都是号召全党同志从党的奋斗历程中汲取智慧和力量。"[①]在这次全会上，习近平总书记在"再强调几点"中重点讲的第一点，就是"坚定历史自信，自觉坚守理想信念"问题。习近平总书记说："我讲过，'当今世界，要说哪个政党、哪个国家、哪个民族能够自信的话，那中国共产党、中华人民共和国、中华民族是最有理由自信的'。这次全会《决议》充分显示了我们党高度的历史自信，

---

① 习近平：《以史为鉴、开创未来　埋头苦干、勇毅前行》，《求是》2022年第1期。

向党内外、国内外展示了一个百年大党的清醒和成熟。《决议》既回顾了党百年恢宏壮丽的奋斗历程，又阐述了党为中国人民、中华民族、马克思主义、人类进步事业作出的卓越贡献。这份令人刮目相看的百年成绩单，是一代又一代中国共产党人用理想和信仰书写的，用鲜血和生命铸就的，用拼搏和奉献赢得的。每一位中国共产党人都有理由为此感到自豪。"①

习近平总书记在回顾了"放眼中华文明五千多年历史，没有哪一种政治力量能像中国共产党这样深刻地、历史性地推动中华民族发展进程"后，充满自信地说："只有在中国共产党领导下，我们的国家才彻底改变积贫积弱的面貌、向着现代化目标迈进，我们的民族才彻底从沉沦中奋起、迎来伟大复兴的光明前景，我们的人民才彻底摆脱备受剥削被压迫的地位、真正掌握自己的命运。历史雄辩地说明，没有中国共产党就没有新中国，就没有中国人民的幸福生活，就没有中华民族的伟大复兴。历史和人民选择了中国共产党，中国共产党也没有辜负历史和人民的选择。"②

在阐述"中国共产党的成就和贡献，不仅是历史性的，也是世界性的"问题时，习近平总书记充满自信地说："我们党领导人民不仅创造了世所罕见的经济快速发展和社会长期稳定两大奇迹，而且成功走出了中国式现代化道路，创造了人类文明新形态。这些前无古人的创举，破解了人类社会发展的诸多难题，摒弃了

---

① 习近平:《以史为鉴、开创未来　埋头苦干、勇毅前行》,《求是》2022年第1期。

② 习近平:《以史为鉴、开创未来　埋头苦干、勇毅前行》,《求是》2022年第1期。

西方以资本为中心的现代化、两极分化的现代化、物质主义膨胀的现代化、对外扩张掠夺的现代化老路，拓展了发展中国家走向现代化的途径，为人类对更好社会制度的探索提供了中国方案。"①

习近平总书记还精辟指出："中国共产党人的历史自信，既是对奋斗成就的自信，也是对奋斗精神的自信。'看似寻常最奇崛，成如容易却艰辛。'回望百年，我们党什么样的困难没有经历过，什么样的挑战没有遇到过？大革命失败，已经发展到6万多党员的党只剩下了1万多党员。王明'左'倾错误造成的失败，给革命根据地和白区革命力量造成极大损失，革命成果几乎毁于一旦。'文化大革命'十年内乱，使党、国家、人民遭到新中国成立以来最严重的挫折和损失。但是，我们党在人民支持下，依靠自己的力量战胜困难、修正错误、走向光明，可以说是几度绝处逢生、几度柳暗花明。正是在这样的千锤百炼中，我们党愈益强大和成熟起来。学习和总结党的历史，就要从中增强道路自信、理论自信、制度自信、文化自信，咬定青山不放松，风雨无阻向前进。"②

2021年12月27日至28日，习近平总书记在中共中央政治局召开的专题民主生活会上进一步指出："历史认知是历史自信的重要基础。党的十八大以来，我们坚持唯物史观、正确党史观，在党和国家历史问题上正本清源，取得了显著成效。同时，我们必须清醒认识到，要真正解决好这个问题，仍然需要党郑重、全

---

① 习近平:《以史为鉴、开创未来　埋头苦干、勇毅前行》,《求是》2022年第1期。

② 习近平:《以史为鉴、开创未来　埋头苦干、勇毅前行》,《求是》2022年第1期。

面、权威地对党的历史作出科学总结，并在此基础上持之以恒推进党史总结、学习、教育、宣传，让正确党史观更深入、更广泛地树立起来，让正史成为全党全社会的共识，教育广大党员、干部和全体人民特别是广大青年坚定历史自信、筑牢历史记忆，满怀信心地向前进。"①

党的第三个历史决议郑重地向全党同志提出：不忘初心，方得始终。中国共产党立志于中华民族千秋伟业，百年恰是风华正茂。过去100年，党向人民、向历史交出了一份优异的答卷。现在，党团结带领中国人民又踏上了实现第二个百年奋斗目标新的赶考之路。时代是出卷人，我们是答卷人，人民是阅卷人。我们一定要继续考出好成绩，在新时代新征程上展现新气象新作为。对此，习近平总书记在2021年12月27日至28日中共中央政治局召开的专题民主生活会上还强调："在新的赶考之路上，我们能否继续交出优异答卷，关键在于有没有坚定的历史自信。"②在2022年1月11日党中央举办的省部级主要领导干部学习贯彻党的十九届六中全会精神专题研讨班上，习近平总书记再次强调："继续把党史总结、学习、教育、宣传引向深入，更好把握和运用党的百年奋斗历史经验，弘扬伟大建党精神，增加历史自信、增进团结统一、增强斗争精神，动员全党全国各族人民坚定信心、勇毅前进，为实现第二个百年奋斗目标而不懈努力。"③习近平总书记在这次重要讲话中，深刻阐述的推进马克思主义中国化时代

①《习近平谈治国理政》第四卷，外文出版社2022年版，第546页。
②《习近平谈治国理政》第四卷，外文出版社2022年版，第545页。
③《习近平谈治国理政》第四卷，外文出版社2022年版，第29页。

化、把握社会主要矛盾和中心任务、重视战略策略问题、永葆马克思主义政党本色、党史学习教育常态化长效化等五个重大问题，实际上向全党全国各族人民提出了：把学习和运用党的百年奋斗历史经验的着力点，放到认识历史规律、坚定历史自信同赢得历史主动相结合上来，做到迈入新征程、建功新时代、创造新辉煌。所有这些，都充分体现了一个在中国长期执政的马克思主义政党，始终坚持在历史前进的逻辑中前进、在时代发展的潮流中发展的政治智慧。

认真学习历史决议　坚定全党
历史自信　更加自觉地掌握历史主动

（2022 年 1 月 30 日）

习近平总书记提出"坚定历史自信"的由来

党的十八大以后九年来，习近平总书记先是向全党全国各族人民提出坚定对中国特色社会主义道路自信、理论自信、制度自信、文化自信这"四个自信"，随后，在全国两院院士大会上提出坚定科技自信，在党的十九届六中全会闭幕会上的讲话中又提出坚定历史自信，同时还提出，要以坚定的历史自信引导干部群众增强"四个自信"。习近平总书记说，全会《决议》充分显示了我们党高度的历史自信，向党内外、国内外展示了一个百年大党的清醒和成熟。习近平总书记还在亲自主持起草党的第三个历史决议时指出，100 年来，"我们党走过了从不够成熟到坚定成熟、从不够有力到坚强有力的成长历程"①。从某种意义上也可以说，习近平总书记要求全党树立坚定的历史自信，正是我们党在百年奋斗历程中由不够成熟到坚定成熟、由不够有力到坚强有力的一个生动体现。

---

① 参见习近平：《以史为鉴、开创未来　埋头苦干、勇毅前行》，《求是》2022年第 1 期。

党的十九届六中全会闭幕以来，习近平总书记又对树立和坚定"历史自信"问题作出更加深入的阐释。2021年12月27日至28日，在中共中央政治局召开的专题民主生活会上，习近平总书记指出："在新的赶考之路上，我们能否继续交出优异答卷，关键在于有没有坚定的历史自信。一百年来，我们党致力于为中国人民谋幸福、为中华民族谋复兴，致力于为人类谋进步、为世界谋大同，天下为公，人间正道，这是我们党具有历史自信的最大底气，是我们党在中国执政并长期执政的历史自信，也是我们党团结带领人民继续前进的历史自信。今天，我们完全可以说，中国共产党没有辜负历史和人民的选择。"①

习近平总书记之所以由党的十九届六中全会通过的党的第三个历史决议引申出坚定历史自信的时代命题，就是因为，党的十八大以来，我们党坚持唯物史观、正确党史观，在党和国家的历史问题上正本溯源，取得了显著成效。同时，习近平总书记又要求全党也需要清醒地认识到，要真正解决好这个问题，仍然需要党郑重、全面、权威地对党的历史作出科学总结，并在此基础上持之以恒地推进党史总结、学习、教育、宣传，让正确党史观更深入更广泛地树立起来，让正史成为全党全社会共识，教育广大党员、干部和全体人民特别是广大青年坚定历史自信、筑牢历史记忆，满怀信心地向前进。

在主持起草党的第三个历史决议时，习近平总书记一再强调"用科学思想方法总结党的历史"。他指出，如何总结党的百年重

① 《习近平谈治国理政》第四卷，外文出版社2022年版，第545—546页。

大成就和历史经验，涉及评价历史的思想方法问题。总的讲，就是"要坚持辩证唯物主义和历史唯物主义的方法论，用具体历史的、客观全面的、联系发展的观点来看待党的历史"。

习近平总书记强调，用科学思想方法总结党的历史，第一是要坚持正确的党史观，准确把握党的历史发展的主题主线、主流本质。列宁说过："判断历史的功绩，不是根据历史活动家没有提供现代所要求的东西，而是根据他们比他们的前辈提供了新的东西。"①要坚持实事求是的思想路线，准确把握党的历史发展的主题主线、主流本质，正确认识和科学评价党史上的重大事件、重要会议、重要人物。近代以来，中国人民面临着争取民族独立、人民解放和实现国家富强、人民幸福这两大历史任务，我们党团结带领全国各族人民为实现这两大历史任务而不懈奋斗，这是党的历史发展的主题主线，也是党的历史发展的主流本质。牢牢把握党的历史发展的主题主线，深刻揭示党的历史发展的主流本质，是总结党的历史必须遵循的党性原则。

习近平总书记强调，用科学思想方法总结党的历史，第二是要增强党的团结和集中统一。总结过去是为了引导大家团结一致向前看。实践证明，只要全党是紧密团结的，就能够把全国各族人民团结起来，形成万众一心、无坚不摧的磅礴力量，战胜一切强大敌人、一切艰难险阻。要在总结党的历史中引导全党同志自觉在思想上政治上行动上同党中央保持高度一致，确保全党始终保持统一的思想、坚定的意志、协调的行动、强大的战斗力。

---

① 《列宁全集》第 2 卷，人民出版社 2013 年版，第 154 页。

习近平总书记强调，用科学思想方法总结党的历史，第三是要树立大历史观，正确对待党在前进道路上经历的失误和曲折。古人说：学者研理于经，可以正天下之是非；征事于史，可以明古今之成败。自己的经验，包括自己的失误是最好的历史教科书。唯物史观认为，历史发展总是螺旋式上升，波浪式前进的，是前进性和曲折性的辩证统一，从成功中吸取经验，从失误中吸取教训，不断开辟走向胜利的道路，这就是中国共产党人的历史进程。重要的是正视失误和曲折，总结经验、吸取教训，不断学习和增长本领，既不能因为成就而回避失误和曲折，也不能因为探索中的失误和曲折而否定成就。对党的历史上曾经出现过的失误和曲折，应该着重分析当时所处的社会环境，深入剖析产生问题的社会根源、历史根源、思想根源，研究提出防止重犯的办法、措施、制度。

习近平总书记强调，用科学思想方法总结党的历史，第四是要旗帜鲜明反对历史虚无主义。历史虚无主义以所谓"重新评价"为名，歪曲近现代中国革命历史、党的历史、中华人民共和国历史，其要害是从根本上否定马克思主义指导地位和中国走向社会主义的历史必然性，否定中国共产党的领导。总结党的历史就要警惕和抵制历史虚无主义的影响，坚决反对在党史问题上存在的错误观点和错误倾向。要加强思想引导和理论辨析，澄清对党史上一些重大历史问题的模糊认识和片面理解，更好正本清源。对一些需要更长时间才能充分理解和作出历史评价的历史内容，要"宜粗不宜细"，留待历史作进一步验证。

由习近平总书记主持起草的党的第三个历史决议是怎样处处体现我们党坚定的历史自信的

坚定历史自信的重要基础是具备科学精准的历史认知。由习近平总书记亲自主持起草的党的第三个历史决议，通篇既闪耀着马克思主义中国化时代化的思想光辉，又充盈着以习近平同志为主要代表的中国共产党人坚定的历史自信，而这是同习近平总书记以身作则，以上率下，带头树立大历史观，坚持用科学的思想方法总结党的历史，坚持辩证唯物主义和历史唯物主义的方法论，用具体历史的、客观全面的、联系发展的观点来看待党的历史直接有关。他要求起草党的第三个历史决议要坚决按照党中央政治局关于"要按照总结历史、把握规律、坚定信心、走向未来"的总要求，把建党 100 年我们党走过的光辉历史总结好，把我们党团结带领人民取得的辉煌成就总结好，把我们党推进革命建设、改革的宝贵经验总结好，把党的十八大以来党和国家事业砥砺奋进的理论和实践总结好，并要求以更加宏阔的视野对党的 100 年重大成就和历史经验进行综合评述，把成就和经验写清楚、写到位、写丰满，让提炼总结出来的认识和结论能够启迪人、警醒人、指引人，经得起历史检验。

习近平总书记在主持起草党的第三个历史决议过程中，以坚定的历史自信提出科学总结党的重大成就和历史经验的"六个深入研究"。

一是深入研究党领导人民进行革命、建设、改革的百年历程，全面总结党从胜利走向胜利的伟大历史进程、为国家和民族建立的伟大历史功绩。[①]遵照习近平总书记的这一要求撰写的党的第三个历史决议生动展现了建党 100 年来，我们党带领人民，在新民主主义革命时期，完成民族独立、人民解放的历史任务，建立了中华人民共和国；在社会主义革命和建设时期，确立了中国的社会主义基本制度，推进了社会主义建设；在改革开放和社会主义现代化建设新时期，我们党成功开创、坚持、捍卫发展中国特色社会主义；党的十八大以来，党统揽伟大斗争、伟大工程、伟大事业、伟大梦想，推动中国特色社会主义进入新时代，推动党和国家事业取得历史性成就、发生历史性变革。回顾我们党的百年奋斗史，党团结带领人民创造了中华民族发展史、世界社会主义发展史、人类社会进步史上令人刮目相看的奇迹。

　　在这方面，党的第三个历史决议从理论和实践、历史和现实的结合上，深刻而具有说服力地讲清楚了百年党史中的以下五个重要问题。一是讲清楚了这 100 年来我们党走过的伟大历程、开辟的伟大道路。二是讲清楚了百年党史上各个历史时期所具有的鲜明特征、所实现的奋斗目标、所办成的历史大事。三是讲清楚了我们党为实现民族独立、人民解放和国家富强、人民幸福，为促进人类文明进步事业作出的伟大贡献。四是讲清楚了中国共产党领导的历史必然性、中国特色社会主义道路的唯一正确性。五是讲清楚了新时代在中华民族伟大复兴历史进程中的标识性意

---

　　① 参见《中共中央关于党的百年奋斗重大成就和历史经验的决议》，人民出版社 2021 年版，第 78 页。

义，让全党同志和全国人民从中深刻认识到"三个不易"，即红色政权来之不易、新中国来之不易、中国特色社会主义来之不易，从而增强在新时代新征程上继续前进的志气、骨气、底气。

二是深入研究党坚持把马克思主义基本原理同中国具体实际相结合、同中华优秀传统文化相结合，不断推进马克思主义中国化的百年历程，深化对新时代党的创新理论的理解和掌握。[①]在党的扩大的六届六中全会上，毛泽东同志首次向全党鲜明地提出了"马克思主义中国化"的重大命题，指出要通过推进"使马克思主义在中国具体化，使之在其每一表现中带着必须有的中国的特性"[②]。此后，我们党紧紧围绕这个命题，坚持解放思想和实事求是相统一，不断开辟马克思主义新境界，在党的百年奋斗历程中先后产生了毛泽东思想、邓小平理论、"三个代表"重要思想、科学发展观，在新时代，又产生了习近平新时代中国特色社会主义思想。

党的第三个历史决议遵照习近平总书记的上述要求，从理论和实践、历史和现实的结合上讲清楚了百年党史中的以下四个重要问题。一是讲清楚了在党的百年奋斗历程中马克思主义是如何深刻改变中国的。二是讲清楚了马克思主义的真理力量和实践力量。三是讲清楚了中国化的马克思主义既一脉相承又与时俱进的理论品质。四是讲清楚了21世纪中国的马克思主义为丰富和发展马克思主义作出的原创性贡献、为激活中华优秀传统文化的生

---

① 参见《中共中央关于党的百年奋斗重大成就和历史经验的决议》，人民出版社2021年版，第78—79页。

②《毛泽东选集》第二卷，人民出版社1991年版，第534页。

命力作出的历史性贡献、为推动人类光明进步事业作出的世界性贡献，这必将极大增强全党贯彻落实党的创新理论的自觉性和坚定性，并用以在新时代新征程上更好武装头脑、指导实践、推动工作。

三是深入研究党不断维护党的团结、维护党中央权威和集中统一领导的百年历程，深刻领悟加强党的政治建设这个马克思主义政党的鲜明特征和政治优势。①党的十八大以来，习近平总书记反复强调，旗帜鲜明讲政治、保证党的团结统一是党的生命，也是我们党能成为百年大党、创造世纪伟业的关键所在。党的三个历史决议之所以都强调遵义会议是我们党历史上一个生死攸关的转折点，之所以都强调党的扩大的六届六中全会"决定了中国之命运"，根本的一点就在于从遵义会议和党的扩大的六届六中全会以来，我们党开始确立了以毛泽东同志为主要代表的马克思主义正确路线在党中央的领导地位，开始逐步形成以毛泽东同志为核心的党的第一代中央领导集体，全党从此才更加深刻认识到维护党中央权威和集中统一领导的极端重要性。

党的第三个历史决议遵照习近平总书记的上述要求，从理论和实践、历史和现实的结合上讲清楚了百年党史中的以下两个重要问题。一是讲清楚了我们党百年奋斗历程中增强团结和集中统一的历史经验。二是讲清楚了党的十八大以来健全维护党中央权威和集中统一领导的各项制度的新鲜经验。这不仅展示了建党100年来我们党从不够成熟到坚定成熟、从不够有力到坚强有力

---

① 参见《中共中央关于党的百年奋斗重大成就和历史经验的决议》，人民出版社 2021 年版，第 79 页。

的成长过程，而且必将更加有力有效地教育引导全党坚定不移向党中央看齐，在党的旗帜下坚定不移向党中央看齐，永远以党的旗帜为旗帜、以党的方向为方向、以党的意志为意志，在党的旗帜下团结成"一块坚硬的钢铁"，在新时代新征程上步调一致向前进。

四是深入研究党为中国人民谋幸福、为中华民族谋复兴的百年历程，深刻认识党同人民生死相依、休戚与共的血肉联系，更好为人民谋幸福、依靠人民创造历史伟业。①习近平总书记指出，我们党的百年历史，就是践行党的初心使命的历史，就是党与人民心连心、同呼吸、共命运的历史。习近平总书记在党史学习教育动员大会上讲，江山就是人民、人民就是江山，就是因为我们的红色江山是靠人民打下来的，也要靠人民来守护。只要我们党始终同人民一块过、一块干，同舟共济、同生共死，哪怕遇到再大的风浪，我们党和人民也一定能够劈波斩浪，胜利到达民族复兴的光辉彼岸。

党的第三个历史决议遵照习近平总书记的上述要求，把建党百年来我们党的全部奋斗实践同为中国人民谋幸福、为中华民族谋复兴的历史使命历史担当统一起来，从理论和实践、历史和现实的结合上讲清楚了百年党史中的以下三个重要问题。一是讲清楚了党为人民而生、因人民而兴的历史逻辑。二是讲清楚了党尊重社会发展规律同尊重人民历史主体地位的一致性。三是讲清楚了党为崇高理想奋斗同为最广大人民谋利益的一致性。这是对敌

---

① 参见《中共中央关于党的百年奋斗重大成就和历史经验的决议》，人民出版社 2021 年版，第 79 页。

对势力挖空心思妄图把党和人民割裂开来、把党性和人民性对立起来等罪恶企图作出的有力回击，有利于教育引导全党坚持以人民为中心的发展思想，坚持把人民对美好生活的向往作为奋斗目标，把 14 亿多中国人民汇聚成推动中华民族伟大复兴的磅礴力量。

五是深入研究党加强自身建设、推进自我革命的百年历程，增强全面从严治党永远在路上的坚定和执着，确保党在新时代坚持和发展中国特色社会主义的历史进程中始终成为坚强领导核心。[①] 习近平总书记多次强调，建党 100 年来，我们党在进行伟大社会革命的同时不断进行党的伟大自我革命，这是我们党区别于其他政党最显著的标志。我们党从当初 50 多个人发展壮大为今天拥有 9500 多万党员的世界上最大的马克思主义执政党，历经百年依然风华正茂，这绝不是偶然的，最根本的就在于我们党始终围绕保持马克思主义政党先进性和纯洁性不断加强自身建设、进行自我革命。面对美国等西方国家处心积虑的遏制打压，我们党以刀刃向内、壮士断腕的顽强意志品质，强力正风肃纪，严厉反腐惩恶，消除了党和国家内部存在的严重隐患，使党在革命性锻造中更加坚强。建党 100 年来，我们党在革命、建设、改革的长期实践中锻造出不断自我革命的鲜明品格，对打牢党长期执政的政治基础、思想基础、组织基础、群众基础，把党建设得更加坚强有力具有重要意义。

党的第三个历史决议遵照习近平总书记的上述要求，从理论

① 参见《中共中央关于党的百年奋斗重大成就和历史经验的决议》，人民出版社 2021 年版，第 79 页。

和实践、历史和现实的结合上讲清楚了百年党史中的以下两个重要问题。一是讲清楚了我们党以伟大自我革命引领伟大社会革命、以伟大社会革命促进伟大自我革命的深层逻辑。二是讲清楚了党的十八大以来，以习近平同志为核心的党中央围绕增强党自我净化、自我完善、自我革新、自我提高能力作出的重大战略谋划、重大创新举措，有利于教育引导全党同志深刻认识建党百年来我们党加强自身建设、保持先进性和纯洁性、提高执政能力、经受住各种风险考验而不断发展壮大的历史经验，深刻认识全面从严治党、推进党的自我革命的重要性和必然性，使我们党始终成为站在时代潮流最前列、站在攻坚克难最前沿、站在最广大人民之中的坚强的马克思主义执政党。

六是深入研究历史发展规律和大势，始终掌握新时代新征程党和国家事业发展的历史主动，增强锚定既定奋斗目标、意气风发走向未来的勇气和力量。[①]无数历史事实一再证明，我们党坚定的历史自信同高度的历史主动历来是相辅相成、相得益彰的。对党的历史越是有坚定的自信，便越能把握历史主动。比如，早在延安时期，毛泽东同志就在深刻分析当时的中国和世界历史发展规律和趋势时，提出了中国革命的历史进程必须分为两步，第一步是新民主主义的革命，第二步是社会主义的革命，并指出，前者是后者的必要前提，后者是前者的必然趋势，从而科学预见了中国革命的前途方向。后来的中国革命历程就是按照这两步走的顺序坚定不移走过来的，而这样的历史主动又在实践中转化为

---

① 参见《中共中央关于党的百年奋斗重大成就和历史经验的决议》，人民出版社 2021 年版，第 79 页。

更加坚定的历史自信。比如，20 世纪 80 年代，邓小平同志提出了社会主义现代化建设的"三步走"发展战略，即在原先贫困落后的基础上，依次实现温饱、小康和中等发达，我们党和国家在改革开放和社会主义现代化建设新时期的实践历程就是按照这"三步走"战略一步一步走过来的。如今，全面建成小康社会这第一个百年奋斗目标已经实现，党和人民业已踏上全面建设社会主义现代化国家新征程，也就是走上了邓小平同志构想的社会主义现代化建设"三步走"的最后一步。再比如，2017 年，习近平总书记在党的十九大报告中提出，"从十九大到二十大，是'两个一百年'奋斗目标的历史交汇期。我们既要全面建成小康社会、实现第一个百年奋斗目标，又要乘势而上开启全面建设社会主义现代化国家新征程，向第二个百年奋斗目标进军"[①]。以习近平同志为核心的党中央综合分析国际国内形势和我国发展条件，作出了从 2020 年到本世纪中叶可以分两个阶段来安排的战略部署。第一个阶段，从 2020 年到 2035 年，在全面建成小康社会的基础上，再奋斗 15 年，基本实现社会主义现代化。第二个阶段，从 2035 年到本世纪中叶，在基本实现现代化的基础上，再奋斗 15 年，把我国建成富强民主文明和谐美丽的社会主义现代化强国。我们党一以贯之的坚定的历史自信，在这里客观上又转化成了自觉把握今后 30 年社会主义现代化建设的高度历史主动。这充分表明，习近平总书记关于"历史发展有其规律，但人在其中不是

---

① 习近平：《决胜全面建成小康社会 夺取新时代中国特色社会主义伟大胜利——在中国共产党第十九次全国代表大会上的报告》，人民出版社 2017 年版，第 28 页。

完全消极被动的。只要把握住历史发展规律和大势，抓住历史变革时机，顺势而为，奋发有为，我们就能够更好前进"是千真万确的。

党的第三个历史决议遵照习近平总书记的上述要求，从理论和实践、历史和现实的结合上讲清楚了百年党史中的以下四个重要问题。一是运用大历史观，从历史长河、时代大潮、全球风云中，讲清楚了中华民族伟大复兴战略全局同世界百年未有之大变局的辩证互动规律。二是讲清楚了进入新发展阶段、贯彻新发展理念、构建新发展格局、实现高质量发展的历史逻辑。三是讲清楚了在新形势下统筹推进"五位一体"总体布局，协调推进"四个全面"战略布局的历史新要求。四是讲清楚了实现中华民族伟大复兴的历史必然性，这必将极大有利于教育引导全党抓住历史机遇，风雨无阻向前进，奋力开创属于我们这一代人的历史伟业。

正是在上述六个"深入研究"基础上，集中全党的智慧写成的党的第三个历史决议，成为同党的前两个历史决议既一脉相承又与时俱进的坚定历史自信的教科书，必将激励全党在新时代新征程上掌握历史主动、争取更大荣光。

中国共产党百年奋斗史上锤炼出的坚定的历史自信是广义的并且是涵盖多方面深刻内容的

党的十九届六中全会通过的党的第三个历史决议充分显示了中国共产党高度的历史自信，向党内外、国内外展示了一个百年大党的成熟和清醒。《决议》所展示的中国共产党这种坚定的历史自信，首先是对我们党百年奋斗成就的自信。党百年奋斗的重大成就，包括100年来党领导人民浴血奋战、百折不挠，创造了新民主主义革命的伟大成就；自力更生、发愤图强，创造了社会主义革命和建设的伟大成就；解放思想、锐意进取，创造了改革开放和社会主义现代化建设的伟大成就；自信自强、守正创新，创造了新时代中国特色社会主义的伟大成就。党百年奋斗的重大成就，是一代又一代中国共产党人用理想和信仰书写的，用鲜血和生命铸就的，用拼搏和奉献赢得的。每一位中国共产党人都有理由为此感到自豪。放眼中华文明5000多年历史，只有在中国共产党领导下，我们的国家才彻底改变了积贫积弱的面貌、向着社会主义现代化目标不断迈进，我们的民族才彻底从沉沦中奋起、迎来民族伟大复兴的光明前景，我们的人民才彻底摆脱备受剥削被压迫的地位，真正掌握了自己的命运。这充分表明：历史和人民选择了中国共产党，中国共产党也没有辜负历史的选择、人民的选择。

中国共产党的百年奋斗成就和贡献，不仅是历史性的，也是世界性的，我们党领导人民不仅创造了世所罕见的经济快速发展和社会长期稳定两大奇迹，而且成功开辟了中华民族伟大复兴的正确道路，成功走出了中国式现代化道路，成功创造了人类文明新形态。这些前无古人的创举，破解了人类社会发展的诸多难题，摒弃了西方以资本为中心的现代化、两极分化的现代化、物质主义膨胀的现代化、对外扩张掠夺的现代化老路，拓展了发展中国家走向现代化的途径，为人类对更好社会制度的探索提供了中国智慧、中国方案。

党的第三个历史决议所展示的中国共产党人坚定的历史自

信，也是对党百年来一以贯之的伟大奋斗精神的自信。我们党的百年奋斗不仅创造了伟大的经济社会发展成就，也创造了集革命建设改革成就和成功经验于一体的宝贵精神财富，构筑了以伟大建党精神为源头的中国共产党人的精神谱系。"回望百年，我们党什么样的困难没有经历过，什么样的挑战没有遇到过？大革命失败，已经发展到6万多党员的党只剩下了1万多党员。王明'左'倾错误造成的失败，给革命根据地和白区革命力量造成极大损失，革命成果几乎毁于一旦。'文化大革命'十年内乱，使党、国家、人民遭到新中国成立以来最严重的挫折和损失。但是，我们党在人民支持下，依靠自己的力量战胜困难、修正错误、走向光明，可以说是几度绝处逢生、几度柳暗花明。正是在这样的千锤百炼中，我们党愈益强大和成熟起来。"古今中外，没有任何一种政治力量能够像中国共产党这样与人民心连心、同呼吸、共命运，能够像中国共产党这样为了民族和人民的利益无怨无悔地作出巨大的奉献和牺牲。我们党的入党誓词最早的版本只有6句话、24个字，其中第一句就是"牺牲个人"。现在我们党的入党誓词中强调要"随时准备为党和人民牺牲一切"。我们党的伟大建党精神也强调"不怕牺牲、英勇斗争"，可以说，"牺牲"二字，既是中国共产党人最鲜明的政治品格，也是中国共产党人与生俱来的精神基因。

习近平总书记在党的十九届六中全会第二次全体会议上的重要讲话中指出："总结历史是为了使全党从历史进程中洞察历史发展规律和时代发展大势，提高认识水平和辨别能力，增强锚定既定奋斗目标、意气风发走向未来的勇气和力量，更加清醒、更加坚定地办好当前的事情。"①习近平总书记还对全党从百年奋斗历程中汲取智慧和力量提出明确要求，强调要坚定历史自信，自觉坚守理想信念；坚持党的政治建设，始终保持党的团结统一；坚定担当责任，不断增强进行伟大斗争的意志和本领；坚持自我革命，确保党不变质、不变色、不变味。习近平总书记还要求通过充分展示我们这个百年大党的坚定历史自信，引导干部群众从学习和总结党的历史中增强道路自信、理论自信、制度自信、文化自信，咬定青山不放松，风雨无阻向前进。

党的第三个历史决议所展示的中国共产党人的坚定历史自信，同时还是对走好新时代新征程上新的赶考之路的历史自信。党的十九届六中全会展望了我们国家和民族发展的美好前景，对走好实现第二个百年奋斗目标新的赶考之路提出要求，号召全党必须坚持党的基本理论、基本路线、基本方略，全面贯彻习近平新时代中国特色社会主义思想，必须永远保持党同人民群众的血肉联系，必须铭记生于忧患、死于安乐，继续推进新时代党的建设新的伟大工程，必须抓好后继有人这个根本大计。全会还号召全党牢记中国共产党是什么、要干什么这个根本问题，把握历史发展大势，坚定理想信念，牢记初心使命，始终谦虚谨慎、不骄不躁、艰苦奋斗，从伟大胜利中激发奋进力量，从弯路挫折中吸取历史教训，不为任何风险所惧，不为任何干扰所惑，以咬定青山不放松的执着奋力实现既定目标，以行百里者半九十的清醒不懈推进中华民族伟大复兴。党的第三个历史决议中的这些殷切寄

---

① 习近平：《以史为鉴、开创未来　埋头苦干、勇毅前行》，《求是》2022年第1期。

语，都是为了教育引导广大党员、干部，不要忘了中国共产党是什么、要干什么这个根本问题，勿忘昨天的苦难辉煌，无愧今天的使命担当，不负明天的伟大梦想，在新时代新征程上展现新气象新作为。

总而言之，中国共产党的坚定历史自信，既是我们党对在中国执政并长期执政的历史自信，也是我们党团结带领人民在新时代新征程上以史为鉴、开创未来，埋头苦干、勇毅前行的历史自信，是对全面建设社会主义现代化国家、实现中华民族伟大复兴中国梦的历史自信。有了这样的历史自信，就一定能始终掌握新时代新征程上党和国家事业发展的历史主动，奋力开创属于我们这一代人的历史伟业，在过去100年赢得了伟大胜利和荣光的基础上，必将赢得新时代新征程上更加伟大的胜利和荣光！

后　记

　　此时此刻，当我着手撰写本书的"后记"时，党的十九届六中全会闭幕以后四个多月来边行走、边宣讲、边写作的场景依然历历在目，并且竞相在脑际"回放"。此时此刻，除了如释重负的欣喜，就是发自内心的感恩。

　　首先，衷心感谢中共中央宣传部出版局委托中共中央党史和文献研究院组织专家对本书的精心审核以及在此基础上提出的专业修改意见和建议。

　　其次，衷心感谢人民出版社总编辑辛广伟同志，是他的鼎力支持和热情鼓励，让我一鼓作气地在四个多月时间内就完成了本书的写作。

　　最后，衷心感谢人民出版社的责编王世勇同志和东方出版社的编辑胡孝文同志。是他们的及时提议，促成了我对本书的写作，又是他们的专业建议，让我把本书写成了现在这个模样——就是联系党的百年奋斗史上前两个历史决议，对建党百年的三个历史决议进行贯通起来、打通开来的纵横谈，从而增强了本书的历史纵深感，同时也增强了对建党百年党的奋斗史、思想史、文献史的穿透感。

　　此外，衷心感谢中共河南省委宣传部和河南省广播电视总台的同志，他们及时提供了我在河南省委举行的宣讲大会和在郑州大学、红旗渠纪念馆面对面宣讲时现场答问的全部录音资料，为本书的写作提供了便利。

衷心感谢《中国高校理论战线》记者、清华大学马克思主义学院博士研究生、清华大学习近平新时代中国特色社会主义思想研究院青年学者车宗凯同志，新华社《瞭望》新闻周刊记者张程程同志，《新京报》记者何强同志，他们从不同角度对我进行的深入采访，构成了为本书增色添彩的多篇访谈稿。

衷心感谢中共中央政策研究室张宝军同志，是他放弃了繁忙工作之余的宝贵休息时间，不辞辛劳、夜以继日地帮我打印了此书的绝大部分文稿，并且应我约请参与了本书若干篇文稿的初稿写作。

衷心感谢中共中央宣传部王煌同志，是他利用工作之余的宝贵休息时间，快速整理出我在郑州大学、红旗渠纪念馆宣讲会上现场答问环节的对话稿，为本书平添了颇具特色的现场感、画面感。

衷心感谢国家粮食和物资储备局郑凤宜同志以及我为之宣讲过的一家民营企业办公室叶东升同志，是他们分别帮助打印了本书的若干篇文稿，从而保证了在今年春节假日之后按时向人民出版社交稿。

衷心感谢中共中央政策研究室机关车队司机范飞涛同志，是他在我行进在宣讲之路上时，帮我同人民出版社进行了不失时机的沟通和联系，使本书得以快速完成编辑程序。

"一个篱笆三个桩，一个好汉三个帮"。这是毛泽东同志生前说过的一句名言。而我在写作《历史决议纵横谈》过程中，所得到的远远不止是"三个帮"。在这里向他们所表达的衷心感谢，也只是"秀才人情纸半张"而已。

施芝鸿

2022 年 2 月 7 日于北京

责任编辑：王世勇

特约编辑：胡孝文

图书在版编目 (CIP) 数据

历史决议纵横谈 / 施芝鸿著 . —北京：人民出版社，2024.10

ISBN 978-7-01-026634-3

Ⅰ . D229

中国国家版本馆 CIP 数据核字第 2024WR7331 号

历史决议纵横谈

LISHI JUEYI ZONGHENG TAN

施芝鸿 著

人民出版社 出版发行

（100706 北京市东城区隆福寺街 99 号）

环球东方（北京）印务有限公司印刷 新华书店经销

2024 年 10 月第 1 版 2024 年 10 月北京第 1 次印刷

开本：710 毫米 × 1000 毫米 1/16 印张：23.5

字数：253 千字

ISBN 978-7-01-026634-3 定价：78.00 元

邮购地址 100706 北京市东城区隆福寺街 99 号

人民东方图书销售中心 电话（010）65250042 65289539